# MATHEMATEG FODIWLAIDD HEINEMANN
*ar gyfer*
## SAFON UWCH GYFRANNOL AC UWCH

# Mathemateg Graidd C4

Greg Attwood Alistair Macpherson Bronwen Moran
Joe Petran Keith Pledger Dave Wilkins





Heinemann
Inspiring generations

caa
Prifysgol Cymru Aberystwyth
1982-2007 25

*Y fersiwn Saesneg gwreiddiol:*
Modular Maths for Edexcel AS and A Level Core Mathematics 4
Cyhoeddwyd gan Heinemann Educational Publishers, Halley Court, Jordan Hill, Rhydychen, OX2 8EJ
Rhan o Harcourt Education

*Dyluniwyd gan:* Bridge Creative Services
*Darluniau a chysodi:* Techset Cyf.
*Darluniau gwreiddiol:* © Harcourt Education Cyf, 2004

Cyhoeddwyd yn gyntaf yn Saesneg yn y flwyddyn 2004


Cyhoeddwyd gan y Ganolfan Astudiaethau Addysg (CAA), Prifysgol Cymru Aberystwyth, Yr Hen Goleg, Aberystwyth, SY23 2AX (http://www.caa.aber.ac.uk). Noddwyd gan Lywodraeth Cynulliad Cymru.



*Cyfieithydd:* Ffion Kervegant
*Golygydd:* Lynwen Rees Jones
*Dylunydd:* Owain Hammonds
*Argraffwyr:* Argraffwyr Cambria

Diolch yn fawr i Huw Roberts am ei gymorth a'i arweiniad gwerthfawr.

**ISBN 978-1-84521-107-3**

# Cynnwys

# Gair am y llyfr hwn

Cynlluniwyd y llyfr hwn i'ch paratoi yn drwyadl ar gyfer eich arholiad.

## Sut y mae defnyddio'r llyfr

Er mwyn eich cynorthwyo i ddefnyddio'r llyfr wrth astudio ac adolygu, defnyddiwch:

- **y lliwiau ymyl** – mae gan bob pennod ei lliw ei hun. Mae hyn yn eich helpu i ddarganfod yr adran gywir yn gyflym.
- **y rhestr gynnwys** – mae hon yn rhestru'r penawdau sy'n nodi prif syniadau'r maes llafur a drafodir yn y llyfr, fel y gallwch ddod o hyd iddynt yn syth. Mae'r rhestr gynnwys fanwl yn dangos pa rannau o'r maes llafur sy'n cael eu trafod ym mhob adran.
- **y mynegai** – yma rhestrir y penawdau sy'n nodi prif syniadau'r maes llafur a drafodir yn y llyfr hwn, fel y gallwch eu darganfod yn syth.

## Sut y trefnwyd yr adrannau

- Mae pob adran (e.e. 1.1, 1.2) yn dechrau â gosodiad. Mae'r gosodiad yn dweud wrthych beth a drafodir yn yr adran.

**1.3 Gellir hefyd hollti ffracsiynau sydd â mwy na dau ffactor llinol yn yr enwadur yn ffracsiynau rhannol.**

- Mae rhai adrannau yn cynnwys esboniadau, a fydd yn eich helpu i ddeall y fathemateg sydd y tu ôl i'r cwestiynau sy'n rhaid eu hateb yn yr arholiad.
- Gweithir yr enghreifftiau gam-wrth-gam. Atebion model ydynt, fel y byddech chi'n eu hysgrifennu. Rhoddir awgrymiadau gan arholwyr yn y blychau nodiadau melyn ar ymyl y dudalen.
- Ar ddiwedd pob adran ceir ymarfer gyda digon o gwestiynau i weithio trwyddynt.

## Cofio syniadau allweddol

Mae'r prif syniadau y mae angen i chi eu cofio yn cael eu rhestru mewn crynodeb o bwyntiau allweddol ar ddiwedd pob pennod. Gall y gosodiad ar ddechrau adran fod yn bwynt allweddol. Pan fydd pwyntiau allweddol yn ymddangos yn y llyfr, maen nhw'n cael eu nodi fel hyn:

■ **Mae ail isradd rhif cysefin yn swrd.**

## Ymarferion a chwestiynau arholiad

Yn y llyfr hwn mae cwestiynau'n cael eu graddio'n ofalus. Felly maen nhw'n mynd yn fwy anodd er mwyn cyrraedd y safon yn raddol.

- Nodir **hen gwestiynau arholiad** ag **A**.
- Mae **ymarferion cymysg** ar ddiwedd pob pennod yn eich helpu i ymarfer ateb cwestiynau ar yr holl bynciau a drafodwyd yn y bennod.
- **Papur arholiad enghreifftiol**. Pwrpas hwn yw eich helpu i baratoi at yr arholiad ei hun.
- Ceir **atebion** ar ddiwedd y llyfr – defnyddiwch yr atebion i wirio'ch gwaith.

# 1 Ffracsiynau rhannol

**Yn y bennod hon byddwch yn dysgu sut y gellir ysgrifennu ffracsiwn algebraidd ar ffurf swm dau (neu ragor) o ffracsiynau mwy syml sy'n cael eu galw'n ffracsiynau rhannol. Byddwch yn defnyddio hyn mewn gwaith calcwlws ac algebra yn y penodau sy'n dilyn.**

Yn llyfr C3, dysgwyd sut i gyfuno ffracsiynau mwy syml yn rhai mwy cymhleth, ac mae Adran 1.1 yn adolygu hyn. Hollti ffracsiynau cymhleth yn ffracsiynau rhannol yw'r broses i'r gwrthwyneb. Mae angen defnyddio gwahanol ddulliau gan ddibynnu ar y math o ffracsiwn sydd gennych i gychwyn.

## 1.1 Gellir adio (neu dynnu) dau neu fwy o ffracsiynau syml os yw'r enwaduron yr un fath.

**Enghraifft 1**

Cyfrifwch: **a** $\frac{1}{3}+\frac{3}{8}$ **b** $\frac{2}{x+3}-\frac{1}{(x+1)}$

**a** $\frac{1}{3}+\frac{3}{8}$

Lluosrif cyffredin lleiaf 3 ac 8 yw 24.

$=\frac{8}{24}+\frac{9}{24}$

Lluoswch dop a gwaelod $\frac{1}{3}$ ag 8 i fynegi'r ffracsiwn mewn 24fedau.

Lluoswch dop a gwaelod $\frac{3}{8}$ â 3 i fynegi'r ffracsiwn mewn 24fedau.

$=\frac{8+9}{24}$

Adiwch y rhifiaduron.

$=\frac{17}{24}$

**b** $\frac{2}{(x+3)}-\frac{1}{(x+1)}$

$=\frac{2(x+1)}{(x+3)(x+1)}-\frac{1(x+3)}{(x+3)(x+1)}$

Y lluosrif cyffredin lleiaf yw $(x+3)(x+1)$, felly newidiwch y ddau ffracsiwn fel bo'r enwaduron yn $(x+3)(x+1)$.

$=\frac{2(x+1)-1(x+3)}{(x+3)(x+1)}$

Tynnwch y rhifiaduron.

$=\frac{2x+2-1x-3}{(x+3)(x+1)}$

Diddymwch y cromfachau.

$=\frac{x-1}{(x+3)(x+1)}$

Symleiddiwch y rhifiadur.

## Ymarfer 1A

Mynegwch bob un o'r canlynol ar ffurf un ffracsiwn:

**1** $\frac{1}{3} + \frac{1}{4}$

**2** $\frac{3}{4} - \frac{2}{5}$

**3** $\frac{3}{x} - \frac{2}{x+1}$

**4** $\frac{2}{(x-1)} + \frac{3}{(x+2)}$

**5** $\frac{4}{(2x+1)} + \frac{2}{(x-1)}$

**6** $\frac{7}{(x-3)} - \frac{2}{(x+4)}$

**7** $\frac{3}{2x} - \frac{6}{(x-1)}$

**8** $\frac{3}{x} + \frac{2}{(x+1)} + \frac{1}{(x+2)}$

**9** $\frac{4}{3x} - \frac{2}{(x-2)} + \frac{1}{(2x+1)}$

**10** $\frac{3}{(x-1)} + \frac{2}{(x+1)} + \frac{4}{(x-3)}$

## 1.2 Gellir hollti ffracsiwn sydd â dau ffactor llinol yn yr enwadur i ffurfio ffracsiynau rhannol.

Er enghraifft, daw $\frac{x-1}{(x+1)(x+3)}$ yn $\frac{2}{(x+3)} - \frac{1}{(x+1)}$ o'i hollti yn ffracsiynau rhannol (gweler Enghraifft 1).

- **Fel arfer, gellir hollti mynegiad sydd â dau derm llinol yn yr enwadur, megis $\frac{11}{(x-3)(x+2)}$ yn ffracsiynau rhannol yn y ffurf $\frac{A}{(x-3)} + \frac{B}{(x+2)}$, lle mae $A$ a $B$ yn gysonion.**

Mae dau ddull o gyflawni hyn: drwy amnewid a thrwy hafalu cyfernodau.

### Enghraifft 2

Holltwch $\frac{6x-2}{(x-3)(x+1)}$ yn ffracsiynau rhannol drwy **a** amnewid **b** hafalu cyfernodau.

**a**

$$\frac{6x-2}{(x-3)(x+1)} \equiv \frac{A}{(x-3)} + \frac{B}{(x+1)}$$

Trefnwch $\frac{6x-2}{(x-3)(x+1)}$ yn y ffurf $\frac{A}{(x-3)} + \frac{B}{(x+1)}$.

$$\equiv \frac{A(x+1) + B(x-3)}{(x-3)(x+1)}$$

Adiwch y ddau ffracsiwn.

$$6x - 2 \equiv A(x+1) + B(x-3)$$

Gan fod hon yn berthynas gywerthedd, gosodwch y rhifiaduron yn hafal i'w gilydd.

$$6 \times 3 - 2 = A(3+1) + B(3-3)$$

Er mwyn darganfod $A$ defnyddiwch $x = 3$.

$$16 = 4A$$
$$A = 4$$

$$6 \times -1 - 2 = A(-1+1) + B(-1-3)$$

Er mwyn darganfod $B$ defnyddiwch $x = -1$.

$$-8 = -4B$$
$$B = 2$$

$$\therefore \frac{6x-2}{(x-3)(x+1)} \equiv \frac{4}{(x-3)} + \frac{2}{(x+1)}$$

**b** $\dfrac{6x-2}{(x-3)(x+1)} \equiv \dfrac{A}{(x-3)} + \dfrac{B}{(x+1)}$

$\equiv \dfrac{A(x+1)+B(x-3)}{(x-3)(x+1)}$

$6x-2 \equiv A(x+1)+B(x-3)$

$\equiv Ax + A + Bx - 3B$

$\equiv (A+B)x + (A-3B)$

Hafalwch gyfernodau $x$:

$6 = A + B$ ①

Hafalwch dermau cyson:

$-2 = A - 3B$ ②

① − ②:

$8 = 4B$

$\Rightarrow \quad B = 2$

Defnyddiwch $B = 2$ yn ① $\Rightarrow 6 = A + 2$

$A = 4$

Trefnwch $\dfrac{6x-2}{(x-3)(x+1)}$ yn y ffurf $\dfrac{A}{(x-3)} + \dfrac{B}{(x+1)}$.

Adlwch y ddau ffracslwn.

Gan fod hon yn berthynas gywerthedd, gosodwch y rhifiaduron yn hafal i'w gilydd.

Diddymwch y cromfachau.

Casglwch dermau tebyg.

Rydych chi eisiau $(A+B)x + A - 3B = 6x - 2$. Felly mae cyfernod $x$ yn 6, a'r term cyson yn $-2$.

Datryswch yn gydamserol.

## Ymarfer 1B

**1** Mynegwch y canlynol ar ffurf ffracsiynau rhannol:

**a** $\dfrac{6x-2}{(x-2)(x+3)}$

**b** $\dfrac{2x+11}{(x+1)(x+4)}$

**c** $\dfrac{-7x-12}{2x(x-4)}$

**ch** $\dfrac{2x-13}{(2x+1)(x-3)}$

**d** $\dfrac{6x+6}{x^2-9}$

**dd** $\dfrac{7-3x}{x^2-3x-4}$

**e** $\dfrac{8-x}{x^2+4x}$

**f** $\dfrac{2x-14}{x^2+2x-15}$

**2** Dangoswch ei bod yn bosibl ysgrifennu $\dfrac{-2x-5}{(4+x)(2-x)}$ yn y ffurf $\dfrac{A}{(4+x)} + \dfrac{B}{(2-x)}$ lle mae $A$ a $B$ yn gysonion i'w darganfod.

## 1.3 Gellir hefyd hollti ffracsiynau sydd â mwy na dau ffactor llinol yn yr enwadur i ffurfio ffracsiynau rhannol.

■ Gellir hollti mynegiad sydd â thri neu ragor o dermau llinol yn yr enwadur, megis $\dfrac{4}{(x+1)(x-3)(x+4)}$, yn $\dfrac{A}{(x+1)} + \dfrac{B}{(x-3)} + \dfrac{C}{(x+4)}$, ac yn y blaen os oes rhagor o dermau.

## Enghraifft 3

Mynegwch $\dfrac{6x^2 + 5x - 2}{x(x-1)(2x+1)}$ ar ffurf ffracsiynau rhannol.

Gadewch i $\dfrac{6x^2 + 5x - 2}{x(x-1)(2x+1)} \equiv \dfrac{A}{x} + \dfrac{B}{(x-1)} + \dfrac{C}{(2x+1)}$

Mae'n rhaid i'r enwaduron fod yn $x$, $(x - 1)$ a $(2x + 1)$.

$\equiv \dfrac{A(x-1)(2x+1) + Bx(2x+1) + Cx(x-1)}{x(x-1)(2x+1)}$

Adiwch y ffracsiynau.

$\therefore \quad 6x^2 + 5x - 2$
$\equiv A(x-1)(2x+1) + Bx(2x+1) + Cx(x-1)$

Gosodwch y rhifiaduron yn hafal.

Gadewch i $x = 1$

$6 + 5 - 2 = 0 + B \times 1 \times 3 + 0$
$9 = 3B$
$B = 3$

Gadewch i $x = 0$

$0 + 0 - 2 = A \times -1 \times 1 + 0 + 0$
$-2 = -1A$
$A = 2$

Gadewch i $x = -\frac{1}{2}$

$\frac{6}{4} - \frac{5}{2} - 2 = 0 + 0 + C \times -\frac{1}{2} \times -\frac{3}{2}$
$-3 = \frac{3}{4}C$
$C = -4$

Parhewch drwy amnewid NEU drwy hafalu cyfernodau.

Felly $\dfrac{6x^2 + 5x - 2}{x(x-1)(2x+1)} \equiv \dfrac{2}{x} + \dfrac{3}{x-1} - \dfrac{4}{2x+1}$

## Ymarfer 1C

**1** Mynegwch y canlynol ar ffurf ffracsiynau rhannol:

**a** $\dfrac{2x^2 - 12x - 26}{(x+1)(x-2)(x+5)}$ **b** $\dfrac{-10x^2 - 8x + 2}{x(2x+1)(3x-2)}$ **c** $\dfrac{-5x^2 - 19x - 32}{(x+1)(x+2)(x-5)}$

**2** Drwy ffactorio'r enwadur yn gyntaf, mynegwch y canlynol ar ffurf ffracsiynau rhannol:

**a** $\dfrac{6x^2 + 7x - 3}{x^3 - x}$ **b** $\dfrac{5x^2 + 15x + 8}{x^3 + 3x^2 + 2x}$ **c** $\dfrac{5x^2 - 15x - 8}{x^3 - 4x^2 + x + 6}$

## 1.4 Gellir mynegi ffracsiwn sydd â ffactorau llinol ailadroddus yn ei enwadur ar ffurf ffracsiwn rhannol.

■ Gellir hollti mynegiad sy'n cynnwys termau llinol ailadroddus megis $\frac{6x^2 - 29x - 29}{(x+1)(x-3)^2}$ a'u hysgrifennu yn y ffurf $\frac{A}{(x+1)} + \frac{B}{(x-3)} + \frac{C}{(x-3)^2}$.

### Enghraifft 4

Holltwch $\frac{11x^2 + 14x + 5}{(x+1)^2(2x+1)}$ i'r ffurf ffracsiynau rhannol.

Gadewch i $\frac{11x^2 + 14x + 5}{(x+1)^2(2x+1)} \equiv \frac{A}{(x+1)} + \frac{B}{(x+1)^2} + \frac{C}{(2x+1)}$

Mae arnoch angen yr enwaduron $(x + 1)$, $(x + 1)^2$ a $(2x + 1)$.

$$\equiv \frac{A(x+1)(2x+1) + B(2x+1) + C(x+1)^2}{(x+1)^2(2x+1)}$$

Adiwch y tri ffracsiwn.

Yna mae $11x^2 + 14x + 5$
$\equiv A(x+1)(2x+1) + B(2x+1) + C(x+1)^2$

Gosodwch y rhifiaduron yn hafal.

Gadewch i $x = -1$
$11 - 14 + 5 = A \times 0 + B \times -1 + C \times 0$
$2 = -1B$
$B = -2$

Er mwyn darganfod $B$ defnyddiwch $x = -1$.

Gadewch i $x = -\frac{1}{2}$
$\frac{11}{4} - 7 + 5 = A \times 0 + B \times 0 + C \times \frac{1}{4}$
$\frac{3}{4} = \frac{1}{4}C$
$C = 3$

Er mwyn darganfod $C$ defnyddiwch $x = -\frac{1}{2}$.

$11 = 2A + C$

Hafalwch y termau $x^2$. Y term sy'n cynnwys $x^2$ yw $A \times 2x^2 + C \times x^2$.

$11 = 2A + 3$

Defnyddiwch $C = 3$.

$2A = 8$
$A = 4$

Yna mae $\frac{11x^2 + 14x + 5}{(x+1)^2(2x+1)}$

$$\equiv \frac{4}{(x+1)} - \frac{2}{(x+1)^2} + \frac{3}{(2x+1)}$$

### Ymarfer 1Ch

Mynegwch y canlynol ar ffurf ffracsiynau rhannol:

**1** $\frac{3x^2 + x + 2}{x^2(x+1)}$

**2** $\frac{-x^2 - 10x - 5}{(x+1)^2(x-1)}$

**3** $\frac{2x^2 + 2x - 18}{x(x-3)^2}$

**4** $\frac{7x^2 - 42x + 64}{x(x-4)^2}$

**5** $\frac{5x^2 - 2x - 1}{x^3 - x^2}$

**6** $\frac{2x^2 + 2x - 18}{x^3 - 6x^2 + 9x}$

**7** $\frac{2x}{(x+2)^2}$

**8** $\frac{x^2 + 5x + 7}{(x+2)^3}$

## 1.5 Gellir hollti ffracsiynau pendrwm yn ffracsiynau rhannol drwy rannu'r rhifiadur â'r enwadur.

■ **Mae ffracsiwn algebraidd yn bendrwm pan yw gradd y rhifiadur yn hafal i, neu'n fwy na, gradd yr enwadur. Mae'n rhaid rhannu ffracsiwn pendrwm yn gyntaf i gael rhif a ffracsiwn bondrwm cyn y gellir ei fynegi ar ffurf ffracsiynau rhannol.**

Mae $\dfrac{x^2}{x(x-3)}$, $\dfrac{x^3+4x^2+2}{(x+1)(x-3)}$ ac $\dfrac{x^4}{(x-1)^2(x+2)}$ i gyd yn enghreifftiau o ffracsiynau pendrwm.

### Enghraifft 5

Mynegwch $\dfrac{3x^2-3x-2}{(x-1)(x-2)}$ ar ffurf ffracsiynau rhannol.

$$\frac{3x^2-3x-2}{(x-1)(x-2)} \equiv \frac{3x^2-3x-2}{x^2-3x+2}$$

Lluoswch yr enwadur.

Rhannwch yr enwadur i'r rhifiadur.

$$\begin{array}{r} 3 \\ \equiv x^2-3x+2\overline{)3x^2-3x-2} \\ \underline{3x^2-9x+6} \\ 6x-8 \end{array}$$

Mae'n rhannu iddo 3 gwaith, â gweddill o $6x-8$.

Felly mae

$$\frac{3x^2-3x-2}{(x-1)(x-2)} \equiv 3 + \frac{6x-8}{x^2-3x+2}$$

Ysgrifennwch $\dfrac{3x^2-3x-2}{(x-1)(x-2)}$ ar ffurf ffracsiwn rhifau cymysg.

$$= 3 + \frac{6x-8}{(x-1)(x-2)}$$

Ffactoriwch $x^2-3x+2$.

Gadewch i $\dfrac{6x-8}{(x-1)(x-2)} = \dfrac{A}{(x-1)} + \dfrac{B}{(x-2)}$

Mae'n rhaid i'r enwaduron fod yn $(x-1)$ ac $(x-2)$.

$$\equiv \frac{A(x-2)+B(x-1)}{(x-1)(x-2)}$$

Adiwch y ddau ffracsiwn.

$$6x-8 \equiv A(x-2)+B(x-1)$$

Gosodwch y rhifiaduron yn hafal.

Gadewch i $x = 2$, $12-8 = A \times 0 + B \times 1$

$B = 4$

Defnyddiwch $x = 2$ i ddarganfod $B$.

Gadewch i $x = 1$, $6-8 = A \times -1 + B \times 0$

$A = 2$

Defnyddiwch $x = 1$ i ddarganfod $A$.

$$\frac{3x^2-3x-2}{(x-1)(x-2)} = 3 + \frac{6x-8}{(x-1)(x-2)}$$

$$\equiv 3 + \frac{2}{(x-1)} + \frac{4}{(x-2)}$$

Ysgrifennwch y datrysiad llawn.

## Ymarfer 1D

**1** Mynegwch y ffracsiynau pendrwm canlynol ar ffurf ffracsiynau rhannol:

**a** $\dfrac{x^2 + 3x - 2}{(x + 1)(x - 3)}$  **b** $\dfrac{x^2 - 10}{(x - 2)(x + 1)}$

**c** $\dfrac{x^3 - x^2 - x - 3}{x(x - 1)}$  **ch** $\dfrac{2x^2 - 1}{(x + 1)^2}$

**2** Drwy ffactorio'r enwadur, mynegwch y canlynol ar ffurf ffracsiynau rhannol:

**a** $\dfrac{4x^2 + 17x - 11}{x^2 + 3x - 4}$  **b** $\dfrac{x^4 - 4x^3 + 9x^2 - 17x + 12}{x^3 - 4x^2 + 4x}$

**3** Dangoswch ei bod yn bosibl mynegi $\dfrac{-3x^3 - 4x^2 + 19x + 8}{x^2 + 2x - 3}$ yn y ffurf

$A + Bx + \dfrac{C}{(x - 1)} + \dfrac{D}{(x + 3)}$, lle mae $A$, $B$, $C$ a $D$ yn gysonion i'w darganfod.

## Ymarfer cymysg 1Dd

**1** Mynegwch y canlynol ar ffurf ffracsiynau rhannol:

**a** $\dfrac{x - 3}{x(x - 1)}$  **b** $\dfrac{7x^2 + 2x - 2}{x^2(x + 1)}$

**c** $\dfrac{-15x + 21}{(x - 2)(x + 1)(x - 5)}$  **ch** $\dfrac{x^2 + 1}{x(x - 2)}$

**2** Ysgrifennwch bob un o'r ffracsiynau algebraidd canlynol ar ffurf ffracsiynau rhannol:

**a** $\dfrac{3x + 1}{x^2 + 2x + 1}$  **b** $\dfrac{2x^2 + 2x - 8}{x^2 + 2x - 3}$

**c** $\dfrac{3x^2 + 12x + 8}{(x + 2)^3}$  **ch** $\dfrac{x^4}{x^2 - 2x + 1}$

**3** O wybod bod $f(x) = 2x^3 + 9x^2 + 10x + 3$:

**a** Dangoswch fod $-3$ yn wreiddyn i $f(x)$.

**b** Mynegwch $\dfrac{10}{f(x)}$ ar ffurf ffracsiynau rhannol.

A (addasiad)

## Crynodeb o'r pwyntiau allweddol

**1** Gellir ysgrifennu ffracsiwn algebraidd ar ffurf swm dau neu fwy o ffracsiynau symlach. Yr enw ar y dechneg hon yw hollti'n ffracsiynau rhannol.

**2** Gellir hollti mynegiad sydd â dau derm llinol yn yr enwadur, megis $\frac{11}{(x-3)(x+2)}$, drwy drawsnewid i'r ffurf $\frac{A}{(x-3)} + \frac{B}{(x+2)}$.

**3** Gellir hollti mynegiad sydd â thri neu fwy o dermau llinol, megis $\frac{4}{(x+1)(x-3)(x+4)}$, drwy drawsnewid i'r ffurf $\frac{A}{(x+1)} + \frac{B}{(x-3)} + \frac{C}{(x+4)}$, ac yn y blaen os oes mwy o dermau.

**4** Gellir hollti mynegiad sydd â thermau ailadroddus yn yr enwadur, megis $\frac{6x^2 - 29x - 29}{(x+1)(x-3)^2}$, drwy drawsnewid i'r ffurf $\frac{A}{(x+1)} + \frac{B}{(x-3)} + \frac{C}{(x-3)^2}$.

**5** Ffracsiwn pendrwm yw ffracsiwn lle mae indecs y rhifiadur yn hafal i neu'n fwy nag indecs yr enwadur. Rhaid rhannu ffracsiwn pendrwm yn gyntaf i gael rhif a ffracsiwn bondrwm cyn y gellir ei fynegi ar ffurf ffracsiynau rhannol.

- Er enghraifft, $\frac{x^2+3x+4}{x^2+3x+2} = 1 + \frac{2}{x^2+3x+2} = 1 + \frac{A}{(x+1)} + \frac{B}{(x+2)}$.

# 2 Geometreg gyfesurynnol yn y plân $(x, y)$

**Yn y bennod hon byddwch yn dysgu sut i ddatrys problemau sy'n cynnwys hafaliadau parametrig.**

**2.1** **Gellir diffinio cyfesurynnau pwynt ar gromlin gan ddefnyddio hafaliadau parametrig. Mewn hafaliadau parametrig, mynegir cyfesurynnau $x$ ac $y$ yn y ffurf $x = \mathrm{f}(t)$ ac $y = \mathrm{g}(t)$, lle mae'r newidyn $t$ yn baramedr.**

### Enghraifft 1

Lluniwch y gromlin a roddir gan yr hafaliadau parametrig $x = 2t$, $y = t^2$, pan yw $-3 \leqslant t \leqslant 3$.

| | | | | | | | |
|---|---|---|---|---|---|---|---|
| $t$ | $-3$ | $-2$ | $-1$ | $0$ | $1$ | $2$ | $3$ |
| $x = 2t$ | $-6$ | $-4$ | $-2$ | $0$ | $2$ | $4$ | $6$ |
| $y = t^2$ | $9$ | $4$ | $1$ | $0$ | $1$ | $4$ | $9$ |

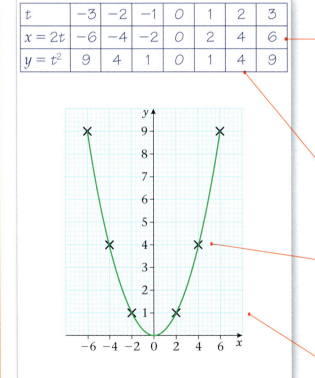

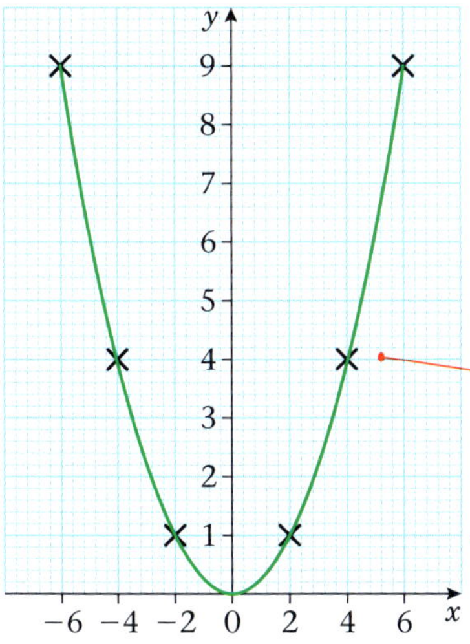


Lluniwch dabl i ddangos gwerthoedd $t$, $x$ ac $y$. Dewiswch werthoedd ar gyfer $t$. Yma mae $-3 \leqslant t \leqslant 3$.

Cyfrifwch werth $x$ a gwerth $y$ ar gyfer pob gwerth $t$ drwy roi gwerthoedd $t$ yn yr hafaliadau parametrig $x = 2t$ ac $y = t^2$.

e.e. pan yw $t = 2$:

$x = 2t = 2(2) = 4$ $\qquad$ $y = t^2 = (2)^2 = 4$

Felly pan yw $t = 2$ mae'r gromlin yn mynd trwy'r pwynt (4, 4).

Plotiwch y pwyntiau (−6, 9), (−4, 4), (−2, 1), (0, 0), (2, 1), (4, 4), (6, 9) a lluniwch y graff drwy'r pwyntiau.

## Enghraifft 2

Hafaliadau parametrig cromlin yw $x = 2t$, $y = t^2$. Darganfyddwch hafaliad Cartesaidd y gromlin.

$$x = 2t$$

Felly mae $t = \dfrac{x}{2}$    ①

$$y = t^2$$    ②

Rhowch werth ① yn ②:

$$y = \left(\dfrac{x}{2}\right)^2$$

Yr hafaliad Cartesaidd yw $y = \dfrac{x^2}{4}$.

> Hafaliad Cartesaidd yw hafaliad yn nhermau $x$ ac $y$ yn unig.
>
> I gael yr hafaliad Cartesaidd, diddymwch $t$ o'r hafaliadau parametrig $x = 2t$ ac $y = t^2$.

> Ad-drefnwch $x = 2t$ i gael $t$. Rhannwch y ddwy ochr â 2.

> Rhowch $t = \dfrac{x}{2}$ yn $y = t^2$.

> Diddymwch y cromfachau, fel bod $\left(\dfrac{x}{2}\right)^2 = \dfrac{x}{2} \times \dfrac{x}{2} = \dfrac{x^2}{4}$

## Ymarfer 2A

**1** Hafaliadau parametrig cromlin yw $x = 2t$, $y = \dfrac{5}{t}$ lle mae $t \neq 0$. Cwblhewch y tabl a lluniwch graff y gromlin pan yw $-5 \leq t \leq 5$.

| $t$ | $-5$ | $-4$ | $-3$ | $-2$ | $-1$ | $-0.5$ | $0.5$ | $1$ | $2$ | $3$ | $4$ | $5$ |
|---|---|---|---|---|---|---|---|---|---|---|---|---|
| $x = 2t$ | $-10$ | $-8$ | | | | $-1$ | | | | | | |
| $y = \dfrac{5}{t}$ | $-1$ | $-1.25$ | | | | | $10$ | | | | | |

**2** Hafaliadau parametrig cromlin yw $x = t^2$, $y = \dfrac{t^3}{5}$. Cwblhewch y tabl a lluniwch graff y gromlin pan yw $-4 \leq t \leq 4$.

| $t$ | $-4$ | $-3$ | $-2$ | $-1$ | $0$ | $1$ | $2$ | $3$ | $4$ |
|---|---|---|---|---|---|---|---|---|---|
| $x = t^2$ | $16$ | | | | | | | | |
| $y = \dfrac{t^3}{5}$ | $-12.8$ | | | | | | | | |

**3** Brasluniwch y cromliniau a roddir gan yr hafaliadau parametrig hyn:

   **a** $x = t - 2$, $y = t^2 + 1$     pan yw $-4 \leq t \leq 4$
   **b** $x = t^2 - 2$, $y = 3 - t$     pan yw $-3 \leq t \leq 3$
   **c** $x = t^2$, $y = t(5 - t)$     pan yw $0 \leq t \leq 5$
   **ch** $x = 3\sqrt{t}$, $y = t^3 - 2t$     pan yw $0 \leq t \leq 2$
   **d** $x = t^2$, $y = (2 - t)(t + 3)$     pan yw $-5 \leq t \leq 5$

**4** Darganfyddwch hafaliad Cartesaidd y cromliniau a roddir gan yr hafaliadau parametrig hyn:

**a** $x = t - 2,\ y = t^2$

**b** $x = 5 - t,\ y = t^2 - 1$

**c** $x = \frac{1}{t},\ y = 3 - t,\ t \neq 0$

**ch** $x = 2t + 1,\ y = \frac{1}{t},\ t \neq 0$

**d** $x = 2t^2 - 3,\ y = 9 - t^2$

**dd** $x = \sqrt{t},\ y = t(9 - t)$

**e** $x = 3t - 1,\ y = (t - 1)(t + 2)$

**f** $x = \frac{1}{t-2},\ y = t^2,\ t \neq 2$

**ff** $x = \frac{1}{t+1},\ y = \frac{1}{t-2},\ t \neq -1,\ t \neq 2$

**g** $x = \frac{t}{2t-1},\ y = \frac{t}{t+1},\ t \neq -1,\ t \neq \frac{1}{2}$

**5** Dangoswch fod yr hafaliadau parametrig

**i** $x = 1 + 2t,\ y = 2 + 3t$

**ii** $x = \frac{1}{2t-3},\ y = \frac{t}{2t-3},\ t \neq \frac{3}{2}$

yn cynrychioli'r un llinell syth.

## 2.2 Mae angen i chi allu defnyddio hafaliadau parametrig i ddatrys problemau mewn geometreg gyfesurynnol.

### Enghraifft 3

Mae'r diagram yn dangos braslun o'r gromlin sydd â'r hafaliadau parametrig $x = t - 1,\ y = 4 - t^2$. Mae'r gromlin yn croesi echelin $x$ yn y pwyntiau $A$ a $B$. Darganfyddwch gyfesurynnau $A$ a $B$.

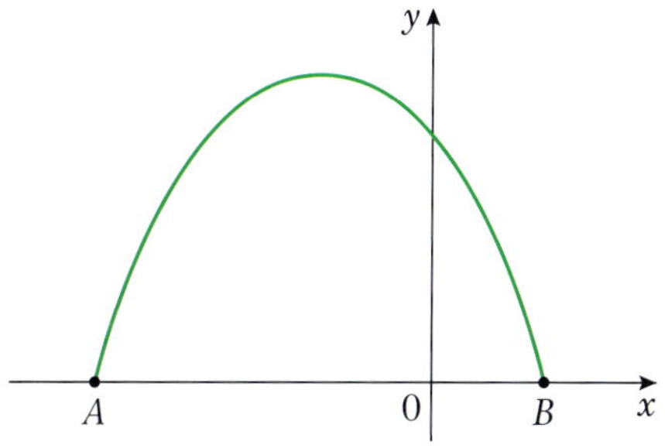


① $y = 4 - t^2$

Defnyddiwch $y = 0$

$4 - t^2 = 0$

$t^2 = 4$

Felly mae $t = \pm 2$

② $x = t - 1$

Defnyddiwch $t = 2$

$x = (2) - 1$

$= 1$

Defnyddiwch $t = -2$

$x = (-2) - 1$

$= -3$

Cyfesurynnau A a B yw $(-3, 0)$ ac $(1, 0)$.

Darganfyddwch werthoedd $t$ yn $A$ a $B$.

Mae'r gromlin yn croesu echelin $x$ pan yw $y = 0$, felly rhowch y gwerth $y = 0$ yn $y = 4 - t^2$ a datryswch i ddarganfod $t$.

Cyfrifwch ail isradd y ddwy ochr. Cofiwch fod dau ddatrysiad pan ydych yn cyfrifo ail isradd.

Darganfyddwch werth $x$ yn $A$ a $B$. Rhowch y gwerthoedd $t = 2$ a $t = -2$ yn $x = t - 1$.

## Enghraifft 4

Hafaliadau parametrig cromlin yw $x = at$, $y = a(t^3 + 8)$, lle mae $a$ yn gysonyn. Mae'r gromlin yn mynd trwy'r pwynt $(2, 0)$. Darganfyddwch werth $a$.

① $\qquad y = a(t^3 + 8)$

Defnyddiwch $\quad y = 0$

$\qquad a(t^3 + 8) = 0$

$\qquad t^3 + 8 = 0$

$\qquad t^3 = -8$

Felly mae $\qquad t = -2$

② $\qquad x = at$

Defnyddiwch $\quad x = 2$ a $t = -2$

$\qquad a(-2) = 2$

Felly mae $\qquad a = -1$

(Hafaliadau parametrig y gromlin

yw $x = -t$ ac $y = -(t^3 + 8)$.)

Mae'r gromlin yn mynd trwy $(2, 0)$, felly cawn werth $t$ pan yw $x = 2$ ac $y = 0$.

Darganfyddwch $t$. Rhowch y gwerth $y = 0$ yn $y = a(t^3 + 8)$ a datryswch i ddarganfod $t$.

Rhannwch y ddwy ochr ag $a$.

Cyfrifwch drydydd isradd y ddwy ochr. $\sqrt[3]{-8} = -2$.

Darganfyddwch $a$. Rhowch y gwerthoedd $x = 2$ a $t = -2$ yn $x = at$.

Rhannwch y ddwy ochr â $-2$.

## Enghraifft 5

Hafaliadau parametrig cromlin yw $x = t^2$, $y = 4t$. Mae llinell $x + y + 4 = 0$ yn croesi'r gromlin yn $A$. Darganfyddwch gyfesurynnau $A$.

① $\qquad x + y + 4 = 0$

Amnewidiwch

$\qquad t^2 + 4t + 4 = 0$

$\qquad (t + 2)^2 = 0$

$\qquad t + 2 = 0$

Felly mae $\qquad t = -2$

Defnyddiwch $\quad t = -2$

② $\qquad x = t^2$

$\qquad = (-2)^2$

$\qquad = 4$

③ $\qquad y = 4t$

$\qquad = 4(-2)$

$\qquad = -8$

Cyfesurynnau $A$ yw $(4, -8)$.

Darganfyddwch werth $t$ yn $A$. Datryswch yr hafaliadau yn gydamserol. Rhowch y gwerthoedd $x = t^2$ ac $y = 4t$ yn $x + y + 4 = 0$.

Ffactoriwch.

Cyfrifwch ail isradd y ddwy ochr.

Darganfyddwch gyfesurynnau $A$. Rhowch y gwerth $t = -2$ yn yr hafaliadau parametrig.

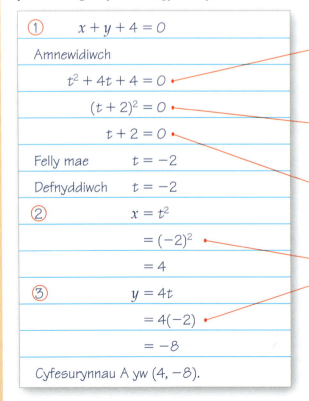

## Ymarfer 2B

**1** Darganfyddwch gyfesurynnau'r pwynt(iau) lle mae'r cromliniau canlynol yn croesi echelin $x$:

**a** $x = 5 + t, y = 6 - t$

**b** $x = 2t + 1, y = 2t - 6$

**c** $x = t^2, y = (1 - t)(t + 3)$

**ch** $x = \frac{1}{t}, y = \sqrt{(t - 1)(2t - 1)}, t \neq 0$

**d** $x = \frac{2t}{1 + t}, y = t - 9, t \neq -1$

**2** Darganfyddwch gyfesurynnau'r pwynt(iau) lle mae'r cromliniau canlynol yn croesi echelin $y$:

**a** $x = 2t, y = t^2 - 5$

**b** $x = \sqrt{(3t - 4)}, y = \frac{1}{t^2}, t \neq 0$

**c** $x = t^2 + 2t - 3, y = t(t - 1)$

**ch** $x = 27 - t^3, y = \frac{1}{t - 1}, t \neq 1$

**d** $x = \frac{t - 1}{t + 1}, y = \frac{2t}{t^2 + 1}, t \neq -1$

**3** Hafaliadau parametrig cromlin yw $x = 4at^2, y = a(2t - 1)$, lle mae $a$ yn gysonyn. Mae'r gromlin yn mynd trwy'r pwynt $(4, 0)$. Darganfyddwch werth $a$.

**4** Hafaliadau parametrig cromlin yw $x = b(2t - 3), y = b(1 - t^2)$, lle mae $b$ yn gysonyn. Mae'r gromlin yn mynd trwy'r pwynt $(0, -5)$. Darganfyddwch werth $b$.

**5** Hafaliadau parametrig cromlin yw $x = p(2t - 1), y = p(t^3 + 8)$, lle mae $p$ yn gysonyn. Mae'r gromlin yn croesi echelin $x$ yn $(2, 0)$ ac echelin $y$ yn $A$.

**a** Darganfyddwch werth $p$.

**b** Darganfyddwch gyfesurynnau $A$.

**6** Hafaliadau parametrig cromlin yw $x = 3qt^2, y = 4(t^3 + 1)$, lle mae $q$ yn gysonyn. Mae'r gromlin yn croesi echelin $x$ yn $X$ ac echelin $y$ yn $Y$. O wybod bod $OX = 2OY$, lle mae $O$ yn darddbwynt, darganfyddwch werth $q$.

**7** Darganfyddwch gyfesurynnau croestorfan y llinell sydd â'r hafaliadau parametrig $x = 3t + 2, y = 1 - t$ a'r llinell $y + x = 2$.

**8** Darganfyddwch gyfesurynnau croestorfannau'r gromlin sydd â hafaliadau parametrig $x = 2t^2 - 1, y = 3(t + 1)$ a'r llinell $3x - 4y = 3$.

**9** Darganfyddwch werthoedd $t$ yn y pwyntiau lle mae'r llinell $4x - 2y - 15 = 0$ yn croesi'r parabola $x = t^2, y = 2t$ a rhowch gyfesurynnau'r pwyntiau hyn.

**10** Darganfyddwch groestorfannau'r parabola $x = t^2, y = 2t$ â'r cylch $x^2 + y^2 - 9x + 4 = 0$.

## 2.3 Mae angen i chi allu trawsnewid hafaliadau parametrig yn hafaliad Cartesaidd.

### Enghraifft 6

Hafaliadau parametrig cromlin yw $x = \sin t + 2$, $y = \cos t - 3$.

**a** Darganfyddwch hafaliad Cartesaidd y gromlin. **b** Lluniwch graff y gromlin.

**a** $x = \sin t + 2$

Felly mae $\sin t = x - 2$

$y = \cos t - 3$

Felly mae $\cos t = y + 3$

Gan fod $\sin^2 t + \cos^2 t = 1$,

hafaliad Cartesaidd y gromlin yw

$(x - 2)^2 + (y + 3)^2 = 1$

**b**

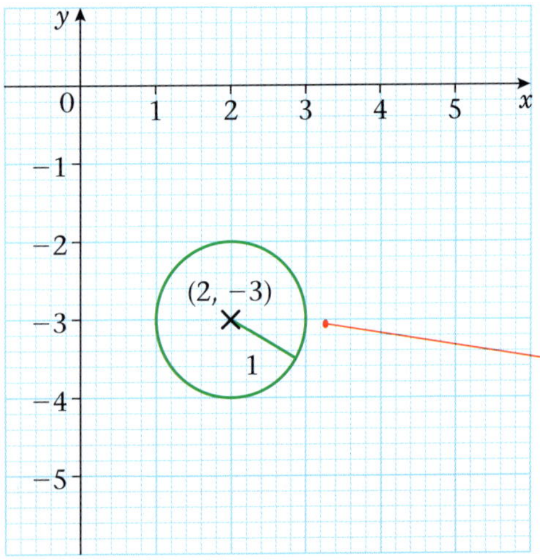


Diddymwch $t$ o'r hafaliadau parametrig $x = \sin t + 2$ ac $y = \cos t - 3$.

Cofiwch fod $\sin^2 t + \cos^2 t = 1$.

Ad-drefnwch $x = \sin t + 2$ i gael $\sin t$. Tynnwch 2 o'r ddwy ochr.

Ad-drefnwch $y = \cos t - 3$ i gael $\cos t$. Adiwch 3 at y ddwy ochr.

Sgwariwch $\sin t$ a $\cos t$ fel bod
$\sin^2 t = (x - 2)^2$
$\cos^2 t = (y + 3)^2$.

Cofiwch fod $(x - a)^2 + (y - b)^2 = r^2$ yn hafaliad cylch, canol $(a, b)$ a radiws $r$.

Cymharwch $(x - 2)^2 + (y + 3)^2 = 1$ ag $(x - a)^2 + (y - b)^2 = r^2$.
Yma mae $a = 2$, $b = -3$ ac $r = 1$.

Felly mae $(x - 2)^2 + (y + 3)^2 = 1$ yn gylch, canol $(2, -3)$ a radiws 1.

### Enghraifft 7

Hafaliadau parametrig cromlin yw $x = \sin t$, $y = \sin 2t$. Darganfyddwch hafaliad Cartesaidd y gromlin.

$y = \sin 2t$

$= 2 \sin t \cos t$

$= 2x \cos t$

Diddymwch $t$ rhwng yr hafaliadau parametrig $x = \sin t$ ac $y = \sin 2t$.

Cofiwch fod $\sin 2t = 2 \sin t \cos t$.

Mae $x = \sin t$, felly rhowch $x$ yn lle $\sin t$ yn $y = 2 \sin t \cos t$.

$\sin^2 t + \cos^2 t = 1$

Darganfyddwch $\cos t$ yn nhermau $x$.
Ad-drefnwch $\sin^2 t + \cos^2 t = 1$ i gael $\cos t$.

$\cos^2 t = 1 - \sin^2 t$

Tynnwch $\sin^2 t$ o'r ddwy ochr.

$\cos^2 t = 1 - x^2$

Mae $x = \sin t$, felly rhowch $x$ yn lle $\sin t$ yn $\cos^2 t = 1 - \sin^2 t$.

$\cos t = \sqrt{1 - x^2}$

Cyfrifwch ail isradd y ddwy ochr.

Felly mae $y = 2x\sqrt{1 - x^2}$

Rhowch $\sqrt{1 - x^2}$ yn lle $\cos t$ yn $y = 2x \cos t$.

Gellir ysgrifennu'r hafaliad hwn hefyd yn y ffurf $y^2 = 4x^2(1 - x^2)$.

## Ymarfer 2C

**1** Hafaliadau parametrig cromlin yw $x = 2 \sin t$, $y = \cos t$.
Cwblhewch y tabl a lluniwch graff y gromlin pan yw $0 \leqslant t \leqslant 2\pi$.

Mae'n annhebygol y byddwch yn cael y math hwn o gwestiwn yn yr arholiad. Fodd bynnag, fe fydd yn eich helpu i ddeall hafaliadau parametrig.

| $t$ | 0 | $\frac{\pi}{6}$ | $\frac{\pi}{3}$ | $\frac{\pi}{2}$ | $\frac{2\pi}{3}$ | $\frac{5\pi}{6}$ | $\pi$ | $\frac{7\pi}{6}$ | $\frac{4\pi}{3}$ | $\frac{3\pi}{2}$ | $\frac{5\pi}{3}$ | $\frac{11\pi}{6}$ | $2\pi$ |
|---|---|---|---|---|---|---|---|---|---|---|---|---|---|
| $x = 2 \sin t$ | | | 1.73 | | 1.73 | | | −1 | | −2 | | | 0 |
| $y = \cos t$ | | 0.87 | | | | | −1 | | −0.5 | | 0.5 | | |

**2** Hafaliadau parametrig cromlin yw $x = \sin t$, $y = \tan t$, $-\frac{\pi}{2} < t < \frac{\pi}{2}$.
Lluniwch graff y gromlin.

**3** Darganfyddwch hafaliad Cartesaidd y cromliniau a roddir gan yr hafaliadau parametrig canlynol:

**a** $x = \sin t$, $y = \cos t$

**b** $x = \sin t - 3$, $y = \cos t$

**c** $x = \cos t - 2$, $y = \sin t + 3$

**ch** $x = 2 \cos t$, $y = 3 \sin t$

**d** $x = 2 \sin t - 1$, $y = 5 \cos t + 4$

**dd** $x = \cos t$, $y = \sin 2t$

**e** $x = \cos t$, $y = 2 \cos 2t$

**f** $x = \sin t$, $y = \tan t$

**ff** $x = \cos t + 2$, $y = 4 \sec t$

**g** $x = 3 \cot t$, $y = \operatorname{cosec} t$

**4** Hafaliadau parametrig cylch yw $x = \sin t - 5$, $y = \cos t + 2$.

**a** Darganfyddwch hafaliad Cartesaidd y cylch.

**b** Ysgrifennwch radiws a chyfesurynnau canol y cylch.

**5** Hafaliadau parametrig cylch yw $x = 4 \sin t + 3$, $y = 4 \cos t - 1$. Darganfyddwch radiws a chyfesurynnau canol y cylch.

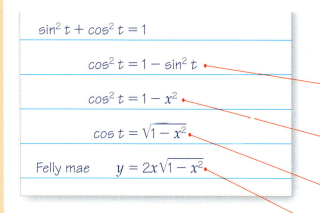

## 2.4 Mae angen i chi allu darganfod yr arwynebedd o dan gromlin a roddir gan hafaliadau parametrig.

■ **Rhoddir arwynebedd o dan graff gan $\int y\,dx$. Yn ôl y rheol cadwyn mae $\int y\,dx = \int y\frac{dx}{dt}\,dt$.**

### Enghraifft 8

Hafaliadau parametrig cromlin yw $x = 5t^2$, $y = t^3$. Cyfrifwch $\int_1^2 y\frac{dx}{dt}\,dt$.

$y\frac{dx}{dt} = t^3\frac{dx}{dt}$

Darganfyddwch $y\frac{dx}{dt}$. Defnyddiwch $y = t^3$.

$\frac{dx}{dt} = \frac{d}{dt}(5t^2)$

$= 10t$

Cyfrifwch $\frac{dx}{dt}$. Yma mae $x = 5t^2$.

$\frac{d}{dt}(5t^2) = 5 \times 2t^{2-1}$

$= 10t$

Felly mae $y\frac{dx}{dt} = t^3 \times 10t$

$= 10t^4$

Symleiddiwch y mynegiad fel bod

$t^3 \times 10t = 10t^{3+1}$

$= 10t^4$

$\int_1^2 y\frac{dx}{dt}\,dt = \int_1^2 10t^4\,dt$

$= \left[2t^5\right]_1^2$

Integrwch, fel bod

$\int 10t^4\,dt = \frac{10}{4+1}t^{4+1}$

$= \frac{10}{5}t^5$

$= 2t^5$

$= 2(2)^5 - 2(1)^5$

$= 64 - 2$

$= 62$

Cyfrifwch $\left[2t^5\right]_1^2$. Rhowch y gwerthoedd $t = 2$ a $t = 1$ yn $2t^5$ a thynnwch.

### Enghraifft 9

Mae'r diagram yn dangos braslun o'r gromlin sydd â hafaliadau parametrig $x = t^2$, $y = 2t(3 - t)$, $t \geqslant 0$. Mae'r gromlin yn croesi echelin $x$ yn $x = 0$ ac $x = 9$. Mae'r gromlin ac echelin $x$ yn ffinio rhanbarth $R$, sydd wedi ei liwio.

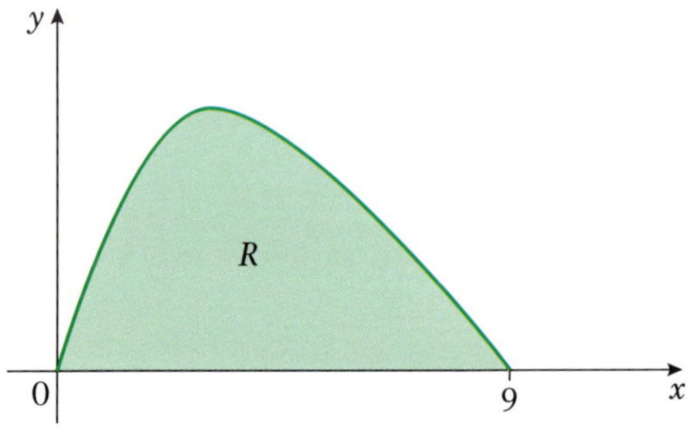


**a** Darganfyddwch werth $t$ pan yw

**i** $x = 0$ **ii** $x = 9$

**b** Darganfyddwch arwynebedd $R$.

**a** **i** $x = t^2$

$t^2 = 0$

Rhowch $x = 0$ yn $x = t^2$.
Cyfrifwch ail isradd y ddwy ochr.

Felly mae $t = 0$

**ii** $x = t^2$

$t^2 = 9$

Rhowch $x = 9$ yn $x = t^2$.
Cyfrifwch ail isradd y ddwy ochr. $\sqrt{9} = \pm 3$.

Felly mae $t = 3$

Anwybyddwch $t = -3$ gan fod $t \geqslant 0$.

**b** Arwynebedd $R = \int_0^9 y\,dx$

Integrwch yn barametrig.

$= \int_0^3 y \frac{dx}{dt}\,dt$

Newidiwch derfannau'r integryn.
Mae $t = 0$ pan yw $x = 0$
a $t = 3$ pan yw $x = 9$

$= \int_0^3 2t(3 - t) \frac{dx}{dt}\,dt$

Darganfyddwch $\int y \frac{dx}{dt}\,dt$.
Defnyddiwch $y = 2t(3 - t)$.

$= \int_0^3 2t(3 - t) \times 2t\,dt$

Cyfrifwch $\frac{dx}{dt}$. Yma mae $x = t^2$.

$\frac{dx}{dt} = \frac{d}{dt}(t^2)$

$= 2t$

$= \int_0^3 (6t - 2t^2) \times 2t\,dt$

$= \int_0^3 12t^2 - 4t^3\,dt$

Diddymwch y cromfachau, fel bod

① $2t(3 - t) = 2t \times 3 - 2t \times t$
$= 6t - 2t^2$

② $(6t - 2t^2) \times 2t = 6t \times 2t - 2t^2 \times 2t$
$= 12t^2 - 4t^3$

$= \left[4t^3 - t^4\right]_0^3$

Integrwch bob term, fel bod

① $\int 12t^2\,dt = \frac{12}{3} t^{2+1}$
$= 4t^3$

② $\int 4t^3\,dt = \frac{4}{4} t^{3+1}$
$= t^4$

$= [4(3)^3 - (3)4] - [4(0)^3 - (0)^4]$

$= (108 - 81) - (0 - 0)$

$= 27$

Arwynebedd $R = 27$.

Cyfrifwch $\left[4t^3 - t^4\right]_0^3$. Rhowch y gwerthoedd $t = 3$ a $t = 0$ yn $4t^3 - t^4$ a thynnwch.

## Ymarfer 2Ch

**1** Rhoddir hafaliadau'r cromliniau canlynol yn eu ffurfiau parametrig.
Ym mhob achos, darganfyddwch fynegiad sy'n rhoi $y\dfrac{dx}{dt}$ yn nhermau $t$.

**a** $x = t + 3, y = 4t - 3$

**b** $x = t^3 + 3t, y = t^2$

**c** $x = (2t - 3)^2, y = 1 - t^2$

**ch** $x = 6 - \dfrac{1}{t}, y = 4t^3, t > 0$

**d** $x = \sqrt{t}, y = 6t^3, t \geqslant 0$

**dd** $x = \dfrac{4}{t^2}, y = 5t^2, t < 0$

**e** $x = 5t^{\frac{1}{2}}, y = 4t^{-\frac{3}{2}}, t > 0$

**f** $x = t^{\frac{1}{3}} - 1, y = \sqrt{t}, t \geqslant 0$

**ff** $x = 16 - t^4, y = 3 - \dfrac{2}{t}, t < 0$

**g** $x = 6t^{\frac{2}{3}}, y = t^2$

**2** Hafaliadau parametrig cromlin yw $x = 2t - 5, y = 3t + 8$. Cyfrifwch $\displaystyle\int_0^4 y\frac{dx}{dt}\,dt$.

**3** Hafaliadau parametrig cromlin yw $x = t^2 - 3t + 1, y = 4t^2$. Cyfrifwch $\displaystyle\int_{-1}^5 y\frac{dx}{dt}\,dt$.

**4** Hafaliadau parametrig cromlin yw $x = 3t^2, y = \dfrac{1}{t} + t^3, t > 0$. Cyfrifwch $\displaystyle\int_{0.5}^3 y\frac{dx}{dt}\,dt$.

**5** Hafaliadau parametrig cromlin yw $x = t^3 - 4t, y = t^2 - 1$. Cyfrifwch $\displaystyle\int_{-2}^2 y\frac{dx}{dt}\,dt$.

**6** Hafaliadau parametrig cromlin yw $x = 9t^{\frac{4}{3}}, y = t^{-\frac{1}{3}}, t > 0$.

**a** Dangoswch fod $y\dfrac{dx}{dt} = a$, lle mae $a$ yn gysonyn i'w ddarganfod.

**b** Cyfrifwch $\displaystyle\int_3^5 y\frac{dx}{dt}\,dt$.

**7** Hafaliadau parametrig cromlin yw $x = \sqrt{t}, y = 4\sqrt{t^3}, t > 0$.

**a** Dangoswch fod $y\dfrac{dx}{dt} = pt$, lle mae $p$ yn gysonyn i'w ddarganfod.

**b** Cyfrifwch $\displaystyle\int_1^6 y\frac{dx}{dt}\,dt$.

**8** Mae'r diagram yn dangos braslun o'r gromlin sydd â'r hafaliadau parametrig $x = t^2 - 3, y = 3t$, $t > 0$. Mae'r gromlin, echelin $x$ a'r llinellau $x = 1$ ac $x = 6$ yn ffinio rhanbarth $R$ sydd wedi ei liwio.

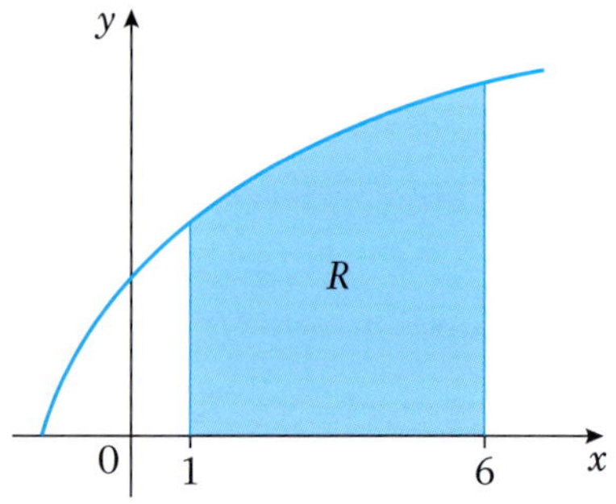


**a** Darganfyddwch werth $t$ pan yw

**i** $x = 1$

**ii** $x = 6$

**b** Darganfyddwch arwynebedd $R$.

**9** Mae'r diagram yn dangos braslun o'r gromlin sydd â'r hafaliadau parametrig $x = 4t^2$, $y = t(5 - 2t)$, $t \geqslant 0$. Mae'r gromlin ac echelin $x$ yn ffinio rhanbarth $R$, sydd wedi ei liwio. Darganfyddwch arwynebedd $R$.

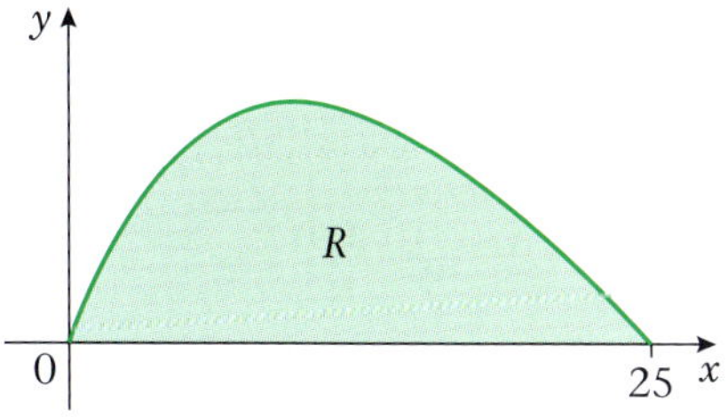


**10** Mae rhanbarth $R$ wedi ei ffinio gan y gromlin sydd â'r hafaliadau parametrig $x = t^3$, $y = \dfrac{1}{3t^2}$, echelin $x$ a'r llinellau $x = -1$ ac $x = -8$.

**a** Darganfyddwch werth $t$ pan yw

**i** $x = -1$ **ii** $x = -8$

**b** Darganfyddwch arwynebedd $R$.

## Ymarfer cymysg 2D

**1** Mae'r diagram yn dangos braslun o'r gromlin sydd â'r hafaliadau parametrig $x = 4\cos t$, $y = 3\sin t$, $0 \leqslant t < 2\pi$.

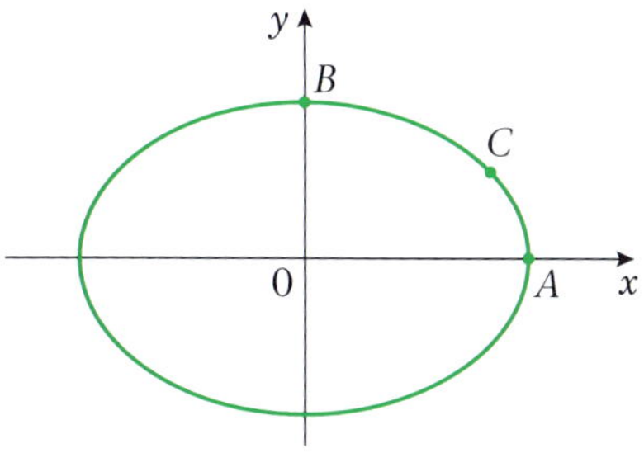


**a** Darganfyddwch gyfesurynnau pwyntiau $A$ a $B$.

**b** Paramedr pwynt $C$ yw $t = \dfrac{\pi}{6}$. Darganfyddwch union gyfesurynnau $C$.

**c** Darganfyddwch hafaliad Cartesaidd y gromlin.

**2** Mae'r diagram yn dangos braslun o'r gromlin sydd â'r hafaliadau parametrig $x = \cos t$, $y = \frac{1}{2}\sin 2t$.

$0 \leqslant t < 2\pi$. Mae'r gromlin yn gymesur o amgylch y ddwy echelin.

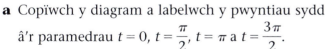

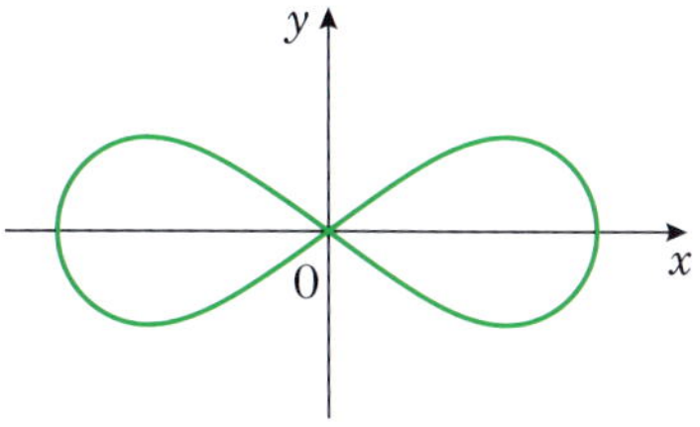


**a** Copïwch y diagram a labelwch y pwyntiau sydd â'r paramedrau $t = 0$, $t = \dfrac{\pi}{2}$, $t = \pi$ a $t = \dfrac{3\pi}{2}$.

**b** Dangoswch mai hafaliad Cartesaidd y gromlin yw $y^2 = x^2(1 - x^2)$.

**3** Hafaliadau parametrig cromlin yw $x = \sin t$, $y = \cos 2t$, $0 \leqslant t < 2\pi$.

**a** Darganfyddwch hafaliad Cartesaidd y gromlin.

Mae'r gromlin yn croesi echelin $x$ yn $(a, 0)$ a $(b, 0)$.

**b** Darganfyddwch werth $a$ a $b$.

**4** Hafaliadau parametrig cromlin yw $x = \dfrac{1}{1 + t}$, $y = \dfrac{1}{(1 + t)(1 - t)}$, $t \neq \pm 1$.

Mynegwch $t$ yn nhermau $x$. Yna dangoswch mai hafaliad Cartesaidd y gromlin yw $y = \dfrac{x^2}{2x - 1}$.

**5** Hafaliadau parametrig cylch yw $x = 4\sin t - 3$, $y = 4\cos t + 5$.

**a** Darganfyddwch hafaliad Cartesaidd y cylch.

**b** Lluniwch fraslun o'r cylch.

**c** Darganfyddwch union gyfesurynnau croestorfannau'r cylch ag echelin $y$.

**6** Darganfyddwch hafaliad Cartesaidd y llinell sydd â hafaliadau parametrig $x = \dfrac{2-3t}{1+t}$, $y = \dfrac{3+2t}{1+t}$, $t \neq -1$.

**7** Hafaliadau parametrig cromlin yw $x = t^2 - 1$, $y = t - t^3$, lle mae $t$ yn baramedr.

**a** Lluniwch graff y gromlin pan yw $-2 \leqslant t \leqslant 2$.

**b** Darganfyddwch arwynebedd y rhanbarth meidraidd a amgaeir gan ddolen y gromlin.

**8** Hafaliadau parametrig cromlin yw $x = t^2 - 2$, $y = 2t$, lle mae $-2 \leqslant t \leqslant 2$.

**a** Lluniwch graff y gromlin.

**b** Dangoswch ar eich graff ym mhle mae **i** $t = 0$ **ii** $t > 0$ **iii** $t < 0$

**c** Cyfrifwch arwynebedd y rhanbarth meidraidd a amgaeir gan y gromlin ac echelin $y$.

**9** Darganfyddwch arwynebedd y rhanbarth meidraidd sy'n cael ei ffinio gan y gromlin sydd â'r hafaliadau parametrig $x = t^3$, $y = \dfrac{4}{t}$, $t \neq 0$, echelin $x$ a'r llinellau $x = 1$ ac $x = 8$.

**10** Mae'r diagram yn dangos braslun o'r gromlin sydd â'r hafaliadau parametrig $x = 3\sqrt{t}$, $y = t(4 - t)$, lle mae $0 \leqslant t \leqslant 4$. Mae'r gromlin ac echelin $x$ yn ffinio rhanbarth $R$, sydd wedi ei liwio.

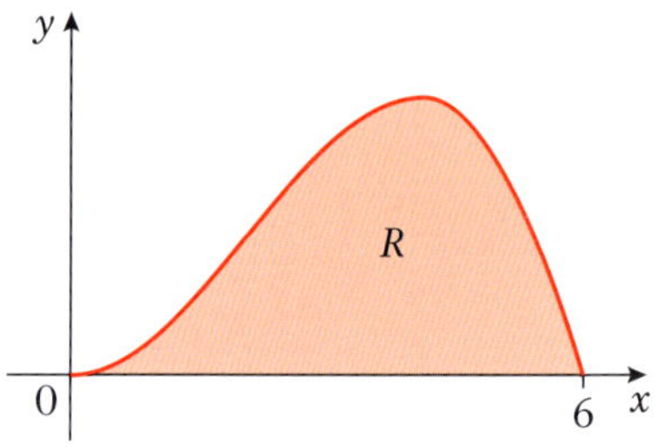


**a** Dangoswch fod $y\dfrac{dx}{dt} = 6t^{\frac{1}{2}} - \frac{3}{2}t^{\frac{3}{2}}$.

**b** Darganfyddwch arwynebedd $R$.

## Crynodeb o'r pwyntiau allweddol

**1** Er mwyn darganfod hafaliad Cartesaidd cromlin a roddir yn barametrig rhaid diddymu'r paramedr $t$ ar gyfer yr hafaliadau parametrig.

**2** Er mwyn darganfod yr arwynebedd o dan gromlin a roddir yn barametrig rhaid defnyddio $\int y\dfrac{dx}{dt}\,dt$.

# 3 Yr ehangiad binomaidd

**Yn y bennod hon byddwch yn dysgu ac yn defnyddio ehangiad $(a + x)^n$ ar gyfer unrhyw werth cymarebol $n$.**

**3.1 Yr ehangiad binomaidd yw**

$$(1 + x)^n = 1 + nx + n(n-1)\frac{x^2}{2!} + n(n-1)(n-2)\frac{x^3}{3!} + \ldots + {}^nC_r x^r$$

**Pan yw $n$ yn gyfanrif positif, mae'r ehangiad hwn yn feidraidd ac yn union. Nid yw hyn fel arfer yn wir pan yw $n$ yn negatif neu'n ffracsiwn.**

## Enghraifft 1

Defnyddiwch yr ehangiad binomaidd i ddarganfod **a** $(1 + x)^4$ **b** $(1 - 2x)^3$

**a** $(1 + x)^4$

$$= 1 + 4x + \frac{4 \times 3x^2}{2!}$$

$$+ \frac{4 \times 3 \times 2x^3}{3!}$$

$$+ \frac{4 \times 3 \times 2 \times 1x^4}{4!}$$

$$+ \frac{4 \times 3 \times 2 \times 1 \times 0x^5}{5!}$$

Rhowch 4 yn lle $n$ yn y fformiwla.

$$= 1 + 4x + \frac{4 \times 3x^2}{2}$$

$$+ \frac{4 \times 3 \times 2x^3}{6}$$

$$+ \frac{4 \times 3 \times 2 \times 1x^4}{24}$$

$$+ \frac{4 \times 3 \times 2 \times 1 \times 0x^5}{120}$$

Symleiddiwch y cyfernodau.

$$= 1 + 4x + 6x^2 + 4x^3 + 1x^4 + 0x^5$$

$$= 1 + 4x + 6x^2 + 4x^3 + x^4$$

Bydd cyfernod pob term ar ôl hyn hefyd yn sero.

**b** $(1-2x)^2$

$= 1 + 3 \times (-2x)$

$+ \dfrac{3 \times 2 \times (-2x)^2}{2!}$

$+ \dfrac{3 \times 2 \times 1 \times (-2x)^3}{3!}$

$+ \dfrac{3 \times 2 \times 1 \times 0 \times (-2x)^4}{4!}$

$= 1 - 6x$

$+ \dfrac{3 \times 2 \times 4x^2}{2}$

$+ \dfrac{3 \times 2 \times 1 \times -8x^3}{6}$

$+ \dfrac{3 \times 2 \times 1 \times 0 \times 16x^4}{24}$

$= 1 - 6x + 12x^2 - 8x^3 + 0x^4$

$= 1 - 6x + 12x^2 - 8x^3$

Rhowch 3 yn lle $n$ a $-2x$ yn lle $x$.

Symleiddiwch y cyfernodau.

Bydd cyfernod pob term ar ôl hyn hefyd yn sero.

## Enghraifft 2

Defnyddiwch yr ehangiad binomaidd i ddarganfod pedwar term cyntaf **a** $\dfrac{1}{(1+x)}$ **b** $\sqrt{(1-3x)}$

**a** $\dfrac{1}{1+x} = (1+x)^{-1}$

$= 1 + (-1)(x)$

$+ \dfrac{(-1)(-2)(x)^2}{2!}$

$+ \dfrac{(-1)(-2)(-3)(x)^3}{3!} + \dots$

$= 1 - 1x + 1x^2 - 1x^3 + \dots$

$= 1 - x + x^2 - x^3 + \dots$

Ysgrifennwch yn y ffurf indecs.

Rhowch $-1$ yn lle $n$ yn yr ehangiad.

Gan nad yw $n$ yn gyfanrif positif, ni fydd unrhyw gyfernod byth yn hafal i sero. Mae'r ehangiad yn **anfeidraidd**, ac yn gydgyfeiriol pan yw $|x| < 1$.

**b** $\sqrt{(1-3x)} = (1-3x)^{\frac{1}{2}}$

Ysgrifennwch yn y ffurf indecs.

$= 1 + (\frac{1}{2})(-3x)$

Rhowch $\frac{1}{2}$ yn lle $n$ a $-3x$ yn lle $x$.

$+ \frac{(\frac{1}{2})(\frac{1}{2}-1)(-3x)^2}{2!}$

Gofalwch ysgrifennu $9x^2$ ac nid $-3x^2$ yma.

$+ \frac{(\frac{1}{2})(\frac{1}{2}-1)(\frac{1}{2}-2)(-3x)^3}{3!} + \ldots$

$= 1 - \frac{3x}{2} + \frac{(\frac{1}{2})(-\frac{1}{2})9x^2}{2}$

Symleiddiwch y termau.

$+ \frac{(\frac{1}{2})(-\frac{1}{2})(-\frac{3}{2})(-27x^3)}{6} + \ldots$

$= 1 - \frac{3x}{2} - \frac{9x^2}{8} - \frac{27x^3}{16} + \ldots$

Gan nad yw $n$ yn gyfanrif positif, ni fydd unrhyw gyfernod byth yn hafal i sero. Mae'r ehangiad yn **anfeidraidd**, ac yn gydgyfeiriol pan yw $|x| < \frac{1}{3}$ oherwydd bod $|3x| < 1$

## Enghraifft 3

Darganfyddwch ehangiadau binomaidd **a** $(1-x)^{\frac{1}{3}}$, **b** $\frac{1}{(1+4x)^2}$, hyd at, ac yn cynnwys, y term $x^3$. Nodwch yr amrediad o werthoedd $x$ sy'n gwneud yr ehangiadau yn ddilys.

**a** $(1-x)^{\frac{1}{3}}$

$= 1 + (\frac{1}{3})(-x)$

Rhowch $\frac{1}{3}$ yn lle $n$, a $(-x)$ yn lle $x$.

$+ \frac{(\frac{1}{3})(\frac{1}{3}-1)(-x)^2}{2!}$

$+ \frac{(\frac{1}{3})(\frac{1}{3}-1)(\frac{1}{3}-2)(-x)^3}{3!} + \ldots$

Symleiddiwch y cromfachau.

$= 1 + (\frac{1}{3})(-x) + \frac{(\frac{1}{3})(-\frac{2}{3})(-x)^2}{2}$

$+ \frac{(\frac{1}{3})(-\frac{2}{3})(-\frac{5}{3})(-x)^3}{6} + \ldots$

Symleiddiwch y cyfernodau.

$= 1 - \frac{1}{3}x - \frac{1}{9}x^2 - \frac{5}{81}x^3 + \ldots$

Mae'r ehangiad yn ddilys os yw $|-x| < 1$

Y termau yn yr ehangiad yw $(-x)$, $(-x)^2$, $(-x)^3$.

$\Rightarrow \; |x| < 1$

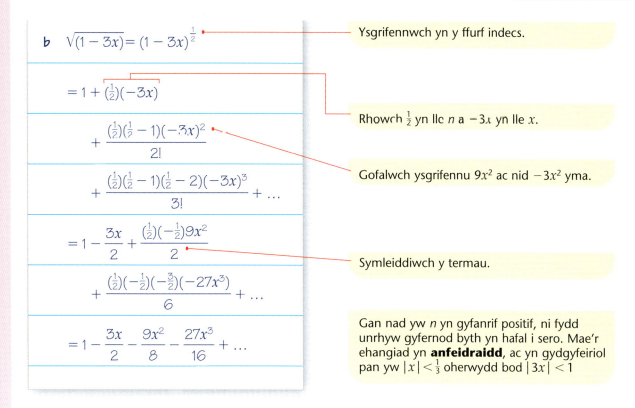

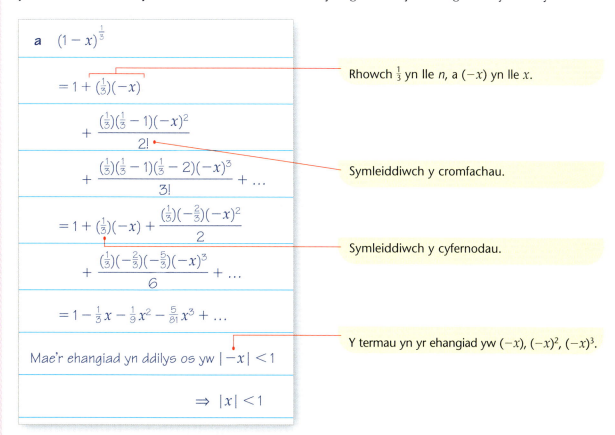

**b** $\dfrac{1}{(1+4x)^2}$

$= (1+4x)^{-2}$

$= 1 + (-2)(4x)$

$+ \dfrac{(-2)(-2-1)(4x)^2}{2!}$

$+ \dfrac{(-2)(-2-1)(-2-2)(4x)^3}{3!} + \dots$

$= 1 + (-2)(4x)$

$+ \dfrac{(-2)(-3)16x^2}{2}$

$+ \dfrac{(-2)(-3)(-4)64x^3}{6} + \dots$

$= 1 - 8x + 48x^2 - 256x^3 + \dots$

Mae'r ehangiad yn ddilys os yw $|4x| < 1$

$\Rightarrow |x| < \frac{1}{4}$.

Ysgrifennwch yn y ffurf indecs.

Rhowch $-2$ yn lle *n*, a '$4x$' yn lle $x$.

Symleiddiwch y cromfachau.

Symleiddiwch y cyfernodau.

Y termau yn yr ehangiad yw $(4x)$, $(4x)^2$, $(4x)^3$.

**Enghraifft 4**

Darganfyddwch ehangiad $\sqrt{(1-2x)}$ hyd at, ac yn cynnwys, y term $x^3$. Drwy ddefnyddio $x = 0.01$, darganfyddwch frasamcan degol addas ar gyfer $\sqrt{2}$.

$\sqrt{(1-2x)} = (1-2x)^{\frac{1}{2}}$

$= 1 + (\frac{1}{2})(-2x)$

$+ \dfrac{(\frac{1}{2})(\frac{1}{2}-1)(-2x)^2}{2!}$

$+ \dfrac{(\frac{1}{2})(\frac{1}{2}-1)(\frac{1}{2}-2)(-2x)^3}{3!} + \dots$

$= 1 + (\frac{1}{2})(-2x)$

$+ \dfrac{(\frac{1}{2})(-\frac{1}{2})(4x^2)}{2}$

$+ \dfrac{(\frac{1}{2})(-\frac{1}{2})(-\frac{3}{2})(-8x^3)}{6} + \dots$

$= 1 - x - \dfrac{x^2}{2} - \dfrac{x^3}{2} + \dots$

Mae'r ehangiad yn ddilys os yw $|2x| < 1$

$\Rightarrow |x| < \frac{1}{2}$.

Ysgrifennwch yn y ffurf indecs.

Rhowch $\frac{1}{2}$ yn lle *n*, a $(-2x)$ yn lle $x$.

Symleiddiwch y cromfachau.

Symleiddiwch y cyfernodau.

Y termau yn yr ehangiad yw $(-2x)$, $(-2x)^2$, $(-2x)^3$.

$$\sqrt{(1-2\times 0.01)} \approx 1 - 0.01 - \frac{(0.01)^2}{2} - \frac{(0.01)^3}{2}$$

Rhowch $x = 0.01$ ar ddwy ochr yr ehangiad. Mae hyn yn ddilys oherwydd bod $|x| < \frac{1}{2}$.

$$\sqrt{0.98} \approx 1 - 0.01 - 0.00005 - 0.0000005$$

Symleiddiwch y ddwy ochr. Sylwer bod y termau yn mynd yn llai.

$$\sqrt{\frac{98}{100}} \approx 0.9899495$$

Ysgrifennwch 0.98 yn y ffurf $\frac{98}{100}$.

$$\sqrt{\frac{49\times 2}{100}} \approx 0.9899495$$

Defnyddiwch reolau syrdiau.

$$\frac{7\sqrt{2}}{10} \approx 0.9899495$$

$\times 10$, $\div 7$

$$\sqrt{2} \approx \frac{0.9899495 \times 10}{7}$$

Symleiddiwch.

$$\sqrt{2} \approx 1.414213571$$

## Ymarfer 3A

**1** Darganfyddwch ehangiad binomaidd y canlynol hyd at, ac yn cynnwys, y termau $x^3$. Nodwch yr amrediad o werthoedd $x$ sy'n gwneud yr ehangiadau hyn yn ddilys.

**a** $(1+2x)^3$ **b** $\dfrac{1}{1-x}$ **c** $\sqrt{(1+x)}$ **ch** $\dfrac{1}{(1+2x)^3}$

**d** $\sqrt[3]{(1-3x)}$ **dd** $(1-10x)^{\frac{3}{2}}$ **e** $\left(1+\dfrac{x}{4}\right)^{-4}$ **f** $\dfrac{1}{(1+2x^2)}$

**2** Drwy yn gyntaf ysgrifennu $\dfrac{(1+x)}{(1-2x)}$ yn y ffurf $(1+x)(1-2x)^{-1}$, dangoswch mai'r brasamcan ciwbig ar gyfer $\dfrac{(1+x)}{(1-2x)}$ yw $1+3x+6x^2+12x^3$. Nodwch yr amrediad o werthoedd $x$ sy'n gwneud yr ehangiad hwn yn ddilys.

**3** Darganfyddwch ehangiad binomaidd $\sqrt{(1+3x)}$ mewn pwerau esgynnol $x$ hyd at, ac yn cynnwys, y term $x^3$. Drwy ddefnyddio $x = 0.01$ yn yr ehangiad, darganfyddwch frasamcan ar gyfer $\sqrt{103}$. Drwy ei gymharu â'r union werth, trafodwch fanwl gywirdeb eich brasamcan.

**4** Yn ehangiad $(1+ax)^{-\frac{1}{2}}$, cyfernod $x^2$ yw 24. Darganfyddwch werthoedd posibl y cysonyn $a$ a'r term $x^3$ cyfatebol.

**5** Dangoswch, os yw $x$ yn fychan, fod $1 + x + \frac{1}{2}x^2$ yn frasamcan o'r mynegiad $\sqrt{\left(\dfrac{1+x}{1-x}\right)}$.

**6** Darganfyddwch y pedwar term cyntaf yn ehangiad $(1-3x)^{\frac{3}{2}}$.

Drwy ddefnyddio gwerth $x$ addas, darganfyddwch frasamcan ar gyfer $97^{\frac{3}{2}}$.

## 3.2 Gellir defnyddio'r ehangiad binomaidd $(1 + x)^n$ i ehangu $(a + bx)^n$ ar gyfer unrhyw gysonion $a$ a $b$ drwy gymryd $a$ o'r mynegiad yn ffactor.

**Enghraifft 5**

Darganfyddwch y pedwar term cyntaf yn ehangiad binomaidd **a** $\sqrt{(4 + x)}$ **b** $\frac{1}{(2 + 3x)^2}$.
Nodwch yr amrediad o werthoedd $x$ sy'n gwneud yr ehangiadau hyn yn ddilys.

**a** $\sqrt{(4+x)} = (4+x)^{\frac{1}{2}}$

Ysgrifennwch yn y ffurf indecs.

$= \left[4\left(1 + \frac{x}{4}\right)\right]^{\frac{1}{2}}$

Rhowch y ffactor 4 y tu allan.

$= 4^{\frac{1}{2}}\left(1 + \frac{x}{4}\right)^{\frac{1}{2}}$

$= 2\left(1 + \frac{x}{4}\right)^{\frac{1}{2}}$

Ysgrifennwch $4^{\frac{1}{2}}$ fel 2.

$$= 2\left[1 + \left(\frac{1}{2}\right)\left(\frac{x}{4}\right) + \frac{\left(\frac{1}{2}\right)\left(\frac{1}{2}-1\right)\left(\frac{x}{4}\right)^2}{2!} + \frac{\left(\frac{1}{2}\right)\left(\frac{1}{2}-1\right)\left(\frac{1}{2}-2\right)\left(\frac{x}{4}\right)^3}{3!} + \ldots\right]$$

Ehangwch $\left(1 + \frac{x}{4}\right)^{\frac{1}{2}}$ gan ddefnyddio'r ehangiad binomaidd gydag $n = \frac{1}{2}$ ac $x = \frac{x}{4}$.

$$= 2\left[1 + \left(\frac{1}{2}\right)\left(\frac{x}{4}\right) + \frac{\left(\frac{1}{2}\right)\left(-\frac{1}{2}\right)\left(\frac{x^2}{16}\right)}{2} + \frac{\left(\frac{1}{2}\right)\left(-\frac{1}{2}\right)\left(-\frac{3}{2}\right)\left(\frac{x^3}{64}\right)}{6} + \ldots\right]$$

Symleiddiwch y cyfernodau.

$$= 2\left[1 + \frac{x}{8} - \frac{x^2}{128} + \frac{x^3}{1024} + \ldots\right]$$

Lluoswch â'r 2.

$$= 2 + \frac{x}{4} - \frac{x^2}{64} + \frac{x^3}{512} + \ldots$$

Mae'r ehangiad yn ddilys os yw $\left|\frac{x}{4}\right| < 1$

$\Rightarrow \quad |x| < 4.$

Y termau yn yr ehangiad yw $\left(\frac{x}{4}\right), \left(\frac{x}{4}\right)^2, \left(\frac{x}{4}\right)^3$.

**b** $\dfrac{1}{(2+3x)^2} = (2+3x)^{-2}$

Ysgrifennwch yn y ffurf indecs.

$= \left[2\left(1+\dfrac{3x}{2}\right)\right]^{-2}$

Rhowch y ffactor 2 y tu allan.

$= 2^{-2}\left(1+\dfrac{3x}{2}\right)^{-2}$

Ysgrifennwch $2^{-2} = \dfrac{1}{2^2} = \dfrac{1}{4}$

$= \dfrac{1}{4}\left(1+\dfrac{3x}{2}\right)^{-2}$

$$= \frac{1}{4}\left[1 + (-2)\left(\frac{3x}{2}\right) + \frac{(-2)(-2-1)\left(\frac{3x}{2}\right)^2}{2!} + \frac{(-2)(-2-1)(-2-2)\left(\frac{3x}{2}\right)^3}{3!} + \ldots\right]$$

Ehangwch $\left(1+\dfrac{3x}{2}\right)^{-2}$ gan ddefnyddio'r ehangiad binomaidd gydag $n = -2$ ac $x = \dfrac{3x}{2}$.

$$= \frac{1}{4}\left[1 + (-2)\left(\frac{3x}{2}\right) + \frac{(-2)(-3)\left(\frac{9x^2}{4}\right)}{2} + \frac{(-2)(-3)(-4)\left(\frac{27x^3}{8}\right)}{6} + \ldots\right]$$

Symleiddiwch y cyfernodau.

$$= \frac{1}{4}\left[1 - 3x + \frac{27x^2}{4} - \frac{27x^3}{2} + \ldots\right]$$

Lluoswch â'r $\frac{1}{4}$.

$$= \frac{1}{4} - \frac{3}{4}x + \frac{27x^2}{16} - \frac{27x^3}{8} + \ldots$$

Mae'r ehangiad yn ddilys os yw $\left|\dfrac{3x}{2}\right| < 1$

$\Rightarrow \quad |x| < \dfrac{2}{3}$.

Y termau yn yr ehangiad yw $\left(\dfrac{3x}{2}\right), \left(\dfrac{3x}{2}\right)^2, \left(\dfrac{3x}{2}\right)^3$.

## Ymarfer 3B

**1** Darganfyddwch ehangiadau binomaidd y canlynol mewn pwerau esgynnol $x$ hyd at y term sy'n cynnwys $x^3$. Nodwch yr amrediad o werthoedd $x$ sy'n gwneud yr ehangiadau yn ddilys.

**a** $\sqrt{(4+2x)}$ **b** $\dfrac{1}{2+x}$ **c** $\dfrac{1}{(4-x)^2}$ **ch** $\sqrt{(9+x)}$

**d** $\dfrac{1}{\sqrt{(2+x)}}$ **dd** $\dfrac{5}{3+2x}$ **e** $\dfrac{1+x}{2+x}$ **f** $\sqrt{\left(\dfrac{2+x}{1-x}\right)}$

**2** Os yw $x$ yn ddigon bychan, profwch ei bod yn bosibl brasamcanu $\dfrac{3+2x-x^2}{4-x}$ drwy ddefnyddio $\frac{3}{4}+\frac{11}{16}x-\frac{5}{64}x^2$. Beth yw ystyr 'digon bychan' yn y cwestiwn hwn?

**3** Darganfyddwch y pedwar term cyntaf yn ehangiad $\sqrt{(4-x)}$. Drwy ddefnyddio $x=\frac{1}{9}$, darganfyddwch ffracsiwn sy'n frasamcan ar gyfer $\sqrt{35}$. Drwy gymharu hwn â'r union werth, nodwch pa mor fanwl gywir yw eich brasamcan.

**4** Gellir brasamcanu ehangiad $(a+bx)^{-2}$ drwy ddefnyddio $\frac{1}{4}+\frac{1}{4}x+cx^2$. Darganfyddwch werthoedd y cysonion $a$, $b$ ac $c$.

## 3.3 Gellir defnyddio ffracsiynau rhannol i symleiddio ehangiadau nifer o fynegiadau mwy anodd.

### Enghraifft 6

**a** Mynegwch $\dfrac{4-5x}{(1+x)(2-x)}$ ar ffurf ffracsiynau rhannol.

**b** Yna dangoswch mai brasamcan ciwbig ar gyfer $\dfrac{4-5x}{(1+x)(2-x)}$ yw $2-\dfrac{7x}{2}+\dfrac{11}{4}x^2-\dfrac{25}{8}x^3$.

**c** Nodwch yr amrediad o werthoedd $x$ sy'n gwneud yr ehangiad yn ddilys.

**a** $\dfrac{4-5x}{(1+x)(2-x)} \equiv \dfrac{A}{(1+x)}+\dfrac{B}{(2-x)}$

Rhaid i'r enwaduron fod yn $(1+x)$ a $(2-x)$.

$\equiv \dfrac{A(2-x)+B(1+x)}{(1+x)(2-x)}$

Adiwch y ffracsiynau.

$4-5x \equiv A(2-x)+B(1+x)$

Gosodwch y rhifiaduron yn hafal.

Defnyddiwch $x=2$

$4-10 = A\times 0 + B\times 3$

$-6 = 3B$

$B = -2$

Defnyddiwch $x = 2$ i ddarganfod $B$.

Defnyddiwch $x=-1$

$4+5 = A\times 3 + B\times 0$

Defnyddiwch $x=-1$ i ddarganfod $A$.

$9 = 3A$

$A = 3$

felly $\dfrac{4-5x}{(1+x)(2-x)} = \dfrac{3}{1+x}-\dfrac{2}{2-x}$

**b** $\dfrac{4-5x}{(1+x)(2-x)} = \dfrac{3}{(1+x)} - \dfrac{2}{(2-x)}$

$= 3(1+x)^{-1} - 2(2-x)^{-1}$

Ysgrifennwch yn y ffurf indecs.

Mae ehangiad $3(1+x)^{-1}$

$= 3\left[1 + (-1)(x) + (-1)(-2)\dfrac{(x)^2}{2!} + (-1)(-2)(-3)\dfrac{(x)^3}{3!} + \ldots\right]$

$= 3[1 - x + x^2 - x^3 + \ldots]$

$= 3 - 3x + 3x^2 - 3x^3 + \ldots$

Ehangwch $3(1+x)^{-1}$ gan ddefnyddio'r ehangiad binomaidd gydag $n = -1$.

Rhowch y ffactor 2 y tu allan.

Mae ehangiad $2(2-x)^{-1}$

$= 2\left[2\left(1 - \dfrac{x}{2}\right)\right]^{-1}$

$= 2 \times 2^{-1}\left(1 - \dfrac{x}{2}\right)^{-1}$

$= 1 \times \left[1 + (-1)\left(-\dfrac{x}{2}\right) + \dfrac{(-1)(-2)\left(-\dfrac{x}{2}\right)^2}{2!} + \dfrac{(-1)(-2)(-3)\left(-\dfrac{x}{2}\right)^3}{3!} + \ldots\right]$

$= 1 \times \left[1 + \dfrac{x}{2} + \dfrac{x^2}{4} + \dfrac{x^3}{8} + \ldots\right]$

$= 1 + \dfrac{x}{2} + \dfrac{x^2}{4} + \dfrac{x^3}{8}$

Ehangwch $\left(1 - \dfrac{x}{2}\right)^{-1}$ gan ddefnyddio'r ehangiad binomaidd gydag $n = -1$ ac $x = \dfrac{x}{2}$.

Felly mae $\dfrac{4-5x}{(1+x)(2-x)}$

$= 3(1+x)^{-1} - 2(2-x)^{-1}$

'Adiwch' y ddau fynegiad.

$= (3 - 3x + 3x^2 - 3x^3)$

$- \left(1 + \dfrac{x}{2} + \dfrac{x^2}{4} + \dfrac{x^3}{8}\right)$

$= 2 - \dfrac{7}{2}x + \dfrac{11}{4}x^2 - \dfrac{25}{8}x^3$

**c** Mae $\dfrac{3}{(1+x)}$ yn ddilys os yw $|x| < 1$

Y termau yw $x$, $x^2$, $x^3$.

Mae $\dfrac{2}{(2-x)}$ yn ddilys os yw $\left|\dfrac{x}{2}\right| < 1 \Rightarrow |x| < 2$

Y termau yw $\dfrac{x}{2}$, $\left(\dfrac{x}{2}\right)^2$, $\left(\dfrac{x}{2}\right)^3$.

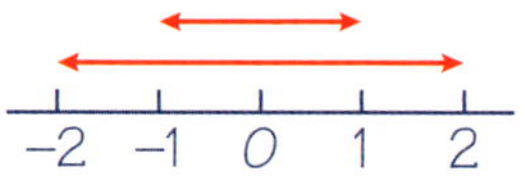


Chwiliwch am werthoedd $x$ sy'n bodloni'r ddau fynegiad.

Mae'r ddau fynegiad yn ddilys os yw $|x| < 1$.

## Ymarfer 3C

**1** **a** Mynegwch $\dfrac{8x+4}{(1-x)(2+x)}$ ar ffurf ffracsiynau rhannol.

**b** Drwy wneud hyn, neu fel arall, ehangwch $\dfrac{8x+4}{(1-x)(2+x)}$ mewn pwerau esgynnol $x$ hyd at y term sy'n cynnwys $x^2$.

**c** Nodwch y set o werthoedd $x$ sy'n gwneud yr ehangiad yn ddilys.

**2** **a** Mynegwch $\dfrac{-2x}{(2+x)^2}$ ar ffurf ffracsiynau rhannol.

**b** Yna profwch ei bod yn bosibl ysgrifennu $\dfrac{-2x}{(2+x)^2}$ yn y ffurf $0 - \dfrac{1}{2}x + Bx^2 + Cx^3$ lle mae $B$ ac $C$ yn gysonion i'w darganfod.

**c** Nodwch y set o werthoedd $x$ sy'n gwneud yr ehangiad yn ddilys.

**3** **a** Mynegwch $\dfrac{6+7x+5x^2}{(1+x)(1-x)(2+x)}$ ar ffurf ffracsiynau rhannol.

**b** Drwy wneud hyn, neu fel arall, ehangwch $\dfrac{6+7x+5x^2}{(1+x)(1-x)(2+x)}$ mewn pwerau esgynnol $x$ hyd at y term sy'n cynnwys $x^3$.

**c** Nodwch y set o werthoedd $x$ sy'n gwneud yr ehangiad yn ddilys.

## Ymarfer cymysg 3Ch

**1** Darganfyddwch ehangiadau binomaidd y canlynol mewn pwerau esgynnol $x$ hyd at y term sy'n cynnwys $x^3$. Nodwch y set o werthoedd $x$ sy'n gwneud yr ehangiad yn ddilys.

**a** $(1-4x)^3$ **b** $\sqrt{(16+x)}$ **c** $\dfrac{1}{(1-2x)}$ **ch** $\dfrac{4}{2+3x}$

**d** $\dfrac{4}{\sqrt{(4-x)}}$ **dd** $\dfrac{1+x}{1+3x}$ **e** $\left(\dfrac{1+x}{1-x}\right)^2$ **f** $\dfrac{x-3}{(1-x)(1-2x)}$

**2** Darganfyddwch bedwar term cyntaf ehangiad y canlynol mewn pwerau esgynnol $x$:
$(1-\frac{1}{2}x)^{\frac{1}{2}}$, $|x|<2$
a symleiddiwch bob cyfernod. **A**
(addasiad)

**3** Dangoswch, os yw $x$ yn ddigon bychan, y gellir defnyddio $\dfrac{3}{2}-\dfrac{3}{16}x+\dfrac{9}{256}x^2$ yn frasamcan ar gyfer $\dfrac{3}{\sqrt{(4+x)}}$.

**4** O wybod bod $|x|<4$, darganfyddwch, mewn pwerau esgynnol $x$ hyd at, ac yn cynnwys, y term $x^3$, ehangiadau cyfres y canlynol:

**a** $(4-x)^{\frac{1}{2}}$ **b** $(4-x)^{\frac{1}{2}}(1+2x)$ **A**
(addasiad)

**5** **a** Darganfyddwch bedwar term cyntaf, mewn pwerau esgynnol $x$, ehangiad $(2+3x)^{-1}$, $|x|<\frac{2}{3}$.

**b** Drwy wneud hyn neu fel arall, darganfyddwch bedwar term ansero cyntaf ehangiad y canlynol, mewn pwerau esgynnol $x$:
$\dfrac{1+x}{2+3x}$, $|x|<\frac{2}{3}$. **A**

**6** Darganfyddwch, mewn pwerau esgynnol $x$ hyd at, ac yn cynnwys, y term $x^3$, ehangiad cyfres $(4+x)^{-\frac{1}{2}}$, gan roi eich cyfernodau yn eu ffurf symlaf. **A**

**7** Mae $f(x)=(1+3x)^{-1}$, $|x|<\frac{1}{3}$.

**a** Ehangwch $f(x)$ mewn pwerau esgynnol $x$ hyd at, ac yn cynnwys, y term $x^3$.

**b** Yna dangoswch, yn achos $x$ bychan, fod:
$\dfrac{1+x}{1+3x}\approx 1-2x+6x^2-18x^3$.

**c** Gan gymryd gwerth $x$ addas, y dylid ei nodi, defnyddiwch yr ehangiad cyfres yn rhan **b** i ddarganfod gwerth bras ar gyfer $\frac{101}{103}$, gan roi eich ateb i 5 lle degol. **A**

**8** Darganfyddwch y pedwar term ansero cyntaf yn ehangiad y ffwythiant $f(x)$, mewn pwerau esgynnol $x$, os yw $f(x)=\dfrac{1}{\sqrt{(1+3x^2)}}$, $3x^2<1$. **A**

**9** Ysgrifennwch ehangiad binomaidd $(1+x)^{\frac{1}{2}}$ hyd at, ac yn cynnwys, y term $x^3$. Drwy ddefnyddio $x=\frac{1}{4}$, darganfyddwch y ffracsiwn sy'n frasamcan ar gyfer $\sqrt{5}$.

**10** Wrth ehangu $(1 + ax)^n$ yn gyfres mewn pwerau esgynnol $x$, cyfernodau $x$ ac $x^2$ yw $-6$ a 27 yn eu trefn.

**a** Darganfyddwch werthoedd $a$ ac $n$.

**b** Darganfyddwch gyfernod $x^3$.

**c** Nodwch y gwerthoedd $x$ sy'n gwneud yr ehangiad yn ddilys.

A (addasiad)

**11** **a** Mynegwch $\dfrac{9x^2 + 26x + 20}{(1 + x)(2 + x)^2}$ ar ffurf ffracsiwn rhannol.

**b** Drwy wneud hyn, neu fel arall, dangoswch ei bod yn bosibl brasamcanu ehangiad $\dfrac{9x^2 + 26x + 20}{(1 + x)(2 + x)^2}$ mewn pwerau esgynnol $x$ yn y ffurf $5 - \dfrac{7x}{2} + Bx^2 + Cx^3$ lle mae $B$ ac $C$ yn gysonion i'w darganfod.

**c** Nodwch y set o werthoedd $x$ sy'n gwneud yr ehangiad hwn yn ddilys.

## Crynodeb o'r pwyntiau allweddol

**1** Gellir defnyddio'r ehangiad binomaidd $(1 + x)^n = 1 + nx + \dfrac{n(n-1)x^2}{2!} + \dfrac{n(n-1)(n-2)x^3}{3!} + \ldots$ i roi mynegiad union os yw $n$ yn gyfanrif positif, neu fynegiad bras yn achos unrhyw rif cymarebol arall.

- $$(1 + 2x)^3 = 1 + 3(2x) + 3 \times 2\,\frac{(2x)^2}{2!} + 3 \times 2 \times 1 \times \frac{(2x)^3}{3!} + 3 \times 2 \times 1 \times 0 \times \frac{(2x)^4}{4!}$$
  $$= 1 + 6x + 12x^2 + 8x^3$$ (Mae'r ehangiad yn *feidraidd* ac yn *union*.)
- $$\sqrt{(1 - x)} = (1 - x)^{\frac{1}{2}} = 1 + \left(\frac{1}{2}\right)(-x) + \left(\frac{1}{2}\right)\left(-\frac{1}{2}\right)\frac{(-x)^2}{2!} + \left(\frac{1}{2}\right)\left(-\frac{1}{2}\right)\left(-\frac{3}{2}\right)\frac{(-x)^3}{3!} + \ldots$$
  $$= 1 - \frac{1}{2}x - \frac{1}{8}x^2 - \frac{1}{16}x^3 + \ldots$$
  (Mae'r ehangiad yn *anfeidraidd* ac yn *fras*.)

**2** Mae'r ehangiad $(1 + x)^n = 1 + nx + n(n-1)\dfrac{x^2}{2!} + n(n-1)(n-2)\dfrac{x^3}{3!} + \ldots$, lle mae $n$ yn negatif neu'n ffracsiwn, yn ddilys os yw $|x| < 1$ yn unig.

**3** Gellir addasu'r ehangiad binomaidd i gynnwys mynegiadau yn y ffurf $(a + bx)^n$ drwy roi'r ffactor cyffredin $a$ y tu allan:

e.e. $$\frac{1}{(3 + 4x)} = (3 + 4x)^{-1} = \left[3\left(1 + \frac{4x}{3}\right)\right]^{-1}$$
$$= 3^{-1}\left(1 + \frac{4x}{3}\right)^{-1}$$

**4** Gellir defnyddio gwybodaeth o ffracsiynau rhannol i ehangu mynegiadau mwy anodd, e.e.

$$\frac{7 + x}{(3 - x)(2 + x)} = \frac{2}{(3 - x)} + \frac{1}{(2 + x)}$$
$$= 2(3 - x)^{-1} + (2 + x)^{-1}$$
$$= \frac{2}{3}\left(1 - \frac{x}{3}\right)^{-1} + \frac{1}{2}\left(1 + \frac{x}{2}\right)^{-1}$$

# 4 Differu

**Yn y bennod hon byddwch yn dysgu: darganfod graddiant cromlin a roddir yn y ffurf barametrig; differu perthnasau a roddir yn ymhlyg; darganfod cyfradd newid ffwythiannau esbonyddol a dadfeiliad; cysylltu cyfraddau newid newidynnau cysylltiol; llunio hafaliadau differol.**

## 4.1 Gellir darganfod graddiant cromlin a roddir gan gyfesurynnau parametrig.

Pan yw cromlin yn cael ei disgrifio gan hafaliadau parametrig

- rydych yn differu $x$ ac $y$ mewn perthynas â'r paramedr $t$.
- yna rydych yn defnyddio'r rheol cadwyn wedi'i had-drefnu yn y ffurf $\frac{dy}{dx} = \frac{dy}{dt} \div \frac{dx}{dt}$.

### Enghraifft 1

Darganfyddwch y graddiant yn y pwynt $P$ lle mae $t = 2$, ar y gromlin sydd â'r hafaliadau parametrig $x = t^3 + t$, $y = t^2 + 1$, $t \in \mathbb{R}$.

$\frac{dx}{dt} = 3t^2 + 1$, $\frac{dy}{dt} = 2t$

Yn gyntaf differwch $x$ ac $y$ mewn perthynas â'r paramedr $t$.

$\frac{dy}{dx} = \frac{\frac{dy}{dt}}{\frac{dx}{dt}} = \frac{2t}{3t^2 + 1}$

Defnyddiwch y rheol cadwyn $\frac{dy}{dx} \times \frac{dx}{dt} = \frac{dy}{dt}$ ac ad-drefnwch i roi $\frac{dy}{dx}$.

Pan yw $t = 2$, $\frac{dy}{dx} = \frac{4}{13}$

Rhowch $t = 2$ yn $\frac{2t}{3t^2 + 1}$.

Felly'r graddiant yn $P$ yw $\frac{4}{13}$.

### Enghraifft 2

Darganfyddwch hafaliad y normal yn y pwynt $P$ lle mae $\theta = \frac{\pi}{6}$, ar y gromlin sydd â'r hafaliadau parametrig $x = 3 \sin \theta$, $y = 5 \cos \theta$.

$\frac{dx}{d\theta} = 3 \cos \theta$, $\frac{dy}{d\theta} = -5 \sin \theta$

Yn gyntaf differwch $x$ ac $y$ mewn perthynas â'r paramedr $\theta$.

$\therefore \frac{dy}{dx} = \frac{-5 \sin \theta}{3 \cos \theta}$

Yn y pwynt $P$, lle mae $\theta = \frac{\pi}{6}$, mae

$\frac{dy}{dx} = \frac{-5 \times \frac{1}{2}}{3 \times \frac{\sqrt{3}}{2}} = \frac{-5}{3\sqrt{3}}$

Defnyddiwch y rheol cadwyn, $\frac{dy}{d\theta} \div \frac{d\theta}{dx}$, a defnyddiwch $\theta = \frac{\pi}{6}$.

Graddiant y normal yn $P$

yw $\frac{3\sqrt{3}}{5}$, ac yn $P$, mae $x = \frac{3}{2}$, $y = \frac{5\sqrt{3}}{2}$.

Mae'r normal yn berpendicwlar i'r gromlin, felly ei graddiant yw $-\frac{1}{m}$, lle mae $m$ yn cynrychioli graddiant y gromlin yn y pwynt hwnnw.

Hafaliad y normal yw

$$y - \frac{5\sqrt{3}}{2} = \frac{3\sqrt{3}}{5}\left(x - \frac{3}{2}\right)$$

Defnyddiwch yr hafaliad llinell yn y ffurf $(y - y_1) = m(x - x_1)$.

$$\therefore \quad 5y = 3\sqrt{3}x + 8\sqrt{3}$$

## Ymarfer 4A

**1** Darganfyddwch $\frac{dy}{dx}$ ar gyfer pob un o'r canlynol, gan adael eich ateb yn nhermau'r paramedr $t$:

**a** $x = 2t$, $y = t^2 - 3t + 2$  **b** $x = 3t^2$, $y = 2t^3$  **c** $x = t + 3t^2$, $y = 4t$

**ch** $x = t^2 - 2$, $y = 3t^5$  **d** $x = \frac{2}{t}$, $y = 3t^2 - 2$  **dd** $x = \frac{1}{2t-1}$, $y = \frac{t^2}{2t-1}$

**e** $x = \frac{2t}{1+t^2}$, $y = \frac{1-t^2}{1+t^2}$  **f** $x = t^2e^t$, $y = 2t$  **ff** $x = 4\sin 3t$, $y = 3\cos 3t$

**g** $x = 2 + \sin t$, $y = 3 - 4\cos t$  **ng** $x = \sec t$, $y = \tan t$  **h** $x = 2t - \sin 2t$, $y = 1 - \cos 2t$

**2** **a** Darganfyddwch hafaliad y tangiad i'r gromlin sydd â'r hafaliadau parametrig $x = 3t - 2\sin t$, $y = t^2 + t\cos t$, yn y pwynt $P$, lle mae $t = \frac{\pi}{2}$.

**b** Darganfyddwch hafaliad y tangiad i'r gromlin sydd â'r hafaliadau parametrig $x = 9 - t^2$, $y = t^2 + 6t$, yn y pwynt $P$, lle mae $t = 2$.

**3** **a** Darganfyddwch hafaliad y normal i'r gromlin sydd â'r hafaliadau parametrig $x = e^t$, $y = e^t + e^{-t}$, yn y pwynt $P$, lle mae $t = 0$.

**b** Darganfyddwch hafaliad y normal i'r gromlin sydd â'r hafaliadau parametrig $x = 1 - \cos 2t$, $y = \sin 2t$, yn y pwynt $P$, lle mae $t = \frac{\pi}{6}$.

**4** Darganfyddwch y pwyntiau graddiant sero ar y gromlin sydd â'r hafaliadau parametrig

$$x = \frac{t}{1-t}, \; y = \frac{t^2}{1-t}, \; t \neq 1.$$

Nid oes raid i chi ddangos p'un ai pwyntiau macsimwm ynteu minimwm ydynt.

## 4.2 Gellir differu perthnasau sy'n ymhlyg, megis $x^2 + y^2 = 8x$, a $\cos(x + y) = \sin y$.

Differwch bob term yn ei dro gan ddefnyddio'r rheol cadwyn a'r rheol lluoswm, fel y bo'n briodol:

- $\dfrac{d}{dx}(y^n) = ny^{n-1}\dfrac{dy}{dx}$

Defnyddio'r rheol cadwyn.

- $\dfrac{d}{dx}(xy) = x\dfrac{d}{dx}(y) + y\dfrac{d}{dx}(x)$

$= x\dfrac{dy}{dx} + y \times 1$

$= x\dfrac{dy}{dx} + y$

Defnyddio'r rheol lluoswm.

**Enghraifft 3**

Darganfyddwch $\dfrac{dy}{dx}$ yn nhermau $x$ ac $y$ lle mae $x^3 + x + y^3 + 3y = 6$.

$$3x^2 + 1 + 3y^2\frac{dy}{dx} + 3\frac{dy}{dx} = 0$$

$$\frac{dy}{dx}(3y^2 + 3) = -3x^2 - 1$$

$$\frac{dy}{dx} = -\frac{(3x^2 + 1)}{3(1 + y^2)}$$

Differwch y mynegiad fesul term mewn perthynas ag $x$.

Defnyddiwch y rheol cadwyn i ddifferu $y^3$.

Yna gwnewch $\dfrac{dy}{dx}$ yn destun y fformiwla.

Rhannwch â chyfernod $\dfrac{dy}{dx}$ a ffactoriwch.

**Enghraifft 4**

Darganfyddwch werth $\dfrac{dy}{dx}$ yn y pwynt (1, 1)

lle mae $4xy^2 + \dfrac{6x^2}{y} = 10$.

$$\left(4x \times 2y\frac{dy}{dx} + 4y^2\right) + \frac{12x}{y} - \frac{6x^2}{y^2}\frac{dy}{dx} = 0$$

Defnyddiwch $x = 1$, $y = 1$ i roi

$$\left(8\frac{dy}{dx} + 4\right) + 12 - 6\frac{dy}{dx} = 0$$

h.y. $16 + 2\dfrac{dy}{dx} = 0$

$$\frac{dy}{dx} = -8$$

Differwch bob term mewn perthynas ag $x$.

Defnyddiwch y rheol lluoswm ar bob term, gan fynegi $\dfrac{6x^2}{y}$ yn y ffurf $6x^2y^{-1}$.

Darganfyddwch werth $\dfrac{dy}{dx}$ yn y pwynt (1, 1) drwy ddefnyddio $x = 1$, $y = 1$.

Amnewidiwch cyn ad-drefnu, gan fod hyn yn symleiddio'r gwaith cyfrifo.

Yn olaf, gwnewch $\dfrac{dy}{dx}$ yn destun y fformiwla.

## Enghraifft 5

Darganfyddwch werth $\frac{dy}{dx}$ yn y pwynt (1, 1) lle mae $e^{2x}\ln y = x + y - 2$.

$$e^{2x} \times \frac{1}{y}\frac{dy}{dx} + \ln y \times 2e^{2x} = 1 + \frac{dy}{dx}$$

Defnyddiwch $x = 1$, $y = 1$ i roi

$$e^2 \times \frac{dy}{dx} = 1 + \frac{dy}{dx}$$

$$\therefore \quad (e^2 - 1)\frac{dy}{dx} = 1$$

$$\frac{dy}{dx} = \frac{1}{e^2 - 1}$$

Differwch bob term mewn perthynas ag $x$.

Defnyddiwch y rheol lluoswm sy'n gweithredu ar y term ar ochr chwith yr hafaliad, gan nodi fod $\ln y$ yn differu i roi $\frac{1}{y}\frac{dy}{dx}$.

Ad-drefnwch i wneud $\frac{dy}{dx}$ yn destun y fformiwla.

■ **Mewn hafaliad ymhlyg:**

- **nodwch fod f($y$), pan gaiff ei ddifferu mewn perthynas ag $x$, yn dod yn $f'(y)\frac{dy}{dx}$.**
- **gellir differu term lluoswm megis f($x$).g($y$) drwy ddefnyddio'r rheol lluoswm, a daw'n $f(x).g'(y)\frac{dy}{dx} + g(y).f'(x)$.**

## Ymarfer 4B

**1** Darganfyddwch fynegiad yn nhermau $x$ ac $y$ ar gyfer $\frac{dy}{dx}$, o wybod bod:

**a** $x^2 + y^3 = 2$ **b** $x^2 + 5y^2 = 14$ **c** $x^2 + 6x - 8y + 5y^2 = 13$

**ch** $y^3 + 3x^2y - 4x = 0$ **d** $3y^2 - 2y + 2xy = x^3$ **dd** $x = \frac{2y}{x^2 - y}$

**e** $(x - y)^4 = x + y + 5$ **f** $e^x y = xe^y$ **ff** $\sqrt{(xy)} + x + y^2 = 0$

**2** Darganfyddwch hafaliad y tangiad i'r gromlin sydd â'r hafaliad ymhlyg $x^2 + 3xy^2 - y^3 = 9$ yn y pwynt (2, 1).

**3** Darganfyddwch hafaliad y normal i'r gromlin sydd â'r hafaliad ymhlyg $(x + y)^3 = x^2 + y$ yn y pwynt (1, 0).

**4** Darganfyddwch gyfesurynnau'r pwyntiau lle mae'r graddiant yn sero ar y gromlin sydd â'r hafaliad ymhlyg $x^2 + 4y^2 - 6x - 16y + 21 = 0$.

## 4.3 Gellir differu'r ffwythiant pŵer cyffredinol $a^x$, lle mae $a$ yn gysonyn.

Mae'r ffwythiant hwn yn disgrifio twf a dadfeiliad ac mae ei ddeilliad yn rhoi mesur o gyfradd newid y twf neu'r dadfeiliad hwn.

### Enghraifft 6

Differwch $y = a^x$, lle mae $a$ yn gysonyn.

Gan fod $y = a^x$

$\ln y = \ln a^x$

$\therefore \quad \ln y = x \ln a$

$\therefore \quad \frac{1}{y}\frac{dy}{dx} = \ln a$

$\therefore \quad \frac{dy}{dx} = y \ln a$

$= a^x \ln a$

Cymerwch logarithmau'r ddwy ochr, yna defnyddiwch nodweddion logarithmau i fynegi $\ln a^x$ yn y ffurf $x \ln a$.

Defnyddiwch ddifferu ymhlyg i ddifferu $\ln y$.

Rhowch $a^x$ yn lle $y$.

■ **Os yw $y = a^x$, yna mae $\frac{dy}{dx} = a^x \ln a$**

Dylech ddysgu'r canlyniad hwn.

(Yn arbennig, os yw $y = e^x$, yna mae $\frac{dy}{dx} = e^x \ln e = e^x$, fel y gwyddoch ar ôl astudio llyfr C3.)

### Ymarfer 4C

**1** Darganfyddwch $\frac{dy}{dx}$ ar gyfer pob un o'r canlynol:

**a** $y = 3^x$ **b** $y = (\frac{1}{2})^x$ c $y = xa^x$ **ch** $y = \frac{2^x}{x}$

**2** Darganfyddwch hafaliad y tangiad i'r gromlin $y = 2^x + 2^{-x}$ yn y pwynt $(2, 4\frac{1}{4})$.

**3** Actifedd isotop ymbelydrol penodol yw $R$ milicurie ar amser $t$ diwrnod, yn ôl yr hafaliad $R = 200(0.9)^t$. Darganfyddwch werth $\frac{dR}{dt}$, pan yw $t = 8$.

**4** Roedd poblogaeth Wrecsam yn 37 000 yn 1900 a thua 109 000 yn y flwyddyn 2000. Darganfyddwch hafaliad, yn y ffurf $P = P_0k^t$, i fodelu'r data hwn, lle mae $t$ yn cynrychioli blynyddoedd er 1900. Enrhifwch $\frac{dP}{dt}$ yn y flwyddyn 2000. Beth mae'r gwerth hwn yn ei gynrychioli?

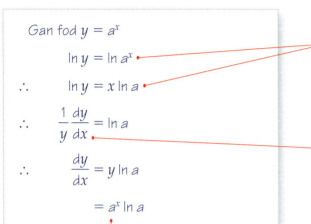

## 4.4 Gellir cysylltu un gyfradd newid ag un arall.

Gallwch ddefnyddio'r rheol cadwyn unwaith, neu amryw o weithiau, i gysylltu'r cyfraddau newid mewn cwestiwn lle ceir mwy na dau newidyn.

### Enghraifft 7

Mae perthynas rhwng arwynebedd cylch, $A$ cm$^2$, a'i radiws, $r$ cm, yn ôl y fformiwla $A = \pi r^2$, ac mae cyfradd newid ei radiws mewn cm s$^{-1}$ yn cael ei roi gan $\frac{dr}{dt} = 5$. Darganfyddwch $\frac{dA}{dt}$ pan yw $r = 3$.

$$A = \pi r^2$$

$$\therefore \quad \frac{dA}{dr} = 2\pi r$$

Gan fod $A$ yn ffwythiant o $r$, darganfyddwch $\frac{dA}{dr}$.

Gan ddefnyddio $\frac{dA}{dt} = \frac{dA}{dr} \times \frac{dr}{dt}$

Dylech ddefnyddio'r rheol cadwyn, gan roi'r deilliad sydd angen ei ddarganfod yn nhermau deilliaid hysbys.

$$\frac{dA}{dt} = 2\pi r \times 5$$

$$= 30\pi, \text{ pan yw } r = 3.$$

### Enghraifft 8

Mae perthynas rhwng cyfaint hemisffer, $V$ cm$^3$, a'i radiws, $r$ cm, yn ôl y fformiwla $V = \frac{2}{3}\pi r^3$, a rhoddir cyfanswm yr arwynebedd arwyneb, $S$ cm$^2$, gan y fformiwla $S = \pi r^2 + 2\pi r^2 = 3\pi r^2$.

O wybod bod cyfradd cynnydd y cyfaint, mewn cm$^3$ s$^{-1}$, $\frac{dV}{dt} = 6$, darganfyddwch gyfradd cynnydd yr arwynebedd arwyneb $\frac{dS}{dt}$.

Mae $V = \frac{2}{3}\pi r^3$ ac $S = 3\pi r^2$

Dyma gyfanswm arwynebedd y gwaelod crwn a'r arwyneb crwm.

$$\frac{dV}{dr} = 2\pi r^2 \text{ a } \frac{dS}{dr} = 6\pi r$$

Gan fod $V$ ac $S$ yn ffwythiannau $r$, darganfyddwch $\frac{dV}{dr}$ a $\frac{dS}{dr}$.

Nawr mae $\frac{dS}{dt} = \frac{dS}{dr} \times \frac{dr}{dV} \times \frac{dV}{dt}$

$$= 6\pi r \times \frac{1}{2\pi r^2} \times 6$$

$$= \frac{18}{r}$$

Defnyddiwch reol cadwyn estynedig ynghyd â'r nodwedd $\frac{dr}{dV} = 1 \div \frac{dV}{dr}$.

## Ymarfer 4Ch

**1** O wybod bod $V = \frac{1}{3}\pi r^3$ a bod $\frac{dV}{dt} = 8$, darganfyddwch $\frac{dr}{dt}$ pan yw $r = 3$.

**2** O wybod bod $A = \frac{1}{4}\pi r^2$ a bod $\frac{dr}{dt} = 6$, darganfyddwch $\frac{dA}{dt}$ pan yw $r = 2$.

**3** O wybod bod $y = xe^x$ a bod $\frac{dx}{dt} = 5$, darganfyddwch $\frac{dy}{dt}$ pan yw $x = 2$.

**4** O wybod bod $r = 1 + 3\cos\theta$ a bod $\frac{d\theta}{dt} = 3$, darganfyddwch $\frac{dr}{dt}$ pan yw $\theta = \frac{\pi}{6}$.

## 4.5 Gellir llunio hafaliad differol o wybodaeth a roddir mewn cyd-destun.

Mae hafaliadau differol yn codi mewn nifer o broblemau o fewn mecaneg, ffiseg, cemeg, bioleg ac economeg. Fel yr awgryma'r enw, mae'r hafaliadau hyn yn cynnwys cyfernodau differol ac felly mae hafaliadau sydd yn y ffurf

$$\frac{dy}{dx} = 3y, \quad \frac{ds}{dt} = 2 + 6t, \quad \frac{d^2y}{dt^2} = -25y \quad \frac{dP}{dt} = 10 - 4P$$

yn hafaliadau differol (newidynnau yw $x$, $y$, $t$, $s$ a $P$).

Yn llyfr C4 byddwch yn ystyried hafaliadau differol trefn un yn unig, sydd ond yn ymwneud â deilliadau cyntaf.

- **Gellir defnyddio gwybodaeth a roddir mewn cyd-destun i lunio hafaliadau differol syml. Gall hyn olygu defnyddio cyfraddau newid cysylltiol, neu syniadau yn ymwneud â chyfrannedd.**

### Enghraifft 9

Yn achos dadfeiliad gronynnau ymbelydrol mae cyfradd dadfeilio'r gronynnau mewn cyfrannedd â nifer y gronynnau sy'n weddill. Ysgrifennwch hafaliad sy'n rhoi cyfradd newid nifer y gronynnau.

Gadewch i $N$ fod yn nifer y gronynnau ac i $t$ fod yn amser. Mae cyfradd newid nifer y gronynnau $\frac{dN}{dt}$ yn dadfeilio ar gyfradd sydd mewn cyfrannedd ag $N$.

h.y. mae $\frac{dN}{dt} = -kN$, lle mae $k$ yn gysonyn positif.

Mae'r arwydd minws yn ymddangos gan fod nifer y gronynnau yn lleihau.

Sylwer bod hon yn broblem sy'n ymwneud â chyfrannedd.

$\frac{dN}{dt} \propto N \rightarrow \frac{dN}{dt} = cN$

$c$ yw'r cysonyn cyfrannedd.

### Enghraifft 10

Mae poblogaeth yn tyfu ar gyfradd sydd mewn cyfrannedd â maint y boblogaeth ar amser penodol. Ysgrifennwch hafaliad sy'n rhoi cyfradd twf y boblogaeth.

Gadewch i'r boblogaeth fod yn $P$ ac i'r amser fod yn $t$.

Mae cyfradd newid y boblogaeth $\frac{dP}{dt}$ yn tyfu ar gyfradd sydd mewn cyfrannedd â $P$.

h.y. mae $\frac{dP}{dt} = kP$, lle mae $k$ yn gysonyn positif.

$k$ yw'r cysonyn cyfrannedd.

Mae'r boblogaeth yn cynyddu, felly nid oes arwydd minws.

### Enghraifft 11

Mae Deddf Oeri Newton yn dweud bod cyfradd gostwng tymheredd gwrthrych mewn cyfrannedd â'r gwahaniaeth rhwng tymheredd y gwrthrych a thymheredd ei amgylchedd. Ysgrifennwch hafaliad sy'n mynegi'r ddeddf hon.

Gadewch i dymheredd y gwrthrych fod yn $\theta$ gradd ac i'r amser fod yn $t$ eiliad.

Mae cyfradd newid y tymheredd $\frac{d\theta}{dt}$ yn gostwng ar gyfradd sydd mewn cyfrannedd â $(\theta - \theta_0)$, lle mae $\theta_0$ yn cynrychioli tymheredd yr amgylchedd.

h.y. Mae $\frac{d\theta}{dt} = -k(\theta - \theta_0)$, lle mae $k$ yn gysonyn positif.

$(\theta - \theta_0)$ yw'r gwahaniaeth rhwng tymheredd y gwrthrych a thymheredd yr amgylchedd.

Mae'r arwydd minws yn ymddangos oherwydd bod y tymheredd yn gostwng.

### Enghraifft 12

Mae cyfaint pen dyn eira, radiws $R$ cm, yn lleihau drwy anweddiad ar gyfradd sydd mewn cyfrannedd â'i arwynebedd arwyneb. O gymryd bod y pen yn sfferig, bod cyfaint sffêr yn $\frac{4}{3}\pi R^3$ cm$^3$ a bod yr arwynebedd yn $4\pi R^2$ cm$^2$, ysgrifennwch hafaliad differol sy'n rhoi cyfradd newid radiws pen y dyn eira.

Mae'r frawddeg gyntaf yn dweud wrthych bod $\frac{dV}{dt} = -kA$, lle mae $V$ cm$^3$ yn cynrychioli'r cyfaint, $t$ eiliad yn amser, $k$ yn gysonyn positif ac $A$ cm$^2$ yw'r arwynebedd arwyneb y cyfeirir ato yn y cwestiwn.

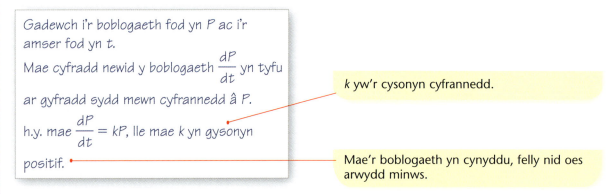

Gan fod $V = \frac{4}{3}\pi R^3$

$$\frac{dV}{dR} = 4\pi R^2$$

$$\therefore \quad \frac{dV}{dt} = \frac{dV}{dR} \times \frac{dR}{dt} = 4\pi R^2 \times \frac{dR}{dt}$$

Ond gan fod $\frac{dV}{dt} = -kA$, mae

$$4\pi R^2 \times \frac{dR}{dt} = -k \times 4\pi R^2$$

$$\therefore \quad \frac{dR}{dt} = -k$$

Mae'r cwestiwn yn gofyn am hafaliad differol yn nhermau *R*, ac felly mae angen i chi ddefnyddio'r mynegiadau sy'n rhoi *V* ac *A* yn nhermau *R*.

Defnyddir y rheol cadwyn yma oherwydd bod hyn yn gyfradd newid gysylltiol.

Rhannwch y ddwy ochr â'r ffactor cyffredin $4\pi R^2$.

Mae hyn yn rhoi cyfradd newid y radiws.

Roedd yr enghraifft uchod yn cynnwys pedwar newidyn *V, A, R* a *t*. Defnyddiwyd y rheol gadwyn i gysylltu'r gyfradd newid. Dyma broblem cyfradd newid gysylltiol (gweler Adran 4.4).

## Ymarfer 4D

**1** Mewn astudiaeth o'r dŵr a gollwyd o ddail a gasglwyd, mesurwyd màs, *M* gram, un ddeilen ar amserau *t* diwrnod ar ôl casglu'r ddeilen. Darganfuwyd bod y gyfradd colli màs mewn cyfrannedd â màs, *M*, y ddeilen.
Ysgrifennwch hafaliad differol sy'n rhoi cyfradd newid màs y ddeilen.

**2** Hafaliad cromlin *C* yw $y = \mathrm{f}(x)$, $y > 0$. Yn unrhyw bwynt *P* ar y gromlin, mae graddiant *C* mewn cyfrannedd â lluoswm cyfesurynnau *x* ac *y* pwynt *P*. Mae pwynt *A*, sydd â'r cyfesurynnau (4, 2), ar *C* a graddiant *C* yn *A* yw $\frac{1}{2}$.

Dangoswch fod $\dfrac{dy}{dx} = \dfrac{xy}{16}$.

**3** Mae hylif yn cael ei arllwys i gynhwysydd ar gyfradd gyson o $30\,\text{cm}^3\,\text{s}^{-1}$. Ar amser *t* eiliad mae hylif yn gollwng o'r cynhwysydd ar gyfradd o $\frac{2}{15}V\,\text{cm}^3\,\text{s}^{-1}$, lle mae $V\,\text{cm}^3$ yn cynrychioli cyfaint yr hylif sydd yn y cynhwysydd ar yr amser hwnnw.

Dangoswch fod $-15\dfrac{dV}{dt} = 2V - 450$.

**4** Mae gwrthrych sydd wedi ei wefru'n drydanol yn colli ei wefr *Q* coulomb yn ôl cyfradd, a fesurir mewn coulombau yr eiliad, sydd mewn cyfrannedd â'r wefr *Q*. Ysgrifennwch hafaliad differol yn nhermau *Q* a *t* lle mae *t* yn cynrychioli'r amser mewn eiliadau er pan ddechreuodd y gwrthrych golli ei wefr.

**5** Trwch rhew ar lyn yw *x* mm ar amser *t* awr ar ôl iddi ddechrau rhewi.
Mae cyfradd cynnydd *x* mewn cyfrannedd wrthdro ag *x* wedi'i sgwario.
Ysgrifennwch hafaliad differol yn nhermau *x* a *t*.

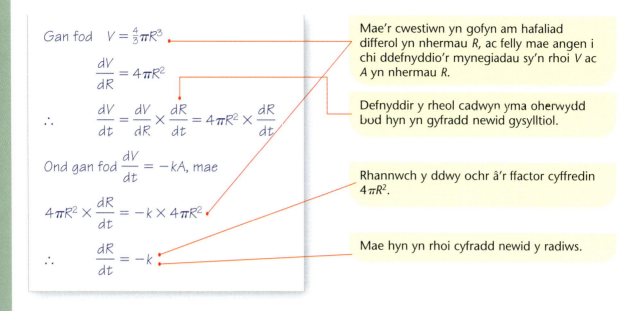

**6** Mewn pwll dŵr mae nifer y dyfrllys ($D$) yn cynyddu yn ôl cyfradd sydd mewn cyfrannedd â chyfanswm y dyfrllys sydd eisoes yn y pwll. Mae dyfrllys yn cael ei golli hefyd wrth i bysgod ei fwyta a hynny yn ôl cyfradd gyson $Q$ yr uned amser. Ysgrifennwch hafaliad differol sy'n cysylltu $D$ a $t$ lle mae $t$ yn cynrychioli'r amser sydd wedi mynd heibio er dechrau'r arsylwi.

**7** Radiws haen gron o olew ar wyneb dŵr yw $r$ ac mae'r radiws yn cynyddu dros amser yn ôl cyfradd sydd mewn cyfrannedd wrthdro â'r radiws.
Ysgrifennwch hafaliad differol sy'n cysylltu $r$ a $t$, lle mae $t$ yn cynrychioli'r amser sydd wedi mynd heibio er dechrau'r arsylwi.

**8** Cynhesir bar metal i dymheredd arbennig, yna gadewir iddo oeri a sylwir, ar amser $t$, fod cyfradd gostwng y tymheredd mewn cyfrannedd â'r gwahaniaeth tymheredd rhwng y bar metel, $\theta$, a thymheredd ei amgylchedd, $\theta_0$.
Ysgrifennwch hafaliad differol sy'n cysylltu $\theta$ a $t$.

*Mae'r tri chwestiwn nesaf yn ymwneud â chyfradd newid cysylltiol.*

**9** Mae hylif yn llifo o danc silindrog sydd â thrawstoriad cyson. Ar amser $t$ munud, $t > 0$, cyfaint yr hylif sy'n weddill yn y tanc yw $V$ m$^3$. Mae cyfradd llif yr hylif, mewn m$^3$ mun$^{-1}$, mewn cyfrannedd ag ail isradd $V$.
Dangoswch fod dyfnder, $h$ metr, yr hylif yn y tanc yn bodloni'r hafaliad differol
$\frac{\mathrm{d}h}{\mathrm{d}t} = -k\sqrt{h}$, lle mae $k$ yn gysonyn positif.

**10** Ar amser $t$ eiliad, arwynebedd arwyneb ciwb yw $A$ cm$^2$ a'i gyfaint yw $V$ cm$^3$.
Mae arwynebedd arwyneb y ciwb yn ehangu ar gyfradd gyson o 2 cm$^2$ s$^{-1}$.
Dangoswch fod $\frac{\mathrm{d}V}{\mathrm{d}t} = \frac{1}{2}V^{\frac{1}{3}}$.

**11** Mae twndis siâp côn â'i ben i waered, yn llawn o halen. Gadewir i'r halen lifo o'r twndis trwy dwll bychan yn y fertig. Mae'n llifo ar gyfradd gyson o 6 cm$^3$ s$^{-1}$.
O wybod bod ongl y côn rhwng yr ymyl goleddol a'r fertigol yn 30°, dangoswch fod cyfaint yr halen yn $\frac{1}{9}\pi h^3$, lle mae $h$ yn cynrychioli uchder yr halen ar amser $t$ eiliad.
Dangoswch fod cyfradd newid uchder yr halen yn y twndis mewn cyfrannedd wrthdro ag $h^2$. Ysgrifennwch yr hafaliad differol sy'n cysylltu $h$ a $t$.

## Ymarfer cymysg 4Dd

**1** Hafaliadau cromlin $C$ yw

$$x = 4t - 3,\ y = \frac{8}{t^2},\ t > 0$$

lle mae $t$ yn baramedr.

Yn $A$, mae $t = 2$. Llinell $l$ yw'r normal i $C$ yn $A$.

**a** Darganfyddwch $\frac{\mathrm{d}y}{\mathrm{d}x}$ yn nhermau $t$. **b** Yna darganfyddwch hafaliad $l$. A

**2** Hafaliadau cromlin $C$ yw $x = 2t$, $y = t^2$, lle mae $t$ yn baramedr.
Darganfyddwch hafaliad y normal i $C$ yn y pwynt $P$ ar $C$ lle mae $t = 3$. A

**3** Hafaliadau parametrig cromlin $C$ yw:

$$x = t^3,\ y = t^2,\ t > 0$$

Darganfyddwch hafaliad y tangiad i $C$ yn $A$ (1, 1). A

**4** Hafaliadau cromlin $C$ yw

$$x = 2\cos t + \sin 2t,\ y = \cos t - 2\sin 2t,\ 0 < t < \pi$$

lle mae $t$ yn baramedr.

**a** Darganfyddwch $\frac{dx}{dt}$ a $\frac{dy}{dt}$ yn nhermau $t$.

**b** Darganfyddwch werth $\frac{dy}{dx}$ yn y pwynt $P$ ar $C$ lle mae $t = \frac{\pi}{4}$.

**c** Darganfyddwch hafaliad y normal i'r gromlin yn $P$. A

**5** Hafaliadau cromlin yw $x = 2t + 3$, $y = t^3 - 4t$, lle mae $t$ yn baramedr. Paramedr pwynt $A$ yw $t = -1$ a llinell $l$ yw'r tangiad i $C$ yn $A$. Mae llinell $l$ hefyd yn croesi'r gromlin yn $B$.

**a** Dangoswch fod $2y + x = 7$ yn hafaliad sy'n rhoi $l$.

**b** Darganfyddwch werth $t$ yn $B$. A

**6** Gwerth car Pancho yw £$V$ ar amser $t$ blwyddyn. Mae model sy'n rhoi $V$ yn cymryd yn ganiataol bod cyfradd gostwng $V$ ar amser $t$ mewn cyfrannedd â $V$. Ffurfiwch hafaliad differol addas sy'n rhoi $V$. A

**7** Hafaliadau parametrig y gromlin a ddangosir yw

$$x = 5\cos\theta,\ y = 4\sin\theta,\ 0 \leq \theta < 2\pi$$

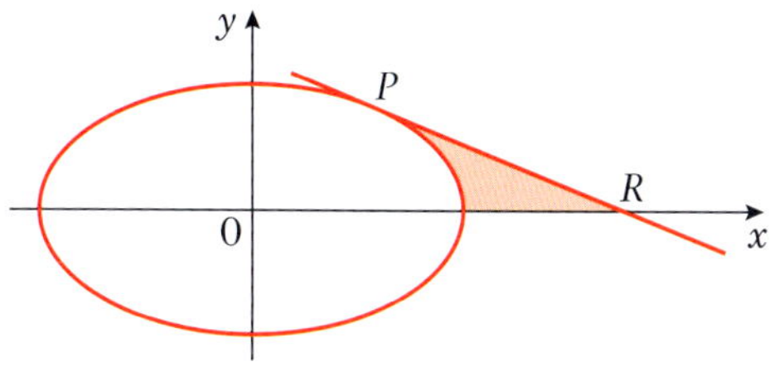


**a** Darganfyddwch raddiant y gromlin yn y pwynt $P$ pan yw $\theta = \frac{\pi}{4}$.

**b** Darganfyddwch hafaliad y tangiad i'r gromlin yn y pwynt $P$.

**c** Darganfyddwch gyfesurynnau'r pwynt $R$ lle mae'r tangiad hwn yn croesi echelin $x$. A

**8** Hafaliadau parametrig cromlin $C$ yw

$$x = 4\cos 2t,\ y = 3\sin t,\ -\frac{\pi}{2} < t < \frac{\pi}{2}.$$

Cyfesurynnau pwynt $A$, sydd ar $C$, yw $(2, 1\frac{1}{2})$.

**a** Darganfyddwch werth $t$ yn y pwynt $A$.

**b** Darganfyddwch $\frac{dy}{dx}$ yn nhermau $t$.

**c** Dangoswch mai hafaliad y normal i $C$ yn $A$ yw $6y - 16x + 23 = 0$.

Mae'r normal yn $A$ yn torri $C$ eto yn y pwynt B.

**ch** Darganfyddwch gyfesuryn $y$ yn y pwynt $B$.

A

**9** Mae'r diagram yn dangos cromlin $C$ sydd â'r hafaliadau parametrig

$$x = a\sin^2 t,\ y = a\cos t,\ 0 \leqslant t \leqslant \tfrac{1}{2}\pi$$

lle mae $a$ yn gysonyn positif. Mae pwynt $P$ ar $C$ a'i gyfesurynnau yw $(\frac{3}{4}a, \frac{1}{2}a)$.

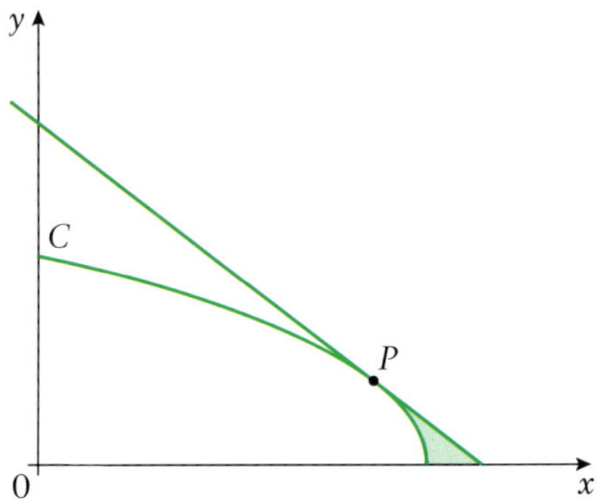


**a** Darganfyddwch $\frac{dy}{dx}$, gan roi eich ateb yn nhermau $t$.

**b** Darganfyddwch hafaliad y tangiad i $C$ yn $P$.

A

**10** Mae'r graff hwn yn dangos rhan o gromlin $C$ sydd â'r hafaliadau parametrig

$$x = (t + 1)^2,\ y = \tfrac{1}{2}t^3 + 3,\ t \geqslant -1.$$

$P$ yw'r pwynt ar y gromlin lle mae $t = 2$. Llinell $l$ yw'r normal i $C$ yn $P$.

Darganfyddwch hafaliad $l$.

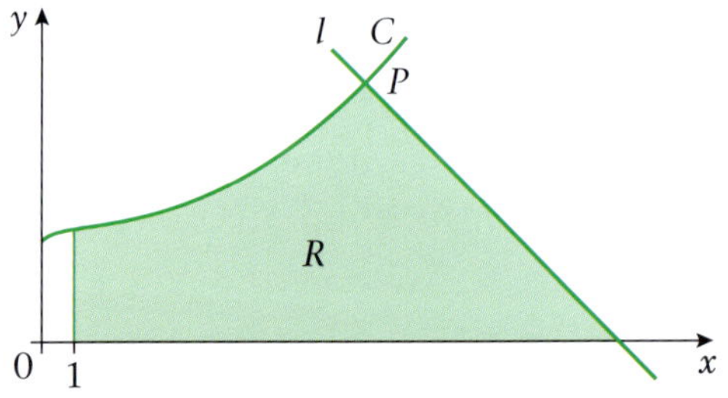


A

**11** Mae'r diagram yn dangos rhan o gromlin $C$ sydd â'r hafaliadau parametrig

$$x = t^2,\ y = \sin 2t,\ t \geqslant 0.$$

Mae $C$ yn croestorri echelin $x$ yn y pwynt $A$.

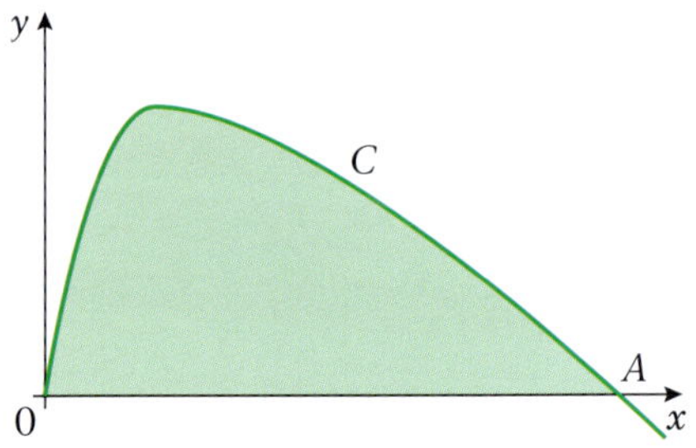


**a** Darganfyddwch gyfesuryn $x$ pwynt $A$ yn nhermau $\pi$.

**b** Darganfyddwch $\frac{dy}{dx}$ yn nhermau $t$, $t > 0$.

**c** Dangoswch mai hafaliad y tangiad i $C$ yn $A$ yw $4x + 2\pi y = \pi^2$.

A

**12** Darganfyddwch raddiant y gromlin sydd â'r hafaliad

$$5x^2 + 5y^2 - 6xy = 13$$

yn y pwynt (1, 2). **A**

**13** O wybod bod $e^{2x} + e^{2y} = xy$, darganfyddwch $\frac{dy}{dx}$ yn nhermau $x$ ac $y$. **A**

**14** Darganfyddwch gyfesurynnau'r trobwyntiau ar y gromlin $y^3 + 3xy^2 - x^3 = 3$. **A**

**15** O wybod bod $y(x + y) = 3$, enrhifwch $\frac{dy}{dx}$ pan yw $y = 1$. **A**

**16** **a** Os yw $(1 + x)(2 + y) = x^2 + y^2$, darganfyddwch $\frac{dy}{dx}$ yn nhermau $x$ ac $y$.

**b** Darganfyddwch raddiant y gromlin $(1 + x)(2 + y) = x^2 + y^2$ yn y ddau bwynt lle mae'r gromlin yn croesi echelin $y$.

**c** Dangoswch hefyd fod dau bwynt lle mae'r tangiadau i'r gromlin hon yn baralel i echelin $y$. **A**

**17** Hafaliad cromlin yw $7x^2 + 48xy - 7y^2 + 75 = 0$. Mae $A$ a $B$ yn ddau bwynt gwahanol ar y gromlin, ac yn y ddau bwynt mae graddiant y gromlin yn hafal i $\frac{2}{11}$. Defnyddiwch ddifferiad ymhlyg i ddangos bod $x + 2y = 0$ yn y pwyntiau $A$ a $B$. **A**

**18** O wybod bod $y = x^x$, $x > 0$, $y > 0$, drwy ddefnyddio logarithmau dangoswch fod

$$\frac{dy}{dx} = x^x(1 + \ln x).$$

**A**

**19** **a** O wybod bod $x = 2^t$, drwy ddefnyddio logarithmau profwch fod

$$\frac{dx}{dt} = 2^t \ln 2.$$

Hafaliadau parametrig cromlin $C$ yw $x = 2^t$, $y = 3t^2$. Mae'r tangiad i $C$ yn y pwynt (2, 3) yn croesi echelin $x$ yn y pwynt $P$.

**b** Darganfyddwch $\frac{dy}{dx}$ yn nhermau $t$.

**c** Cyfrifwch gyfesuryn $x$ pwynt $P$, gan roi eich ateb i 3 lle degol. **A**

**20** **a** O wybod bod $a^x \equiv e^{kx}$, lle mae $a$ a $k$ yn gysonion, $a > 0$ ac $x \in \mathbb{R}$, profwch fod $k = \ln a$.

**b** Drwy hynny, gan ddefnyddio deilliad $e^{kx}$, profwch, pan yw $y = 2^x$, fod

$$\frac{dy}{dx} = 2^x \ln 2.$$

**c** Drwy hynny, diddwythwch mai graddiant y gromlin sydd â'r hafaliad $y = 2^x$ yn y pwynt (2, 4) yw ln 16. **A**

**21** Mae poblogaeth, $P$, yn tyfu ar gyfradd o 9% y flwyddyn ac ar amser $t$ blwyddyn gellir cyfrifo gwerth bras drwy ddefnyddio'r fformiwla

$$P = P_0(1.09)^t, \ t \geqslant 0$$

lle ystyrir $P$ yn ffwythiant di-dor o $t$, a $P_0$ yw'r boblogaeth gychwynnol ar amser $t = 0$.

**a** Darganfyddwch fynegiad sy'n rhoi $t$ yn nhermau $P$ a $P_0$.

**b** Darganfyddwch yr amser $T$ blwyddyn pan fydd y boblogaeth wedi dyblu o'i maint pan oedd $t = 0$, gan roi eich ateb yn gywir i 3 ffigur ystyrlon.

**c** Darganfyddwch gyfradd newid y boblogaeth, $\frac{dP}{dt}$, ar amser $t = T$, fel lluosrif o $P_0$. A

## Crynodeb o'r pwyntiau allweddol

**1** Pan yw perthynas yn cael ei disgrifio gan hafaliadau parametrig:

- differwch $x$ ac $y$ mewn perthynas â'r paramedr $t$.
- yna defnyddiwch y rheol cadwyn wedi ei had-drefnu yn y ffurf $\frac{dy}{dx} = \frac{dy}{dt} \div \frac{dx}{dt}$.

**2** Pan yw perthynas yn cael ei disgrifio gan hafaliad ymhlyg:

- differwch bob term fesul un, gan ddefnyddio'r rheol cadwyn a'r rheolau lluoswm a chyniferydd fel y bo'n briodol.
- $\frac{d}{dx}(y^n) = ny^{n-1}\frac{dy}{dx}$ — Defnyddio'r rheol cadwyn.
- $\frac{d}{dx}(xy) = x\frac{d}{dx}(y) + y\frac{d}{dx}(x) = x\frac{dy}{dx} + y$ — Defnyddio'r rheol lluoswm.

**3** Yn achos hafaliad ymhlyg:

- sylwch fod $f(y)$, pan gaiff ei ddifferu mewn perthynas ag $x$, yn dod yn $f'(y)\frac{dy}{dx}$.
- mae term lluoswm megis $f(x).g(y)$ yn cael ei ddifferu gan ddefnyddio'r rheol lluoswm, a daw yn $f(x).g'(y)\frac{dy}{dx} + g(y).f'(x)$.

**4** Gellir differu'r ffwythiant $f(x) = a^x$:

- os yw $y = a^x$, yna mae $\frac{dy}{dx} = a^x \ln a$.

**5** Gellir defnyddio'r rheol cadwyn unwaith, neu sawl gwaith, i gysylltu'r cyfraddau newid mewn cwestiwn sy'n cynnwys mwy na dau newidyn.

**6** Gellir ffurfio hafaliadau differol syml o wybodaeth a roddir mewn cyd-destun. Gall hyn olygu defnyddio cyfraddau newid cysylltiol, neu syniadau yn ymwneud â chyfrannedd.

# 5 Fectorau

**Yn y bennod hon byddwch yn dysgu sut i ddefnyddio fectorau i ddatrys problemau mewn dau neu dri dimensiwn.**

## 5.1 Mae angen i chi wybod y gwahaniaeth rhwng sgalar a fector, a sut i ysgrifennu fectorau a thynnu diagramau fector.

Gellir disgrifio mesur sgalar drwy ddefnyddio un rhif (y *maint*).

■ **Mae gan fesur fector faint a chyfeiriad.**

Er enghraifft:

*Sgalar:* Y pellter o $P$ i $Q$ yw 100 metr.

Mae pellter yn sgalar.

*Fector:* O $P$ i $Q$ rydych yn mynd 100 metr i'r gogledd.

Gelwir hyn yn ddadleoliad o $P$ i $Q$. Mae dadleoliad yn fector.

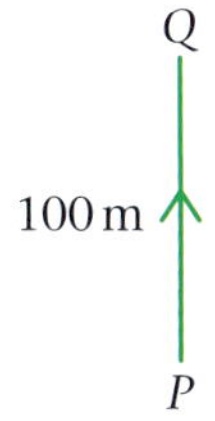


*Sgalar:* Mae llong yn hwylio ar fuanedd o 12 km awr$^{-1}$.

Mae buanedd yn sgalar.

*Fector:* Mae llong yn hwylio ar fuanedd o 12 km awr$^{-1}$, ar gyfeiriant 060°.

Gelwir hyn yn gyflymder y llong. Mae cyflymder yn fector.

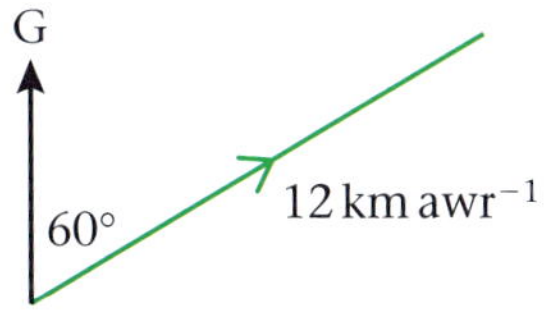


### Enghraifft 1

Ar ddiagram, dangoswch y fector dadleoliad o $P$ i $Q$, lle mae $Q$ yn bwynt 500 m yn union i'r gogledd o $P$.

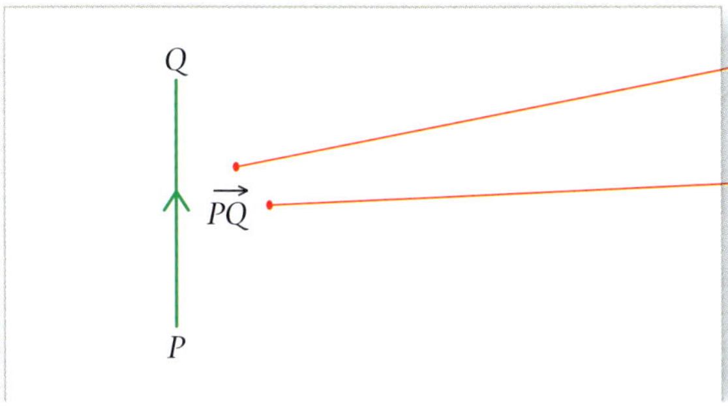


Gelwir hwn yn 'segment llinell cyfeiriol'. Mae cyfeiriad y saeth yn dangos cyfeiriad y fector.

Ysgrifennir y fector yn y ffurf $\overrightarrow{PQ}$.

Mae hyd segment llinell PQ yn cynrychioli pellter 500 m. Mewn diagramau manwl gywir gellid defnyddio graddfa (e.e. 1 cm yn cynrychioli 100 m).

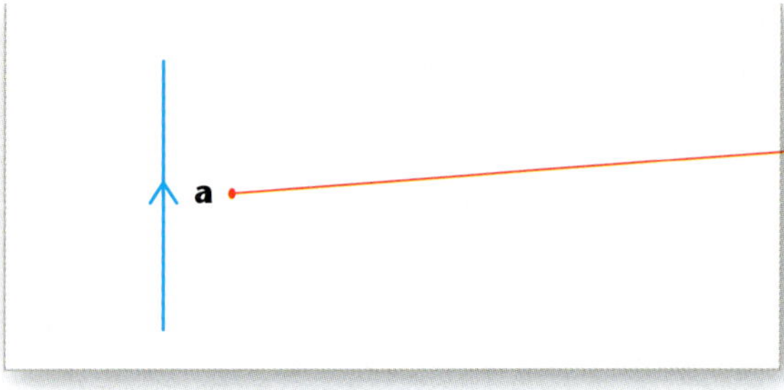


Weithiau, defnyddir llythyren fach yn lle defnyddio'r diweddbwyntiau *P* a *Q*.

Mewn print, bydd y llythyren fach mewn **print trwm**. Wrth ysgrifennu, dylech danlinellu'r llythyren fach i ddangos mai fector ydyw:

$\underline{a}$ neu $\underset{\sim}{a}$

■ **Mae gan fectorau sy'n hafal yr un maint a'r un cyfeiriad.**

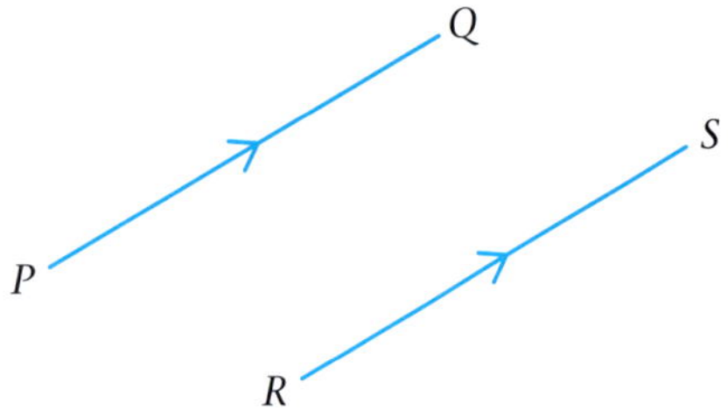


Yma mae $\overrightarrow{PQ} = \overrightarrow{RS}$.

■ **Defnyddir y 'ddeddf triongl' i adio dau fector.**

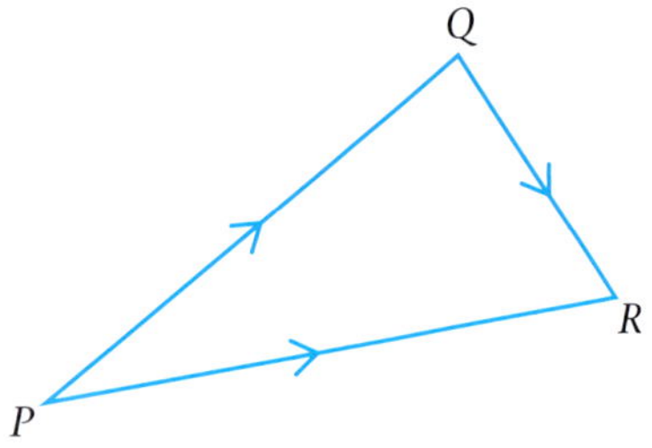


**Awgrym:** Meddyliwch am fectorau dadleoliad. Os ydych yn teithio o *P* i *Q*, yna o *Q* i *R*, canlyniad y daith fydd o *P* i *R*:

$$\overrightarrow{PQ} + \overrightarrow{QR} = \overrightarrow{PR}$$

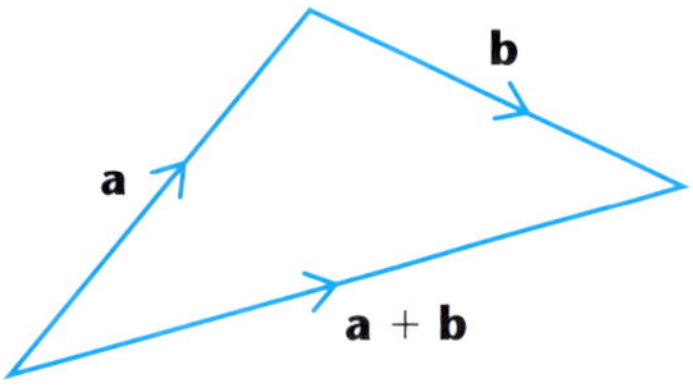


Wrth adio fectorau **a** a **b**, mae'r fector cydeffaith **a** + **b** yn mynd o 'ddechrau **a** i ddiwedd **b**'.

Gelwir hyn weithiau yn ddeddf triongl adio fectorau.

### Enghraifft 2

Mae'r diagram yn dangos fectorau **a**, **b** ac **c**. Lluniwch ddiagram arall i ddangos adio'r fectorau **a** + **b** + **c**.

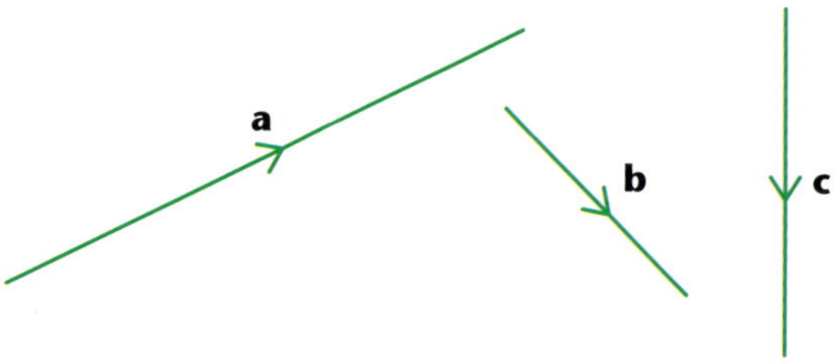

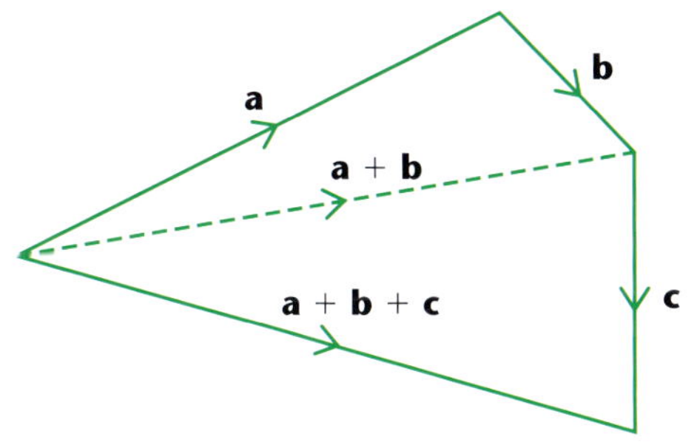


Yn gyntaf defnyddiwch y ddeddf triongl ar gyfer **a** + **b**, yna defnyddiwch hi eto ar gyfer (**a** + **b**) + **c**.

Mae'r cydeffaith yn mynd o ddechrau **a** hyd at ddiwedd **c**.

■ **Mae adio fectorau $\overrightarrow{PQ}$ a $\overrightarrow{QP}$ yn rhoi'r fector sero 0. $\overrightarrow{PQ} + \overrightarrow{QP} = \mathbf{0}$**

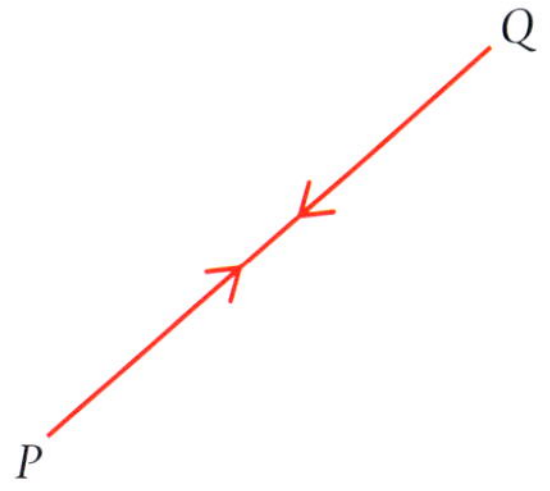


**Awgrym:** Os ydych yn teithio o *P* i *Q*, yna yn ôl o *Q* i *P*, rydych yn dychwelyd i'ch man cychwyn, felly mae'r dadleoliad yn sero.

Y fector dadleoliad sero yw **0**. Mewn llyfrau dangosir hyn mewn print trwm, ac mewn gwaith ysgrifenedig bydd yn cael ei danlinellu.

Gallwch hefyd ysgrifennu $\overrightarrow{QP}$ yn y ffurf $-\overrightarrow{PQ}$.

Felly mae $\overrightarrow{PQ} + \overrightarrow{QP} = \mathbf{0}$ neu $\overrightarrow{PQ} - \overrightarrow{PQ} = \mathbf{0}$.

■ **Enw arall am faint fector yw modwlws fector.**

- **Mae modwlws fector a yn cael ei ysgrifennu $|\mathbf{a}|$.**
- **Mae modwlws fector $\overrightarrow{PQ}$ yn cael ei ysgrifennu $|\overrightarrow{PQ}|$.**

## Enghraifft 3

Mae cyfeiriad fector **a** yn union i'r dwyrain ac mae $|\mathbf{a}| = 12$.
Mae cyfeiriad fector **b** yn union i'r de ac mae $|\mathbf{b}| = 5$. Darganfyddwch $|\mathbf{a} + \mathbf{b}|$.

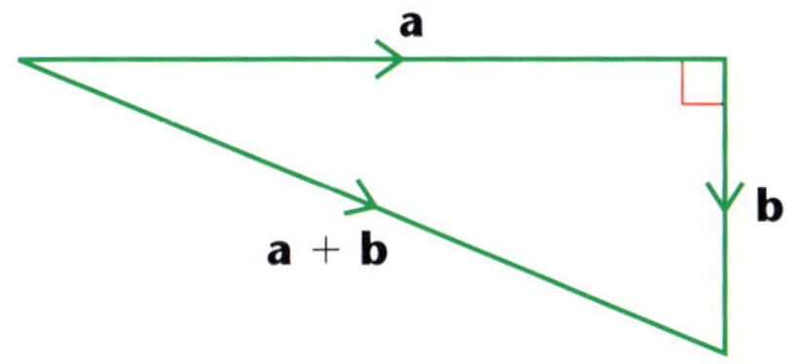

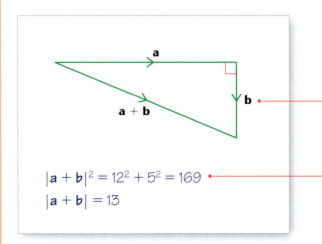

Defnyddiwch y ddeddf triongl i adio fectorau **a** a **b**.

$|\mathbf{a} + \mathbf{b}|^2 = 12^2 + 5^2 = 169$

$|\mathbf{a} + \mathbf{b}| = 13$

Defnyddiwch Theorem Pythagoras.

## Enghraifft 4

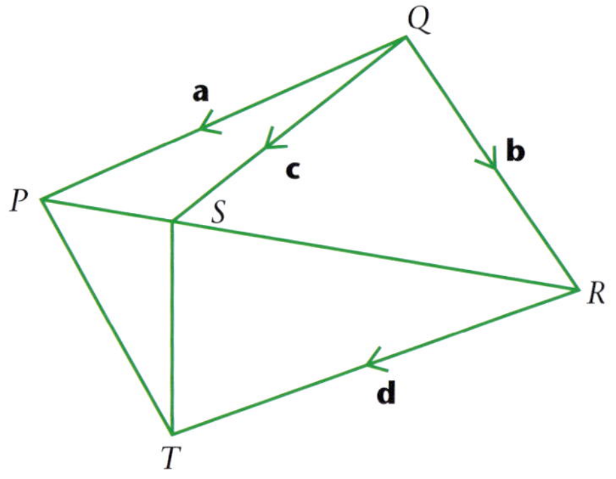


Yn y diagram, mae $\overrightarrow{QP} = \mathbf{a}$, $\overrightarrow{QR} = \mathbf{b}$, $\overrightarrow{QS} = \mathbf{c}$ ac $\overrightarrow{RT} = \mathbf{d}$.

Darganfyddwch y canlynol yn nhermau **a**, **b**, **c** a **d**:

**a** $\overrightarrow{PS}$ **b** $\overrightarrow{RP}$ **c** $\overrightarrow{PT}$ **ch** $\overrightarrow{TS}$

**a** $\overrightarrow{PS} = \overrightarrow{PQ} + \overrightarrow{QS} = -\mathbf{a} + \mathbf{c}$

$= \mathbf{c} - \mathbf{a}$

Adiwch y fectorau gan ddefnyddio △*PQS*.

**b** $\overrightarrow{RP} = \overrightarrow{RQ} + \overrightarrow{QP} = -\mathbf{b} + \mathbf{a}$

$= \mathbf{a} - \mathbf{b}$

Adiwch y fectorau gan ddefnyddio △*RQP*.

**c** $\overrightarrow{PT} = \overrightarrow{PR} + \overrightarrow{RT} = (\mathbf{b} - \mathbf{a}) + \mathbf{d}$

$= \mathbf{b} + \mathbf{d} - \mathbf{a}$

Adiwch y fectorau gan ddefnyddio △*PRT*.
Defnyddiwch $\overrightarrow{PR} = -\overrightarrow{RP} = -(\mathbf{a} - \mathbf{b}) = \mathbf{b} - \mathbf{a}$.

**ch** $\overrightarrow{TS} = \overrightarrow{TR} + \overrightarrow{RS} = -\mathbf{d} + (\overrightarrow{RQ} + \overrightarrow{QS})$

$= \mathbf{d} + (-\mathbf{b} + \mathbf{c})$

$= \mathbf{c} - \mathbf{b} - \mathbf{d}$

Adiwch y fectorau gan ddefnyddio △*TRS* a hefyd △*RQS*.

## Ymarfer 5A

**1** Mae'r diagram yn dangos fectorau **a**, **b**, **c** a **d**. Luniwch ddiagram i ddangos adio fectorau **a** + **b** + **c** + **d**.

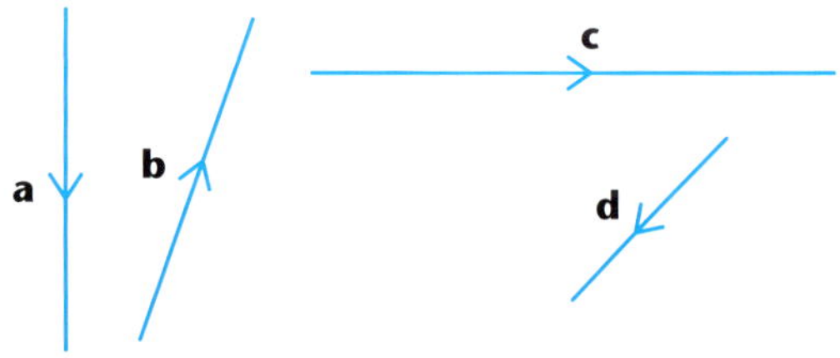


**2** Mae cyfeiriad fector **a** yn union i'r gogledd ac mae $|\mathbf{a}| = 24$. Mae cyfeiriad fector **b** yn union i'r gorllewin ac mae $|\mathbf{b}| = 7$. Darganfyddwch $|\mathbf{a} + \mathbf{b}|$.

**3** Mae cyfeiriad **a** i'r gogledd-ddwyrain ac mae $|\mathbf{a}| = 20$. Mae cyfeiriad **b** i'r de-orllewin ac mae $|\mathbf{b}| = 13$. Darganfyddwch $|\mathbf{a} + \mathbf{b}|$.

**4** Yn y diagram, mae $\overrightarrow{PQ} = \mathbf{a}$, $\overrightarrow{QS} = \mathbf{b}$, $\overrightarrow{SR} = \mathbf{c}$ a $\overrightarrow{PT} = \mathbf{d}$. Darganfyddwch y canlynol yn nhermau **a**, **b**, **c** a **d**:

**a** $\overrightarrow{QT}$

**b** $\overrightarrow{PR}$

**c** $\overrightarrow{TS}$

**ch** $\overrightarrow{TR}$

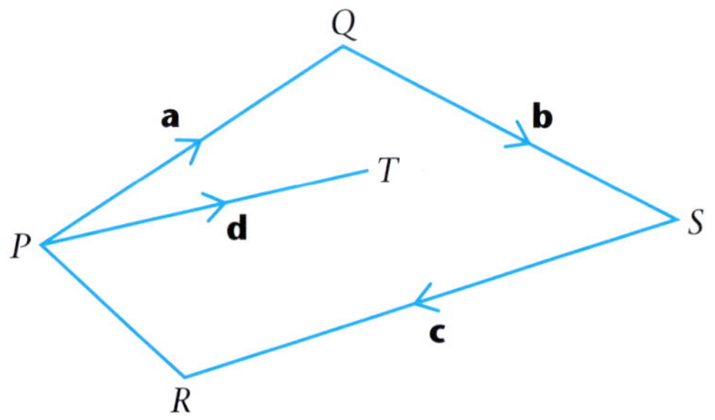

**5** Yn y diagram, mae $\overrightarrow{WX} = \mathbf{a}$, $\overrightarrow{WY} = \mathbf{b}$ ac $\overrightarrow{WZ} = \mathbf{c}$. Dywedir bod $\overrightarrow{XY} = \overrightarrow{YZ}$.
Profwch fod $\mathbf{a} + \mathbf{c} = 2\mathbf{b}$.
(Mae $2\mathbf{b}$ yn gywerth â $\mathbf{b} + \mathbf{b}$).

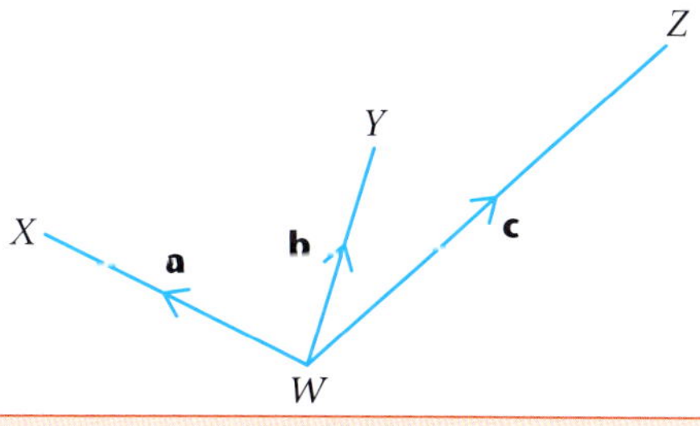


## 5.2 Mae angen i chi allu gwneud rhifyddeg fectorau syml, a gwybod beth yw diffiniad fector uned.

### Enghraifft 5

Mae'r diagram yn dangos fector **a**. Lluniwch ddiagramau i ddangos y fectorau 3**a** a −2**a**.

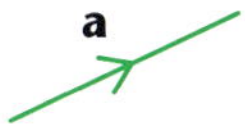


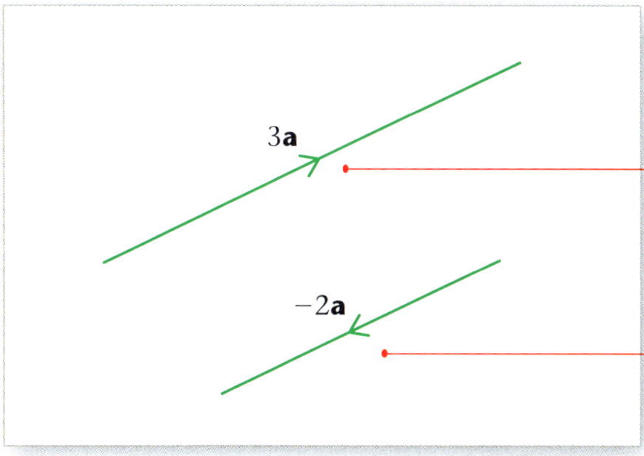


Fector 3**a** yw **a** + **a** + **a**, felly mae ei gyfeiriad yr un fath ag **a** ond mae 3 gwaith ei faint. Mae fector **a** wedi ei luosi â'r sgalar 3 (lluosrif sgalar).

Fector −2**a** yw −**a** − **a**, felly mae yn y cyfeiriad dirgroes i **a** ac yn 2 waith ei faint.

- **Gellir ysgrifennu unrhyw fector sy'n baralel i fector a yn y ffurf λa, lle mae λ yn sgalar ansero.**

### Enghraifft 6

Dangoswch fod y fectorau 6**a** + 8**b** a 9**a** + 12**b** yn baralel.

$9\mathbf{a} + 12\mathbf{b}$

$= \frac{3}{2}(6\mathbf{a} + 8\mathbf{b})$

∴ mae'r fectorau yn baralel.

Yma mae $\lambda = \frac{3}{2}$.

- **Mae tynnu fector yn gywerth ag 'adio fector negatif', felly mae a − b yn cael ei ddiffinio fel a + (−b).**

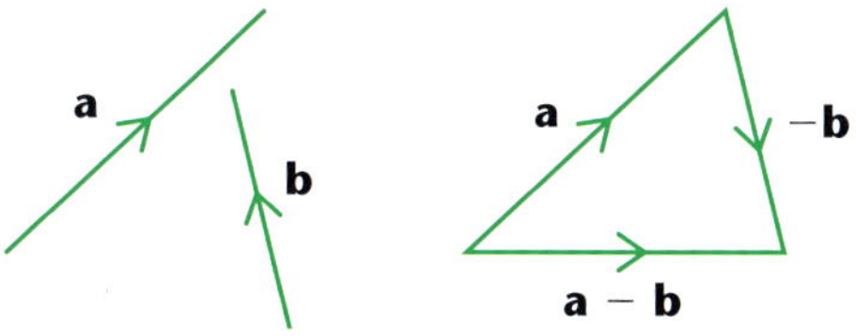


**Awgrym:** Er mwyn tynnu **b**, rhaid gwrthdroi cyfeiriad **b** ac yna adio.

- **Fector uned yw fector sydd â maint (neu fodwlws) 1 uned.**

## Enghraifft 7

Mae maint fector **a** yn 20 uned. Ysgrifennwch fector uned sy'n baralel i **a**.

Y fector uned yw $\frac{\mathbf{a}}{20}$ neu $\frac{1}{20}\mathbf{a}$.

Rhannwch **a** â'r maint. Fel arfer, mae'r fector uned yn $\frac{\mathbf{a}}{|\mathbf{a}|}$.

- **Os yw $\lambda\mathbf{a} + \mu\mathbf{b} = \alpha\mathbf{a} + \beta\mathbf{b}$, ac os nad yw fectorau ansero a a b yn baralel, yna mae $\lambda = \alpha$ a $\mu = \beta$.**

Gellir dangos y canlyniad uchod fel hyn:
Gellir ysgrifennu $\lambda\mathbf{a} + \mu\mathbf{b} = \alpha\mathbf{a} + \beta\mathbf{b}$ yn y ffurf $(\lambda - \alpha)\mathbf{a} = (\beta - \mu)\mathbf{b}$, ond ni all dau fector fod yn hafal oni bai eu bod yn baralel neu'n sero.
Gan nad yw **a** a **b** yn baralel nac yn sero, mae $(\lambda - \alpha) = 0$ a $(\beta - \mu) = 0$, felly mae $\lambda = \alpha$ a $\beta = \mu$.

## Enghraifft 8

O wybod bod $5\mathbf{a} - 4\mathbf{b} = (2s + t)\mathbf{a} + (s - t)\mathbf{b}$, lle mae **a** a **b** yn fectorau ansero sydd ddim yn baralel, darganfyddwch werthoedd sgalarau $s$ a $t$.

$2s + t = 5$
$s - t = -4$
Hafalwch gyfernodau **a** a **b**.

$3s = 1$
Datryswch yn gydamserol (adio).

$s = \frac{1}{3}$
$t = 5 - 2s = 4\frac{1}{3}$
Felly mae $s = \frac{1}{3}$ a $t = 4\frac{1}{3}$.

## Enghraifft 9

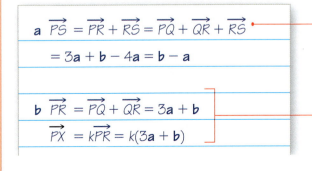

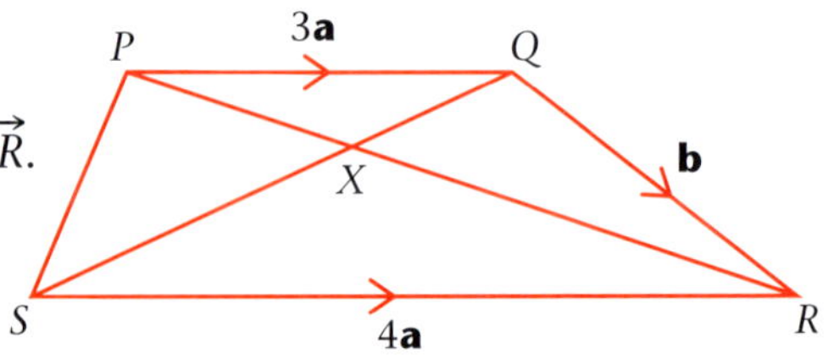


Yn y diagram mae $\overrightarrow{PQ} = 3\mathbf{a}$, $\overrightarrow{QR} = \mathbf{b}$, $\overrightarrow{SR} = 4\mathbf{a}$ a $\overrightarrow{PX} = k\overrightarrow{PR}$.
Darganfyddwch y canlynol yn nhermau **a**, **b** a $k$:

**a** $\overrightarrow{PS}$ **b** $\overrightarrow{PX}$ **c** $\overrightarrow{SQ}$ **ch** $\overrightarrow{SX}$

Defnyddiwch y ffaith fod $X$ ar $SQ$ i ddarganfod gwerth $k$.

**a** $\overrightarrow{PS} = \overrightarrow{PR} + \overrightarrow{RS} = \overrightarrow{PQ} + \overrightarrow{QR} + \overrightarrow{RS}$
Adiwch gan ddefnyddio'r ddeddf triongl.

$= 3\mathbf{a} + \mathbf{b} - 4\mathbf{a} = \mathbf{b} - \mathbf{a}$

**b** $\overrightarrow{PR} = \overrightarrow{PQ} + \overrightarrow{QR} = 3\mathbf{a} + \mathbf{b}$
$\overrightarrow{PX} = k\overrightarrow{PR} = k(3\mathbf{a} + \mathbf{b})$
Darganfyddwch $\overrightarrow{PR}$ a defnyddiwch $\overrightarrow{PX} = k\overrightarrow{PR}$.

**c** $\overrightarrow{SQ} = 4\mathbf{a} - \mathbf{b}$

Defnyddiwch y ddeddf triongl yn achos $\triangle SRQ$.

**ch** $\overrightarrow{SX} = \overrightarrow{SP} + \overrightarrow{PX}$

$= -(\mathbf{b} - \mathbf{a}) + k(3\mathbf{a} + \mathbf{b})$

Defnyddiwch $\overrightarrow{SP} = -\overrightarrow{PS}$, a'r atebion i rannau (a) a (b).

$= -\mathbf{b} + \mathbf{a} + k(3\mathbf{a} + \mathbf{b})$

$= (3k + 1)\mathbf{a} + (k - 1)\mathbf{b}$

Mae $X$ ar $SQ$, felly mae $\overrightarrow{SQ}$ ac $\overrightarrow{SX}$ yn baralel.

$(3k + 1)\mathbf{a} + (k - 1)\mathbf{b} = \lambda(4\mathbf{a} - \mathbf{b})$

Defnyddiwch y ffaith, yn achos fectorau paralel, fod y naill yn lluosrif sgalar o'r llall.

$(3k + 1)\mathbf{a} + (k - 1)\mathbf{b} = 4\lambda\mathbf{a} - \lambda\mathbf{b}$

Felly mae $(3k + 1) = 4\lambda$ a $(k - 1) = -\lambda$

Nid yw **a** a **b** yn baralel nac yn sero, felly hafalwch y cyfernodau.

$(3k + 1) = 4(1 - k)$

$k = \frac{3}{7}$

Diddymwch $\lambda$ a datryswch i gael $k$.

## Ymarfer 5B

**1** Yn nhriongl $PQR$, mae $\overrightarrow{PQ} = 2\mathbf{a}$ a $\overrightarrow{QR} = 2\mathbf{b}$. Canolbwynt $PR$ yw $M$. Darganfyddwch y canlynol yn nhermau **a** a **b**:

**a** $\overrightarrow{PR}$ **b** $\overrightarrow{PM}$ **c** $\overrightarrow{QM}$.

**2** Trapesiwm yw $ABCD$ lle mae $AB$ yn baralel i $DC$, a $DC = 3AB$. Canolbwynt $DC$ yw $M$, mae $\overrightarrow{AB} = \mathbf{a}$ a $\overrightarrow{BC} = \mathbf{b}$. Darganfyddwch y canlynol yn nhermau **a** a **b**:

**a** $\overrightarrow{AM}$ **b** $\overrightarrow{BD}$ **c** $\overrightarrow{MB}$ **ch** $\overrightarrow{DA}$

**3** Ym mhob rhan, darganfyddwch a yw'r fector a roddir yn baralel i $\mathbf{a} - 3\mathbf{b}$:

**a** $2\mathbf{a} - 6\mathbf{b}$ **b** $4\mathbf{a} - 12\mathbf{b}$ **c** $\mathbf{a} + 3\mathbf{b}$

**ch** $3\mathbf{b} - \mathbf{a}$ **d** $9\mathbf{b} - 3\mathbf{a}$ **dd** $\frac{1}{2}\mathbf{a} - \frac{2}{3}\mathbf{b}$

**4** Nid yw'r fectorau ansero **a** a **b** yn baralel. Ym mhob rhan, darganfyddwch werth $\lambda$ a gwerth $\mu$:

**a** $\mathbf{a} + \mathbf{3b} = 2\lambda\mathbf{a} - \mu\mathbf{b}$

**b** $(\lambda + 2)\mathbf{a} + (\mu - 1)\mathbf{b} = \mathbf{0}$

**c** $4\lambda\mathbf{a} - 5\mathbf{b} - \mathbf{a} + \mu\mathbf{b} = \mathbf{0}$

**ch** $(1 + \lambda)\mathbf{a} + 2\lambda\mathbf{b} = \mu\mathbf{a} + 4\mu\mathbf{b}$

**d** $(3\lambda + 5)\mathbf{a} + \mathbf{b} = 2\mu\mathbf{a} + (\lambda - 3)\mathbf{b}$

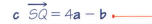

**5** Yn y diagram, mae $\overrightarrow{OA} = \mathbf{a}$, $\overrightarrow{OB} = \mathbf{b}$ ac mae $C$ yn rhannu $AB$ yn y gymhareb 5:1.

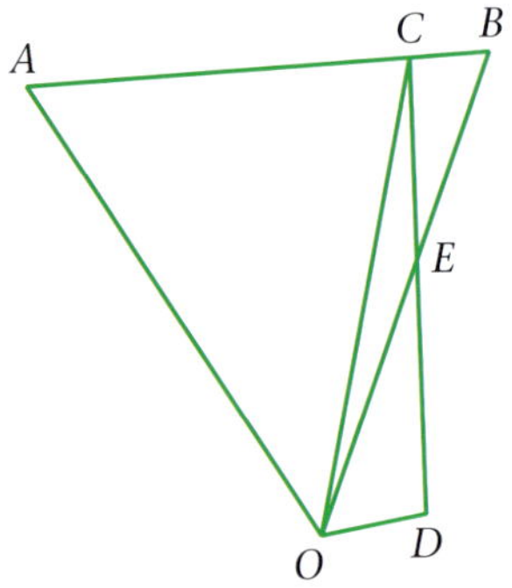


**a** Ysgrifennwch fynegiadau ar gyfer $\overrightarrow{AB}$, $\overrightarrow{AC}$ ac $\overrightarrow{OC}$ yn nhermau **a** a **b**.

O wybod bod $\overrightarrow{OE} = \lambda\mathbf{b}$, lle mae $\lambda$ yn sgalar:

**b** ysgrifennwch fynegiad ar gyfer $\overrightarrow{CE}$ yn nhermau **a**, **b** a $\lambda$.

O wybod bod $\overrightarrow{OD} = \mu(\mathbf{b} - \mathbf{a})$, lle mae $\mu$ yn sgalar:

**c** ysgrifennwch fynegiad ar gyfer $\overrightarrow{ED}$ yn nhermau **a**, **b**, $\lambda$ a $\mu$.

O wybod hefyd fod $E$ yn ganolbwynt $CD$:

**ch** diddwythwch werthoedd $\lambda$ a $\mu$.

A

**6** Yn y diagram, mae $\overrightarrow{OA} = \mathbf{a}$, $\overrightarrow{OB} = \mathbf{b}$, $3\overrightarrow{OC} = 2\overrightarrow{OA}$ a $4\overrightarrow{OD} = 7\overrightarrow{OB}$.

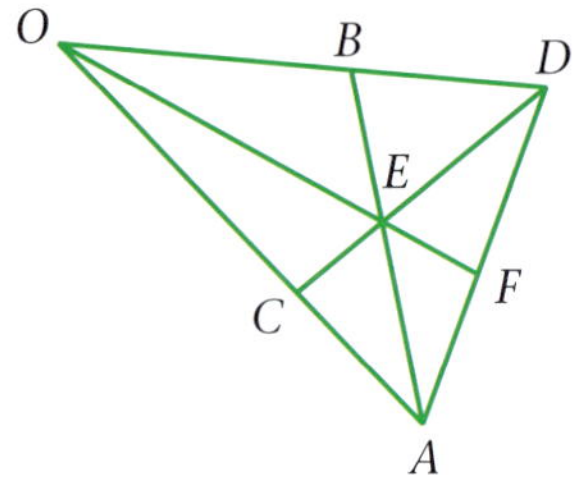


Mae llinell $DC$ yn croesi llinell $AB$ yn $E$.

**a** Ysgrifennwch fynegiadau ar gyfer y canlynol yn nhermau **a** a **b**:
**i** $\overrightarrow{AB}$ **ii** $\overrightarrow{DC}$

O wybod bod $\overrightarrow{DE} = \lambda\overrightarrow{DC}$ ac $\overrightarrow{EB} = \mu\overrightarrow{AB}$ lle mae $\lambda$ a $\mu$ yn gysonion:

**b** defnyddiwch $\triangle EBD$ i ffurfio hafaliad sy'n cysylltu **a**, **b**, $\lambda$ a $\mu$.

Drwy hynny:

**c** dangoswch fod $\lambda = \frac{9}{13}$. **ch** darganfyddwch union werth $\mu$.

**d** mynegwch $\overrightarrow{OE}$ yn nhermau **a** a **b**.

Mae llinell $\overrightarrow{OE}$ wedi'i hestyn yn croesi llinell $AD$ yn $F$.

O wybod bod $\overrightarrow{OF} = k\overrightarrow{OE}$ lle mae $k$ yn gysonyn a bod $\overrightarrow{AF} = \frac{1}{10}(7\mathbf{b} - 4\mathbf{a})$:

**dd** darganfyddwch werth $k$.

A

**7** Yn $\triangle OAB$, $P$ yw canolbwynt $AB$ a $Q$ yw'r pwynt ar $OP$ fel bod $Q = \frac{3}{4}P$. O wybod bod $\overrightarrow{OA} = \mathbf{a}$ ac $\overrightarrow{OB} = \mathbf{b}$, darganfyddwch y canlynol yn nhermau **a** a **b**:

**a** $\overrightarrow{AB}$ **b** $\overrightarrow{OP}$ **c** $\overrightarrow{OQ}$ **ch** $\overrightarrow{AQ}$

Mae pwynt $R$ ar $OB$ yn peri bod $OR = kOB$, lle mae $0 < k < 1$.

**d** Darganfyddwch fector $\overrightarrow{AR}$ yn nhermau **a**, **b** a $k$.

O wybod bod $AQR$ yn llinell syth:

**dd** darganfyddwch ym mha gymhareb y mae $Q$ yn rhannu $AR$ a hefyd gwerth $k$.

A

**8** Yn y ffigur, mae $OE : EA = 1 : 2$, $AF : FB = 3 : 1$ ac $OG : OB = 3 : 1$. Mae'r fector $\overrightarrow{OA} = \mathbf{a}$ a'r fector $\overrightarrow{OB} = \mathbf{b}$.

Darganfyddwch fynegiadau sy'n rhoi'r canlynol yn nhermau **a**, **b** neu **a** a **b**:

**a** $\overrightarrow{OE}$ **b** $\overrightarrow{OF}$ **c** $\overrightarrow{EF}$

**ch** $\overrightarrow{BG}$ **d** $\overrightarrow{FB}$ **dd** $\overrightarrow{FG}$

**e** Defnyddiwch eich canlyniadau yn **c** ac **dd** i ddangos bod pwyntiau $E$, $F$ ac $G$ yn unllin a darganfyddwch gymhareb $EF{:}FG$.

**f** Darganfyddwch $\overrightarrow{EB}$ ac $\overrightarrow{AG}$ ac yna profwch fod $EB$ yn baralel i $AG$.

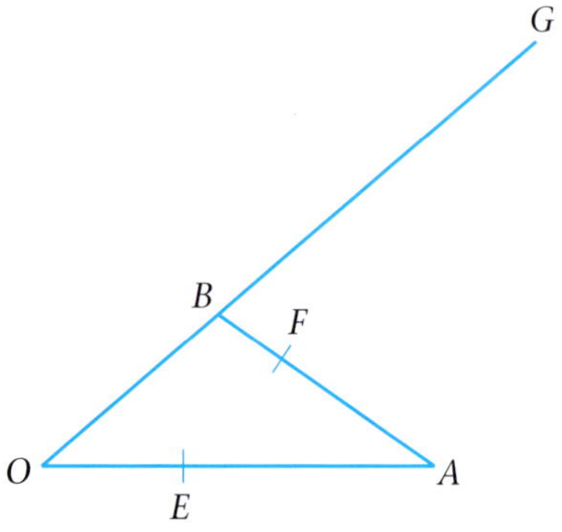


A

## 5.3 Mae angen i chi allu defnyddio fectorau i ddisgrifio safle pwynt mewn dau neu dri dimensiwn.

- **Fector safle pwynt $A$ yw'r fector $\overrightarrow{OA}$, lle mae $O$ yn darddbwynt. Fel arfer ysgrifennir $\overrightarrow{OA}$ ar ffurf fector $\mathbf{a}$.**

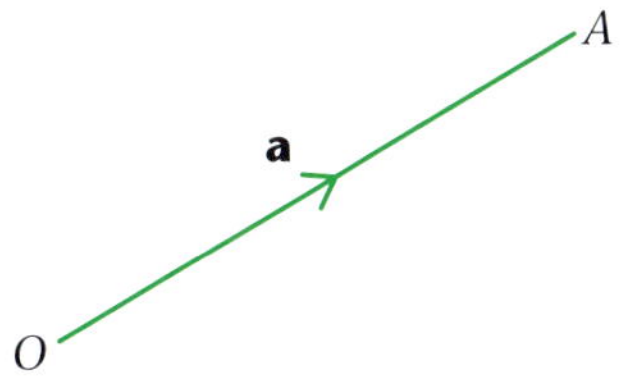


$\overrightarrow{OA} = \mathbf{a}$

- **Mae $\overrightarrow{AB} = \mathbf{b} - \mathbf{a}$, lle mae $\mathbf{a}$ a $\mathbf{b}$ yn cynrychioli fectorau safle $A$ a $B$ yn eu trefn.**

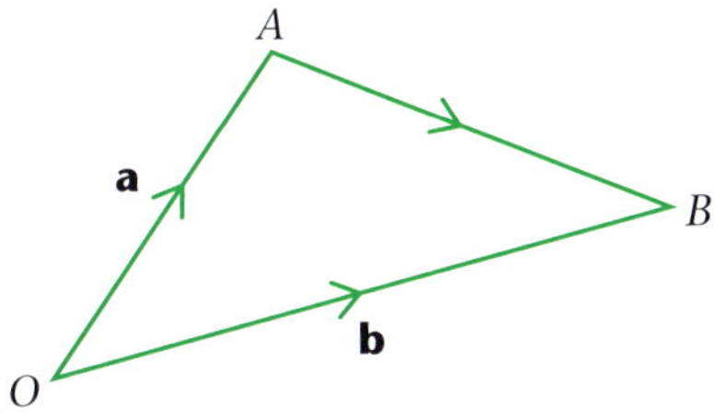


**Awgrym:** Defnyddiwch y ddeddf triongl i roi $\overrightarrow{AB} = \overrightarrow{AO} + \overrightarrow{OB} = -\mathbf{a} + \mathbf{b}$
Felly mae $\overrightarrow{AB} = \mathbf{b} - \mathbf{a}$

### Enghraifft 10

Yn y diagram, fectorau safle pwyntiau $A$ a $B$ yw $\mathbf{a}$ a $\mathbf{b}$ yn eu trefn (mewn perthynas â'r tarddbwynt $O$). Mae pwynt $P$ yn rhannu $AB$ yn y gymhareb 1 : 2.

Darganfyddwch fector safle $P$.

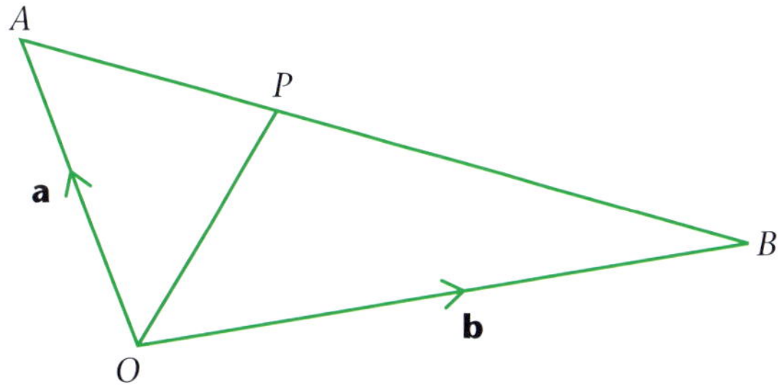


$\overrightarrow{AB} = \mathbf{b} - \mathbf{a}$

$\overrightarrow{OP} = \overrightarrow{OA} + \overrightarrow{AP}$ — $\overrightarrow{OP}$ yw fector safle $P$.

$\overrightarrow{AP} = \frac{1}{3}(\mathbf{b} - \mathbf{a})$ — Defnyddiwch y gymhareb 1 : 2 (mae $AP$ yn draean o $AB$).

$\overrightarrow{OP} = \mathbf{a} + \frac{1}{3}(\mathbf{b} - \mathbf{a})$

$\overrightarrow{OP} = \frac{2}{3}\mathbf{a} + \frac{1}{3}\mathbf{b}$ — Gallech ysgrifennu $\mathbf{p} = \frac{2}{3}\mathbf{a} + \frac{1}{3}\mathbf{b}$.

### Ymarfer 5C

1 Fectorau safle pwyntiau $A$ a $B$ yw $\mathbf{a}$ a $\mathbf{b}$ yn eu trefn (mewn perthynas â'r tarddbwynt $O$). Mae pwynt $P$ yn rhannu $AB$ yn y gymhareb 1:5. Darganfyddwch fector safle $P$ yn nhermau $\mathbf{a}$ a $\mathbf{b}$.

**2** Fectorau safle pwyntiau $A$, $B$ ac $C$ yw **a**, **b** ac **c** yn eu trefn (mewn perthynas â'r tarddbwynt $O$). Canolbwynt $AB$ yw pwynt $P$.
Darganfyddwch y fector $\overrightarrow{PC}$ yn nhermau **a**, **b** ac **c**.

**3** Hecsagon rheolaidd yw $OABCDE$. Fectorau safle pwyntiau $A$ a $B$ yw **a** a **b** yn eu trefn, mewn perthynas â'r tarddbwynt $O$.
Darganfyddwch fectorau safle $C$, $D$ ac $E$ yn nhermau **a** a **b**.

## 5.4 Mae angen i chi wybod sut i ysgrifennu a defnyddio cydrannau Cartesaidd fector mewn dau ddimensiwn.

- **Fectorau uned sy'n baralel i echelin $x$ ac echelin $y$ yw fectorau i a j, sy'n gweithredu i gyfeiriad $x$ yn cynyddu ac $y$ yn cynyddu, yn eu trefn.**

### Enghraifft 11

Yn y diagram, cyfesurynnau pwyntiau $A$ a $B$ yw (3, 4) ac (11, 2) yn eu trefn.
Darganfyddwch y canlynol yn nhermau **i** a **j**:

**a** fector safle $A$  **b** fector safle $B$  **c** y fector $\overrightarrow{AB}$

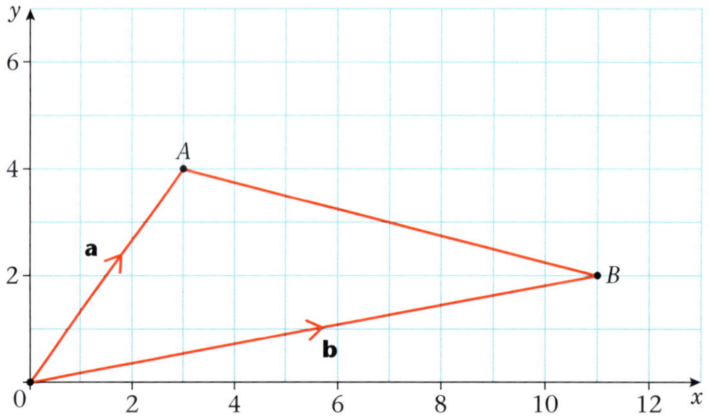


**a** $\mathbf{a} = \overrightarrow{OA} = 3\mathbf{i} + 4\mathbf{j}$

Mae **i** yn mynd 1 uned 'ar draws' ac mae **j** yn mynd 1 uned 'i fyny'.

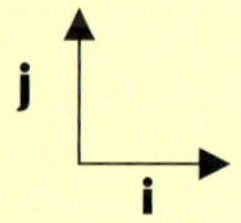


**b** $\mathbf{b} = \overrightarrow{OB} = 11\mathbf{i} + 2\mathbf{j}$

**c** $\overrightarrow{AB} = \mathbf{b} - \mathbf{a}$

$= (11\mathbf{i} + 2\mathbf{j}) - (3\mathbf{i} + 4\mathbf{j})$

$= 8\mathbf{i} - 2\mathbf{j}$

Gallwch weld o'r diagram bod fector $\overrightarrow{AB}$ yn mynd 8 uned 'ar draws' a 2 uned 'i lawr'.

■ **Gellir ysgrifennu fector sydd â chydrannau Cartesaidd ar ffurf matrics colofn:**

$$x\mathbf{i} + y\mathbf{j} = \begin{pmatrix} x \\ y \end{pmatrix}$$

**Awgrym:** Mae'r nodiant safonol hwn yn hawdd ei ddarllen a hefyd mae'n ffordd o osgoi ysgrifennu mynegiadau hir â thermau **i** a **j**.

### Enghraifft 12

O wybod bod **a** = 2**i** + 5**j**, **b** = 12**i** − 10**j** ac **c** = −3**i** + 9**j**, darganfyddwch **a** + **b** + **c**, gan ddefnyddio nodiant matrics colofn yn eich gwaith cyfrifo.

$$\mathbf{a} + \mathbf{b} + \mathbf{c} = \begin{pmatrix} 2 \\ 5 \end{pmatrix} + \begin{pmatrix} 12 \\ -10 \end{pmatrix} + \begin{pmatrix} -3 \\ 9 \end{pmatrix}$$

$$= \begin{pmatrix} 11 \\ 4 \end{pmatrix}$$

Adiwch y rhifau yn y llinell uchaf i gael 11 (cydran $x$), a'r llinell waelod i gael 4 (cydran $y$). Mae hyn yn 11**i** + 4**j**.

■ **Modwlws (neu faint)** $x\mathbf{i} + y\mathbf{j}$ **yw** $\sqrt{x^2 + y^2}$

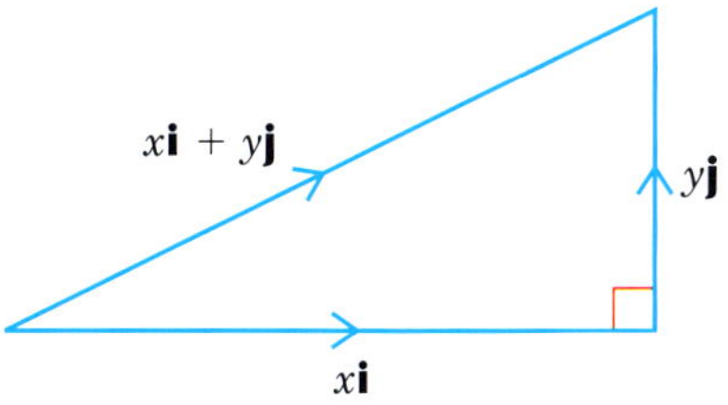


**Awgrym:** Yn ôl Theorem Pythagoras, maint $x\mathbf{i} + y\mathbf{j}$, a gynrychiolir gan yr hypotenws, yw $\sqrt{x^2 + y^2}$.

### Enghraifft 13

Mae fector **a** yn hafal i 5**i** − 12**j**.
Darganfyddwch |**a**|, a darganfyddwch fector uned i'r un cyfeiriad ag **a**.

$$|\mathbf{a}| = \sqrt{5^2 + (-12)^2} = \sqrt{169} = 13$$

Fector uned yw $\dfrac{\mathbf{a}}{|\mathbf{a}|}$

Ewch yn ôl i edrych ar Adran 5.2.

$$= \frac{5\mathbf{i} - 12\mathbf{j}}{13}$$

$$= \tfrac{1}{13}(5\mathbf{i} - 12\mathbf{j})$$

neu $\tfrac{5}{13}\mathbf{i} - \tfrac{12}{13}\mathbf{j}$

neu $\tfrac{1}{13}\begin{pmatrix} 5 \\ -12 \end{pmatrix}$

## Enghraifft 14

O wybod bod $\mathbf{a} = 5\mathbf{i} + \mathbf{j}$ a $\mathbf{b} = -2\mathbf{i} - 4\mathbf{j}$, darganfyddwch union werth $|2\mathbf{a} + \mathbf{b}|$.

$$2\mathbf{a} + \mathbf{b} = 2\begin{pmatrix}5\\1\end{pmatrix} + \begin{pmatrix}-2\\-4\end{pmatrix}$$

$$= \begin{pmatrix}10\\2\end{pmatrix} + \begin{pmatrix}-2\\-4\end{pmatrix}$$

$$= \begin{pmatrix}8\\-2\end{pmatrix}$$

$$|2\mathbf{a} + \mathbf{b}| = \sqrt{8^2 + (-2)^2}$$

$$= \sqrt{68}$$

$$= \sqrt{4}\sqrt{17}$$

$$= 2\sqrt{17}$$

Mae'n rhaid i chi roi'r ateb ar ffurf swrd oherwydd bod y cwestiwn yn gofyn am ateb union gywir.

## Ymarfer 5Ch

**1** O wybod bod $\mathbf{a} = 9\mathbf{i} + 7\mathbf{j}$, $\mathbf{b} = 11\mathbf{i} - 3\mathbf{j}$ ac $\mathbf{c} = -8\mathbf{i} - \mathbf{j}$, darganfyddwch:

**a** $\mathbf{a} + \mathbf{b} + \mathbf{c}$

**b** $2\mathbf{a} - \mathbf{b} + \mathbf{c}$

**c** $2\mathbf{b} + 2\mathbf{c} - 3\mathbf{a}$

(Defnyddiwch nodiant matrics colofn yn eich gwaith cyfrifo.)

**2** Cyfesurynnau pwyntiau $A$, $B$ ac $C$ yw $(3, -1)$, $(4, 5)$ a $(-2, 6)$ yn eu trefn ac $O$ yw'r tarddbwynt.

Darganfyddwch y canlynol yn nhermau **i** a **j**:

**a** fectorau safle $A$, $B$ ac $C$

**b** $\overrightarrow{AB}$

**c** $\overrightarrow{AC}$

Darganfyddwch y canlynol ar ffurf syrdiau:

**ch** $|\overrightarrow{OC}|$

**d** $|\overrightarrow{AB}|$

**dd** $|\overrightarrow{AC}|$

**3** O wybod bod $\mathbf{a} = 4\mathbf{i} + 3\mathbf{j}$, $\mathbf{b} = 5\mathbf{i} - 12\mathbf{j}$, $\mathbf{c} = -7\mathbf{i} + 24\mathbf{j}$ a $\mathbf{d} = \mathbf{i} - 3\mathbf{j}$, darganfyddwch fector uned i gyfeiriad **a**, **b**, **c** a **d**.

**4** O wybod bod $\mathbf{a} = 5\mathbf{i} + \mathbf{j}$ a $\mathbf{b} = \lambda\mathbf{i} + 3\mathbf{j}$, a bod $|3\mathbf{a} + \mathbf{b}| = 10$, darganfyddwch werthoedd posibl $\lambda$.

## 5.5 Mae angen i chi wybod sut i ddefnyddio cyfesurynnau Cartesaidd mewn tri dimensiwn.

Fel arfer, gelwir echelinau cyfesurynnol Cartesaidd mewn tri dimensiwn yn echelinau $x$, $y$ a $z$, ac mae pob un yn berpendicwlar i'w gilydd.

Ysgrifennir cyfesurynnau pwynt mewn tri dimensiwn fel hyn: $(x, y, z)$.

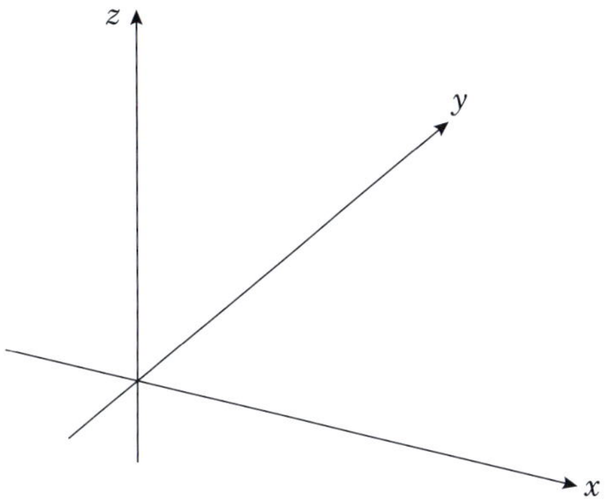


**Awgrym:** Er mwyn darlunio hyn yn eich meddwl, meddyliwch am echelinau $x$ ac $y$ yn cael eu llunio ar arwyneb fflat ac echelin $z$ yn codi o'r arwyneb.

### Enghraifft 15

Darganfyddwch y pellter rhwng y pwyntiau $P(4, 2, 5)$ a $Q(4, 2, -5)$.

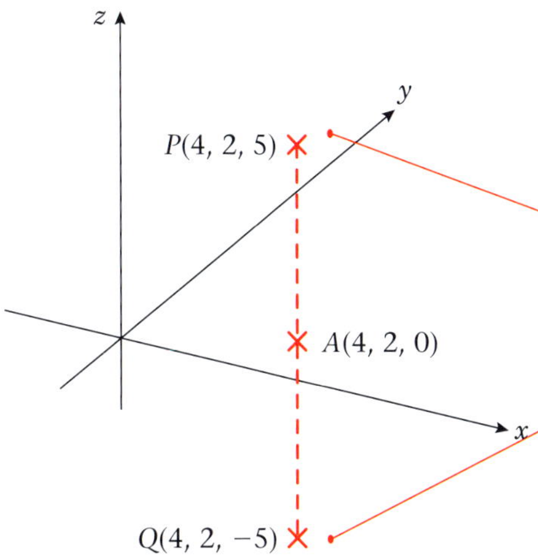


Mae'r pwynt $A(4, 2, 0)$ ar yr 'arwyneb fflat' (plân $xy$).

Mae (4, 2, 5) 5 uned 'uwchben yr arwyneb'.

Mae (4, 2, −5) 5 uned 'o dan yr arwyneb'.

Felly mae'r llinell sy'n cysylltu'r ddau bwynt hyn yn baralel i echelin $z$.

Y pellter rhwng pwyntiau (4, 2, 5) a (4, 2, −5) yw $5 + 5 = 10$ uned.

## Enghraifft 16

Darganfyddwch y pellter o'r tarddbwynt i bwynt $P(4, 2, 5)$.

Gadewch i A fod yn bwynt (4, 2, 0).

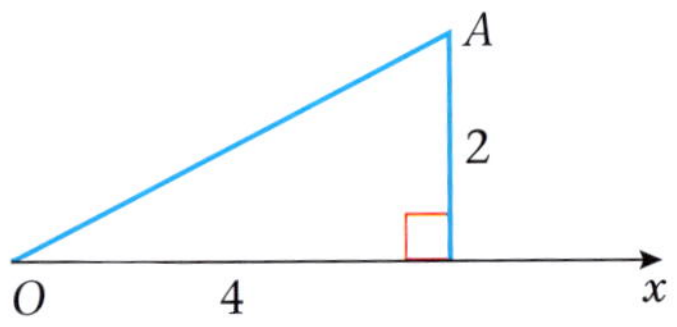


$OA^2 = 4^2 + 2^2$ — Defnyddiwch Theorem Pythagoras yn y plân $xy$.

$OA = \sqrt{(4^2 + 2^2)}$

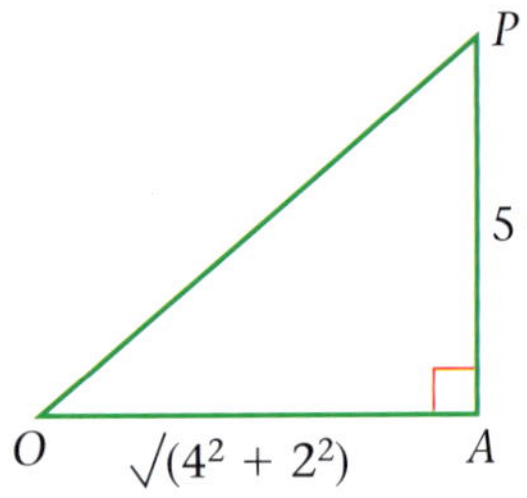


Yna, edrychwch ar $\triangle OAP$, lle mae $OA$ ar y plân $xy$ ac $AP$ yn baralel i echelin $z$.

$OP = \sqrt{(OA^2 + 5^2)}$ — Defnyddiwch Theorem Pythagoras eto.

$OP = \sqrt{(4^2 + 2^2 + 5^2)}$ — Sylwch fod y dull hwn ond yn rhoi fersiwn tri dimensiwn Theorem Pythagoras.

$OP = \sqrt{45} = \sqrt{9}\ \sqrt{5} = 3\sqrt{5}.$

- **Y pellter o'r tarddbwynt i bwynt $(x, y, z)$ yw $\sqrt{x^2 + y^2 + z^2}$.**

Theorem Pythagoras mewn tri dimensiwn.

## Enghraifft 17

Darganfyddwch y pellter o'r tarddbwynt i bwynt $P(4, -7, -1)$.

$OA = \sqrt{4^2 + (-7)^2 + (-1)^2}$ — Yn syth o'r fformiwla.

$OA = \sqrt{16 + 49 + 1} = \sqrt{66}$

$= 8.12$ (2 le degol)

- **Y pellter rhwng pwyntiau $(x_1, y_1, z_1)$ ac $(x_2, y_2, z_2)$ yw $\sqrt{(x_1 - x_2)^2 + (y_1 - y_2)^2 + (z_1 - z_2)^2}$.**

Dyma fersiwn tri dimensiwn y fformiwla $\sqrt{(x_1 - x_2)^2 + (y_1 - y_2)^2}$.

## Enghraifft 18

Darganfyddwch y pellter rhwng pwyntiau $A(1, 3, 4)$ a $B(8, 6, -5)$ gan roi eich ateb i 1 lle degol.

$AB = \sqrt{(1-8)^2 + (3-6)^2 + (4-(-5))^2}$ — Yn syth o'r fformiwla.

$= \sqrt{(-7)^2 + (-3)^2 + (9)^2}$

$= \sqrt{139} = 11.8$ (1 lle degol)

## Enghraifft 19

Cyfesurynnau $A$ a $B$ yw $(5, 0, 3)$ a $(4, 2, k)$ yn eu trefn.
O wybod bod y pellter o $A$ i $B$ yn 3 uned, darganfyddwch werthoedd posibl $k$.

$AB = \sqrt{(5-4)^2 + (0-2)^2 + (3-k)^2} = 3$

$\sqrt{1 + 4 + (9 - 6k + k^2)} = 3$

$1 + 4 + 9 - 6k + k^2 = 9$ — Sgwariwch ddwy ochr yr hafaliad.

$k^2 - 6k + 5 = 0$

$(k-5)(k-1) = 0$ — Datryswch i ddarganfod dau werth posibl $k$.

Mae $k = 1$ neu $k = 5$

## Ymarfer 5D

**1** Darganfyddwch y pellter o'r tarddbwynt i bwynt $P(2, 8, -4)$.

**2** Darganfyddwch y pellter o'r tarddbwynt i bwynt $P(7, 7, 7)$.

**3** Darganfyddwch y pellter rhwng $A$ a $B$ os yw eu cyfesurynnau yn:

**a** $A(3, 0, 5)$ a $B(1, -1, 8)$

**b** $A(8, 11, 8)$ a $B(-3, 1, 6)$

**c** $A(3, 5, -2)$ a $B(3, 10, 3)$

**ch** $A(-1, -2, 5)$ a $B(4, -1, 3)$

**4** Cyfesurynnau $A$ a $B$ yw $(7, -1, 2)$ a $(k, 0, 4)$ yn eu trefn.
O wybod bod y pellter o $A$ i $B$ yn 3 uned, darganfyddwch werthoedd posibl $k$.

**5** Cyfesurynnau $A$ a $B$ yw $(5, 3, -8)$ ac $(1, k, -3)$ yn eu trefn.
O wybod bod y pellter o $A$ i $B$ yn $3\sqrt{10}$ uned, darganfyddwch werthoedd posibl $k$.

## 5.6 Gellir estyn y canlyniadau fector dau ddimensiwn i dri dimensiwn, drwy ddefnyddio **k** yn fector uned sy'n baralel i echelin *z*, yn y cyfeiriad *z* yn cynyddu.

Mae estyn y canlyniadau yn rhoi'r pwyntiau allweddol canlynol:

- **fectorau uned yw fectorau i, j a k sy'n baralel i echelin $x$, echelin $y$ ac echelin $z$ ac yn y cyfeiriad $x$ yn cynyddu, $y$ yn cynyddu a $z$ yn cynyddu, yn eu trefn.**
- **gellir ysgrifennu fector $x\mathbf{i} + y\mathbf{j} + z\mathbf{k}$, ar ffurf matrics colofn $\begin{pmatrix} x \\ y \\ z \end{pmatrix}$.**
- **modwlws (neu faint) $x\mathbf{i} + y\mathbf{j} + z\mathbf{k}$ yw $\sqrt{x^2 + y^2 + z^2}$.**

### Enghraifft 20

Fectorau safle pwyntiau $A$ a $B$ yw $4\mathbf{i} + 2\mathbf{j} + 7\mathbf{k}$ a $3\mathbf{i} + 4\mathbf{j} - 1\mathbf{k}$ yn eu trefn, ac $O$ yw'r tarddbwynt. Darganfyddwch $|\overrightarrow{AB}|$ a dangoswch fod $\triangle OAB$ yn isosgeles.

$$|\overrightarrow{OA}| = \mathbf{a} = \begin{pmatrix} 4 \\ 2 \\ 7 \end{pmatrix}, |\overrightarrow{OB}| = \mathbf{b} = \begin{pmatrix} 3 \\ 4 \\ -1 \end{pmatrix}$$

Ysgrifennwch fectorau safle $A$ a $B$.

$$\overrightarrow{AB} = \mathbf{b} - \mathbf{a} = \begin{pmatrix} 3 \\ 4 \\ -1 \end{pmatrix} - \begin{pmatrix} 4 \\ 2 \\ 7 \end{pmatrix} = \begin{pmatrix} -1 \\ 2 \\ -8 \end{pmatrix}$$

Defnyddiwch $\overrightarrow{AB} = \mathbf{b} - \mathbf{a}$.

$$|\overrightarrow{AB}| = \sqrt{(-1)^2 + 2^2 + (-8)^2} = \sqrt{69}$$

Defnyddiwch fformiwla maint fector.

$$|\overrightarrow{OA}| = \sqrt{4^2 + 2^2 + 7^2} = \sqrt{69}$$
$$|\overrightarrow{OB}| = \sqrt{3^2 + 4^2 + (-1)^2} = \sqrt{26}$$

Darganfyddwch hydoedd yr ochrau eraill $OA$ ac $OB$ yn $\triangle OAB$.

Felly mae $\triangle OAB$ yn isosgeles, ag $AB = OA$.

### Enghraifft 21

Cyfesurynnau pwyntiau $A$ a $B$ yw $(t, 5, t - 1)$ a $(2t, t, 3)$ yn eu trefn.

**a** Darganfyddwch $|\overrightarrow{AB}|$.

**b** Drwy ddifferu $|\overrightarrow{AB}|^2$, darganfyddwch werth $t$ pan yw $|\overrightarrow{AB}|$ yn finimwm.

**c** Darganfyddwch werth minimwm $|\overrightarrow{AB}|$.

**a** Mae $\mathbf{a} = \begin{pmatrix} t \\ 5 \\ t-1 \end{pmatrix}$ a $\mathbf{b} = \begin{pmatrix} 2t \\ t \\ 3 \end{pmatrix}$

Ysgrifennwch fectorau safle $A$ a $B$.

$$\overrightarrow{AB} = \begin{pmatrix} 2t \\ t \\ 3 \end{pmatrix} - \begin{pmatrix} t \\ 5 \\ t-1 \end{pmatrix} = \begin{pmatrix} t \\ t-5 \\ 4-t \end{pmatrix}$$

Defnyddiwch $\overrightarrow{AB} = \mathbf{b} - \mathbf{a}$.

$$|\overrightarrow{AB}| = \sqrt{t^2 + (t-5)^2 + (4-t)^2}$$

Defnyddiwch y fformiwla maint fector.

$$= \sqrt{t^2 + t^2 - 10t + 25 + 16 - 8t + t^2}$$
$$= \sqrt{3t^2 - 18t + 41}$$

**b** $|\overrightarrow{AB}|^2 = 3t^2 - 18t + 41$ — Gadewch i hwn fod yn $p$, a differwch.

$$\frac{dp}{dt} = 6t - 18$$

Ar gyfer minimwm, mae $\frac{dp}{dt} = 0$

felly mae $6t - 18 = 0$ — Defnyddiwch y ffaith fod $\frac{dp}{dt} = 0$ ar gyfer minimwm.

$$t = 3$$

$\frac{d^2p}{dt^2} = 6$, positif, $\therefore$ minimwm. — Defnyddiwch y ffaith, os yw'r ail ddeilliad yn bositif, fod y gwerth yn finimwm.

**c** $|\overrightarrow{AB}| = \sqrt{3t^2 - 18t + 41}$ — Rhowch y gwerth $t = 3$ yn ôl yn $|\overrightarrow{AB}|$.

$$= \sqrt{27 - 54 + 41}$$

$$= \sqrt{14}$$

## Ymarfer 5Dd

**1** Darganfyddwch fodwlws y canlynol:

**a** $3\mathbf{i} + 5\mathbf{j} + \mathbf{k}$ **b** $4\mathbf{i} - 2\mathbf{k}$ **c** $\mathbf{i} + \mathbf{j} - \mathbf{k}$

**ch** $5\mathbf{i} - 9\mathbf{j} - 8\mathbf{k}$ **d** $\mathbf{i} + 5\mathbf{j} - 7\mathbf{k}$

**2** O wybod bod $\mathbf{a} = \begin{pmatrix} 5 \\ 0 \\ 2 \end{pmatrix}$, $\mathbf{b} = \begin{pmatrix} 2 \\ 1 \\ -3 \end{pmatrix}$ ac $\mathbf{c} = \begin{pmatrix} 7 \\ -4 \\ 2 \end{pmatrix}$, darganfyddwch y canlynol ar ffurf matrics colofn:

**a** $\mathbf{a} + \mathbf{b}$ **b** $\mathbf{b} - \mathbf{c}$ **c** $\mathbf{a} + \mathbf{b} + \mathbf{c}$

**ch** $3\mathbf{a} - \mathbf{c}$ **d** $\mathbf{a} - 2\mathbf{b} + \mathbf{c}$ **dd** $|\mathbf{a} - 2\mathbf{b} + \mathbf{c}|$

**3** Fector safle pwynt $A$ yw $2\mathbf{i} - 7\mathbf{j} + 3\mathbf{k}$ ac mae $\overrightarrow{AB} = 5\mathbf{i} + 4\mathbf{j} - \mathbf{k}$. Darganfyddwch safle pwynt $B$.

**4** O wybod bod $\mathbf{a} = t\mathbf{i} + 2\mathbf{j} + 3\mathbf{k}$, a bod $|\mathbf{a}| = 7$, darganfyddwch werthoedd posibl $t$.

**5** O wybod bod $\mathbf{a} = 5t\mathbf{i} + 2t\mathbf{j} + t\mathbf{k}$, a bod $|\mathbf{a}| = 3\sqrt{10}$, darganfyddwch werthoedd posibl $t$.

**6** Fectorau safle pwyntiau $A$ a $B$ yw $\begin{pmatrix} 2 \\ 9 \\ t \end{pmatrix}$ a $\begin{pmatrix} 2t \\ 5 \\ 3t \end{pmatrix}$ yn eu trefn.

**a** Darganfyddwch $\overrightarrow{AB}$.

**b** Darganfyddwch $|\overrightarrow{AB}|$ yn nhermau $t$.

**c** Darganfyddwch y gwerth $t$ sy'n gwneud $|\overrightarrow{AB}|$ yn finimwm.

**ch** Darganfyddwch werth minimwm $|\overrightarrow{AB}|$.

**7** Fectorau safle pwyntiau $A$ a $B$ yw $\begin{pmatrix} 2t + 1 \\ t + 1 \\ 3 \end{pmatrix}$ a $\begin{pmatrix} t + 1 \\ 5 \\ 2 \end{pmatrix}$ yn eu trefn.

**a** Darganfyddwch $\overrightarrow{AB}$.

**b** Darganfyddwch $|\overrightarrow{AB}|$ yn nhermau $t$.

**c** Darganfyddwch y gwerth $t$ sy'n gwneud $|\overrightarrow{AB}|$ yn finimwm.

**ch** Darganfyddwch werth minimwm $|\overrightarrow{AB}|$.

## 5.7 Mae angen i chi wybod y diffiniad o luoswm sgalar dau fector (mewn dau neu dri dimensiwn), a sut y gellir ei ddefnyddio i ddarganfod yr ongl rhwng dau fector.

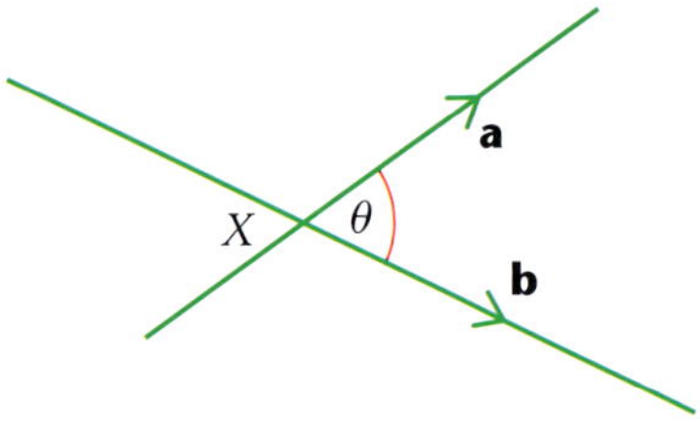


Yn y diagram, yr ongl rhwng fectorau **a** a **b** yw ***θ***.

Sylwer bod **a** a **b** yn cyfeirio **oddi wrth** bwynt $X$.

### Enghraifft 22

Darganfyddwch yr ongl rhwng fectorau **a** a **b** yn y diagram gyferbyn.

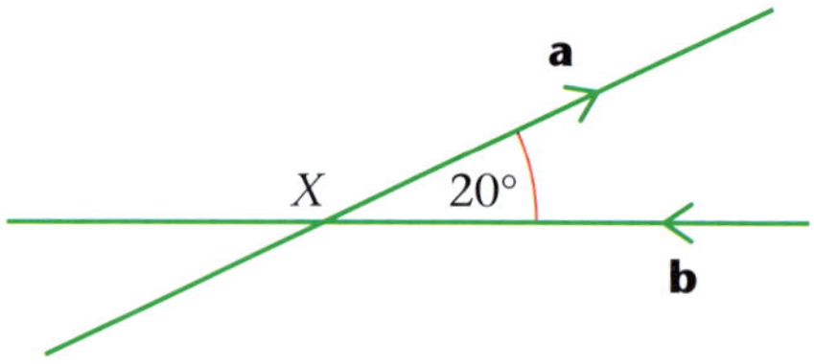


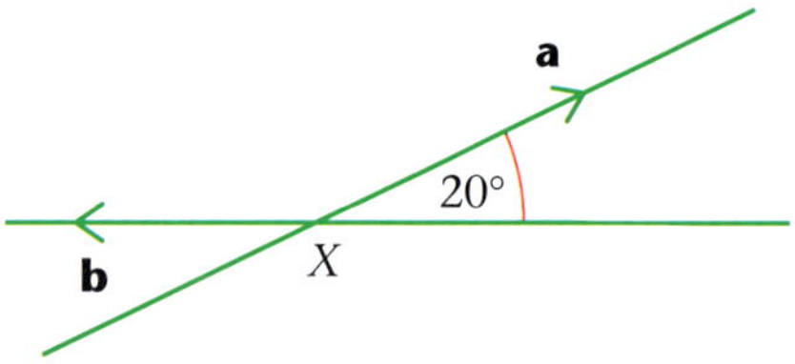


Yr ongl rhwng **a** a **b** yw
$180° - 20° = 160°$.

I gael yr ongl gywir, mae'n rhaid i **a** a **b** bwyntio oddi wrth $X$, felly ail-luniwch nhw i ddangos hyn.

- **Ysgrifennir lluoswm sgalar dau fector a a b yn y ffurf a.b ('a dot b'), ac fe'i diffinnir gan**

  $$\mathbf{a}.\mathbf{b} = |\mathbf{a}|\,|\mathbf{b}| \cos \theta$$

  **lle mae *θ* yn cynrychioli'r ongl rhwng a a b.**

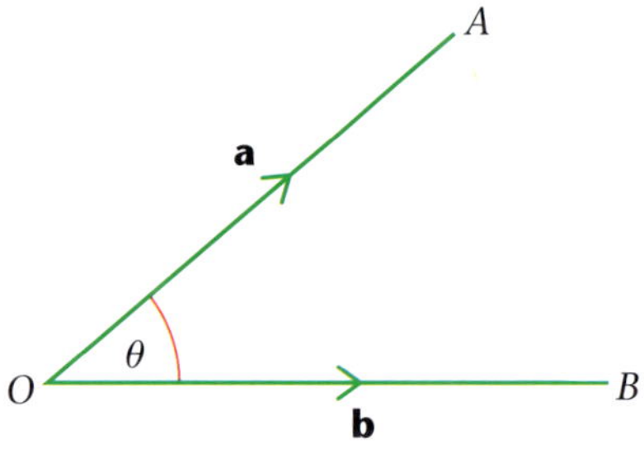


Gallwch weld o'r diagram hwn, os **a** a **b** yw fectorau safle $A$ a $B$, yna'r ongl rhwng **a** a **b** yw $\angle AOB$.

- **Os a a b yw fectorau safle pwyntiau *A* a *B*, yna mae**

  $$\cos AOB = \frac{\mathbf{a}.\mathbf{b}}{|\mathbf{a}|\,|\mathbf{b}|}$$

Os yw dau fector **a** a **b** yn berpendicwlar, mae'r ongl rhyngddynt yn 90°.
Gan fod $\cos 90° = 0$, yna mae $\mathbf{a}.\mathbf{b} = |\mathbf{a}|\,|\mathbf{b}| \cos 90° = 0$.

■ **Mae'r fectorau ansero a a b yn berpendicwlar os, a dim ond os, yw a.b = 0.**

Hefyd, oherwydd bod $\cos 0° = 1$,

■ **Os yw a a b yn baralel, mae a.b = |a| |b|.**

- **Yn arbennig, mae a.a = |a|².**

|**a**| |**b**| cos 0°
|**a**| |**a**| cos 0°

## Enghraifft 23

Darganfyddwch werth y canlynol:

**a** **i**.**j** **b** **k**.**k** **c** (4**j**).**k** + (3**i**).(3**i**)

**a** **i**.**j** = 1 × 1 × cos 90° = 0

Fectorau uned (maint 1) yw **i** a **j**, ac maen nhw'n berpendicwlar.

**b** **k**.**k** = 1 × 1 × cos 0° = 1

Fector uned (maint 1) yw **k**, mae'r ongl rhwng **k** ac ef ei hun yn 0°.

**c** (4**j**).**k** + (3**i**).(3**i**)
= (4 × 1 × cos 90°) + (3 × 3 × cos 0°)
= 0 + 9 = 9

Gellir dangos bod:
**i** **a**.**b** = **b**.**a** a **ii** **a**.(**b** + **c**) = **a**.**b** + **a**.**c**.

Oherwydd y canlyniadau hyn, gellir cymhwyso llawer o brosesau yr ydych yn gyfarwydd â nhw mewn algebra cyffredin i algebra lluosymiau sgalar.

Mae canlyniadau **i** a **ii** yn cael eu profi isod:

**i** **a**.**b** = |**a**| |**b**| cos $\theta$. $\theta$ yw'r ongl rhwng **a** a **b**.
**b**.**a** = |**b**| |**a**| cos $\theta$ = |**a**| |**b**| cos $\theta$
Felly mae **a**.**b** = **b**.**a**.

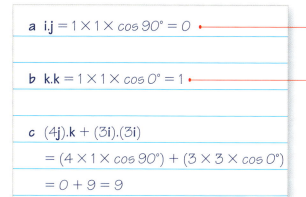

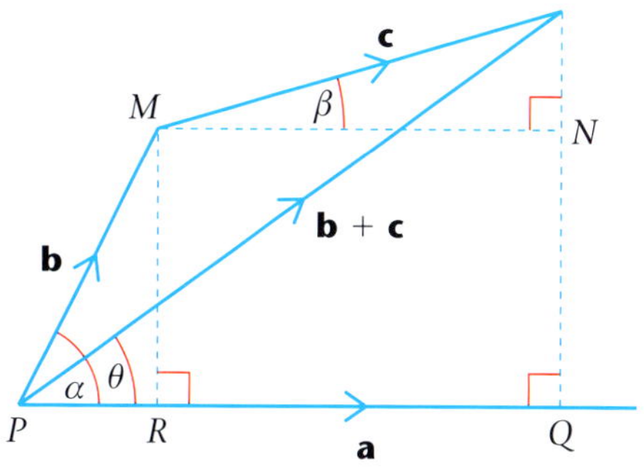


**ii** O'r diagram,

mae **a**.(**b** + **c**) = |**a**| |**b** + **c**| cos $\theta$

ond mae $\cos\theta = \dfrac{PQ}{|\mathbf{b}+\mathbf{c}|}$, felly mae **a**.(**b** + **c**) = |**a**| × $PQ$

**a**.**b** = |**a**| |**b**| cos $\alpha$, ond mae $\cos\alpha = \dfrac{PR}{|\mathbf{b}|}$, felly mae **a**.**b** = |**a**| × $PR$

**a**.**c** = |**a**| |**c**| cos $\beta$,

ond mae $\cos\beta = \dfrac{MN}{|\mathbf{c}|} = \dfrac{RQ}{|\mathbf{c}|}$,

Gan fod $MN$ yn baralel i $RQ$, mae'r ongl rhwng **c** ac **a** yr un fath â'r ongl rhwng **c** ac $MN$, h.y. $\beta$.

felly mae **a**.**c** = |**a**| × $RQ$

felly mae **a**.(**b** + **c**) = |**a**| × $PQ$ = |**a**| × ($PR + RQ$) = (|**a**| × $PR$) + (|**a**| × $RQ$) = **a**.**b** + **a**.**c**

Felly mae **a**.(**b** + **c**) = **a**.**b** + **a**.**c**

## Enghraifft 24

O wybod bod $\mathbf{a} = \begin{pmatrix} a_1 \\ a_2 \\ a_3 \end{pmatrix}$ a $\mathbf{b} = \begin{pmatrix} b_1 \\ b_2 \\ b_3 \end{pmatrix}$ darganfyddwch **a**.**b**

$$\begin{aligned}
\mathbf{a}.\mathbf{b} &= (a_1\mathbf{i} + a_2\mathbf{j} + a_3\mathbf{k}).(b_1\mathbf{i} + b_2\mathbf{j} + b_3\mathbf{k}) \\
&= a_1\mathbf{i}.(b_1\mathbf{i} + b_2\mathbf{j} + b_3\mathbf{k}) \\
&\quad + a_2\mathbf{j}.(b_1\mathbf{i} + b_2\mathbf{j} + b_3\mathbf{k}) \\
&\quad + a_3\mathbf{k}.(b_1\mathbf{i} + b_2\mathbf{j} + b_3\mathbf{k}) \\
&= (a_1\mathbf{i}).(b_1\mathbf{i}) + (a_1\mathbf{i}).(b_2\mathbf{j}) + (a_1\mathbf{i}).(b_3\mathbf{k}) \\
&\quad + (a_2\mathbf{j}).(b_1\mathbf{i}) + (a_2\mathbf{j}).(b_2\mathbf{j}) + (a_2\mathbf{j}).(b_3\mathbf{k}) \\
&\quad + (a_3\mathbf{k}).(b_1\mathbf{i}) + (a_3\mathbf{k}).(b_2\mathbf{j}) \\
&\quad + (a_3\mathbf{k}).(b_3\mathbf{k}) \\
&= (a_1b_1)\mathbf{i}.\mathbf{i} + (a_1b_2)\mathbf{i}.\mathbf{j} + (a_1b_3)\mathbf{i}.\mathbf{k} \\
&\quad + (a_2b_1)\mathbf{j}.\mathbf{i} + (a_2b_2)\mathbf{j}.\mathbf{j} + (a_2b_3)\mathbf{j}.\mathbf{k} \\
&\quad + (a_3b_1)\mathbf{k}.\mathbf{i} + (a_3b_2)\mathbf{k}.\mathbf{j} + (a_3b_3)\mathbf{k}.\mathbf{k} \\
&= a_1b_1 + a_2b_2 + a_3b_3
\end{aligned}$$

Defnyddiwch y canlyniadau ar gyfer fectorau uned paralel a pherpendicwlar:

$\mathbf{i}.\mathbf{i} = \mathbf{j}.\mathbf{j} = \mathbf{k}.\mathbf{k} = 1$

$\mathbf{i}.\mathbf{j} = \mathbf{i}.\mathbf{k} = \mathbf{j}.\mathbf{i} = \mathbf{j}.\mathbf{k} = \mathbf{k}.\mathbf{i} = \mathbf{k}.\mathbf{j} = 0$

Mae'r enghraifft uchod yn arwain at fformiwla syml iawn i ddarganfod lluoswm sgalar dau fector a roddir ar ffurf cydrannau Cartesaidd.

■ **Os yw $\mathbf{a} = a_1\mathbf{i} + a_2\mathbf{j} + a_3\mathbf{k}$ a $\mathbf{b} = b_1\mathbf{i} + b_2\mathbf{j} + b_3\mathbf{k}$,**

**mae** $\mathbf{a}.\mathbf{b} = \begin{pmatrix} a_1 \\ a_2 \\ a_3 \end{pmatrix}.\begin{pmatrix} b_1 \\ b_2 \\ b_3 \end{pmatrix} = a_1b_1 + a_2b_2 + a_3b_3$

## Enghraifft 25

O wybod bod $\mathbf{a} = 8\mathbf{i} - 5\mathbf{j} - 4\mathbf{k}$ a $\mathbf{b} = 5\mathbf{i} + 4\mathbf{j} - \mathbf{k}$:

**a** darganfyddwch **a**.**b**

**b** darganfyddwch yr ongl rhwng **a** a **b**, gan roi eich ateb mewn graddau i 1 lle degol.

**a** $\mathbf{a}.\mathbf{b} = \begin{pmatrix} 8 \\ -5 \\ -4 \end{pmatrix}.\begin{pmatrix} 5 \\ 4 \\ -1 \end{pmatrix}$

Ysgrifennwch ar ffurf matrics colofn.

$= (8 \times 5) + (-5 \times 4) + (-4 \times -1)$

Defnyddiwch $\mathbf{a}.\mathbf{b} = a_1b_1 + a_2b_2 + a_3b_3$.

$= 40 - 20 + 4$

$= 24$

**b** $\quad \mathbf{a}.\mathbf{b} = |\mathbf{a}|\ |\mathbf{b}| \cos\theta$ — Defnyddiwch y diffiniad o luoswm sgalar.

$|\mathbf{a}| = \sqrt{8^2 + (-5)^2 + (-4)^2} = \sqrt{105}$

$|\mathbf{b}| = \sqrt{5^2 + 4^2 + (-1)^2} = \sqrt{42}$

Darganfyddwch fodwlws **a** a **b**.

$\sqrt{105}\ \sqrt{42} \cos\theta = 24$ — Defnyddiwch **a.b** = |**a**| |**b**| cos *θ*.

$\cos\theta = \dfrac{24}{\sqrt{105}\ \sqrt{42}}$

$\theta = 68.8°$ (1 lle degol)

### Enghraifft 26

O wybod bod **a** = −**i** + **j** + 3**k** a **b** = 7**i** − 2**j** + 2**k**, darganfyddwch yr ongl rhwng **a** a **b**, gan roi eich ateb mewn graddau i 1 lle degol.

$\mathbf{a}.\mathbf{b} = \begin{pmatrix} -1 \\ 1 \\ 3 \end{pmatrix} . \begin{pmatrix} 7 \\ -2 \\ 2 \end{pmatrix} = -7 - 2 + 6 = -3$

$|\mathbf{a}| = \sqrt{(-1)^2 + 1^2 + 3^2} = \sqrt{11}$

$|\mathbf{b}| = \sqrt{(-7)^2 + (-2)^2 + 2^2} = \sqrt{57}$

Ar gyfer y fformiwla lluoswm sgalar, mae angen i chi ddarganfod **a.b**, |**a**| a |**b**|.

$\sqrt{11}\ \sqrt{57} \cos\theta = -3$ — Defnyddiwch **a.b** = |**a**| |**b**| cos *θ*.

$\cos\theta = \dfrac{-3}{\sqrt{11}\ \sqrt{57}}$ — Mae'r cosin yn negatif, felly mae'r ongl yn ongl aflem.

$\theta = 96.9°$ (1 lle degol)

### Enghraifft 27

O wybod bod y fectorau **a** = 2**i** − 6**j** + **k** a **b** = 5**i** + 2**j** + *λ***k** yn berpendicwlar, darganfyddwch werth *λ*.

$\mathbf{a}.\mathbf{b} = \begin{pmatrix} 2 \\ -6 \\ 1 \end{pmatrix} . \begin{pmatrix} 5 \\ 2 \\ \lambda \end{pmatrix}$

$= 10 - 12 + \lambda$

$= -2 + \lambda$

Darganfyddwch y lluoswm sgalar.

$-2 + \lambda = 0$ — Yn achos fectorau perpendicwlar, mae'r lluoswm sgalar yn sero.

$\lambda = 2$

## Enghraifft 28

O wybod bod **a** = −2**i** + 5**j** − 4**k** a bod **b** = 4**i** − 8**j** + 5**k**, darganfyddwch fector sy'n berpendicwlar i **a** a **b**.

Gadewch i'r fector sydd ei angen fod yn $x\mathbf{i} + y\mathbf{j} + z\mathbf{k}$.

$$\mathbf{a}.\begin{pmatrix} x \\ y \\ z \end{pmatrix} = 0 \text{ a } \mathbf{b}.\begin{pmatrix} x \\ y \\ z \end{pmatrix} = 0$$

Mae'r ddau luoswm sgalar yn sero.

$$\begin{pmatrix} -2 \\ 5 \\ -4 \end{pmatrix}.\begin{pmatrix} x \\ y \\ z \end{pmatrix} = 0 \text{ a } \begin{pmatrix} 4 \\ -8 \\ 5 \end{pmatrix}.\begin{pmatrix} x \\ y \\ z \end{pmatrix} = 0$$

$$-2x + 5y - 4z = 0$$

$$4x - 8y + 5z = 0$$

Gadewch i $z = 1$

Dewiswch werth (ansero) ar gyfer $z$ (neu $x$, neu $y$).

$$-2x + 5y = 4 \quad (\times 2)$$

$$4x - 8y = -5$$

$$-4x + 10y = 8$$

$$4x - 8y = -5$$

Adio, $2y = 3$

$$y = \tfrac{3}{2}$$

$$-2x + \tfrac{15}{2} = 4,\ 2x = \tfrac{7}{2}$$

$$x = \tfrac{7}{4}$$

Felly mae $x = \frac{7}{4}$, $y = \frac{3}{2}$ a $z = 1$

Datryswch yn gydamserol, drwy luosi'r hafaliad cyntaf â 2, a diddymu $x$.

Fector posibl yw $\frac{7}{4}\mathbf{i} + \frac{3}{2}\mathbf{j} + \mathbf{k}$

Fector posibl arall yw $4(\frac{7}{4}\mathbf{i} + \frac{3}{2}\mathbf{j} + \mathbf{k})$

$$= 7\mathbf{i} + 6\mathbf{j} + 4\mathbf{k}$$

Gallwch luosi â chysonyn sgalar i ddarganfod fector arall sydd hefyd yn berpendicwlar i **a** a **b**.

## Ymarfer 5E

**1** Maint fectorau **a** a **b** yw 3 uned, ac mae'r ongl rhwng **a** a **b** yn 60°.
Darganfyddwch **a**.**b**.

**2** Ym mhob rhan, darganfyddwch **a**.**b**:

**a** $\mathbf{a} = 5\mathbf{i} + 2\mathbf{j} + 3\mathbf{k}$, $\mathbf{b} = 2\mathbf{i} - \mathbf{j} - 2\mathbf{k}$

**b** $\mathbf{a} = 10\mathbf{i} - 7\mathbf{j} + 4\mathbf{k}$, $\mathbf{b} = 3\mathbf{i} - 5\mathbf{j} - 12\mathbf{k}$

**c** $\mathbf{a} = \mathbf{i} + \mathbf{j} - \mathbf{k}$, $\mathbf{b} = -\mathbf{i} - \mathbf{j} + 4\mathbf{k}$

**ch** $\mathbf{a} = 2\mathbf{i} - \mathbf{k}$, $\mathbf{b} = 6\mathbf{i} - 5\mathbf{j} - 8\mathbf{k}$

**d** $\mathbf{a} = 3\mathbf{j} + 9\mathbf{k}$, $\mathbf{b} = \mathbf{i} + 12\mathbf{j} - 4\mathbf{k}$

**3** Ym mhob rhan, darganfyddwch yr ongl rhwng **a** a **b**, gan roi eich ateb mewn graddau i 1 lle degol:

**a** $\mathbf{a} = 3\mathbf{i} + 7\mathbf{j}$, $\mathbf{b} = 5\mathbf{i} + \mathbf{j}$

**b** $\mathbf{a} = 2\mathbf{i} - 5\mathbf{j}$, $\mathbf{b} = 6\mathbf{i} + 3\mathbf{j}$

**c** $\mathbf{a} = \mathbf{i} - 7\mathbf{j} + 8\mathbf{k}$, $\mathbf{b} = 12\mathbf{i} + 2\mathbf{j} + \mathbf{k}$

**ch** $\mathbf{a} = -\mathbf{i} - \mathbf{j} + 5\mathbf{k}$, $\mathbf{b} = 11\mathbf{i} - 3\mathbf{j} + 4\mathbf{k}$

**d** $\mathbf{a} = 6\mathbf{i} - 7\mathbf{j} + 12\mathbf{k}$, $\mathbf{b} = -2\mathbf{i} + \mathbf{j} + \mathbf{k}$

**dd** $\mathbf{a} = 4\mathbf{i} + 5\mathbf{k}$, $\mathbf{b} = 6\mathbf{i} - 2\mathbf{j}$

**e** $\mathbf{a} = -5\mathbf{i} + 2\mathbf{j} - 3\mathbf{k}$, $\mathbf{b} = 2\mathbf{i} - 2\mathbf{j} + 11\mathbf{k}$

**f** $\mathbf{a} = \mathbf{i} + \mathbf{j} + \mathbf{k}$, $\mathbf{b} = \mathbf{i} - \mathbf{j} + \mathbf{k}$

**4** Darganfyddwch werth, neu werthoedd, $\lambda$ pan yw'r fectorau a roddir yn berpendicwlar:

**a** $3\mathbf{i} + 5\mathbf{j}$ a $\lambda\mathbf{i} + 6\mathbf{j}$

**b** $2\mathbf{i} + 6\mathbf{j} - \mathbf{k}$ a $\lambda\mathbf{i} - 4\mathbf{j} - 14\mathbf{k}$

**c** $3\mathbf{i} + \lambda\mathbf{j} - 8\mathbf{k}$ a $7\mathbf{i} - 5\mathbf{j} + \mathbf{k}$

**ch** $9\mathbf{i} - 3\mathbf{j} + 5\mathbf{k}$ a $\lambda\mathbf{i} + \lambda\mathbf{j} + 3\mathbf{k}$

**d** $\lambda\mathbf{i} + 3\mathbf{j} - 2\mathbf{k}$ a $\lambda\mathbf{i} + \lambda\mathbf{j} + 5\mathbf{k}$

**5** Darganfyddwch yr ongl sydd rhwng y fector $9\mathbf{i} - 5\mathbf{j} + 3\mathbf{k}$ a'r canlynol, gan roi eich ateb i'r ddegfed ran agosaf o radd:

**a** yr echelin $x$ bositif

**b** yr echelin $y$ bositif.

**6** Darganfyddwch yr ongl sydd rhwng y fector $\mathbf{i} + 11\mathbf{j} - 4\mathbf{k}$ a'r canlynol, gan roi eich ateb i'r ddegfed ran agosaf o radd:

**a** yr echelin $y$ bositif

**b** yr echelin $z$ bositif.

**7** Yr ongl rhwng y fectorau $\mathbf{i} + \mathbf{j} + \mathbf{k}$ a $2\mathbf{i} + \mathbf{j} + \mathbf{k}$ yw $\theta$.
Cyfrifwch union werth $\cos\theta$.

**8** Yr ongl rhwng fectorau $\mathbf{i} + 3\mathbf{j}$ a $\mathbf{j} + \lambda\mathbf{k}$ yw 60°.

Dangoswch fod $\lambda = \pm\sqrt{\frac{13}{5}}$.

**9** Symleiddiwch y canlynol i'r eithaf:

**a** $\mathbf{a}.(\mathbf{b} + \mathbf{c}) + \mathbf{b}.(\mathbf{a} - \mathbf{c})$, o wybod bod $\mathbf{b}$ yn berpendicwlar i $\mathbf{c}$.

**b** $(\mathbf{a} + \mathbf{b}).(\mathbf{a} + \mathbf{b})$, o wybod bod $|\mathbf{a}| = 2$ a $|\mathbf{b}| = 3$.

**c** $(\mathbf{a} + \mathbf{b}).(2\mathbf{a} - \mathbf{b})$, o wybod bod $\mathbf{a}$ yn berpendicwlar i $\mathbf{b}$.

**10** Darganfyddwch fector sy'n berpendicwlar i $\mathbf{a}$ a hefyd i $\mathbf{b}$, lle mae:

**a** $\mathbf{a} = \mathbf{i} + \mathbf{j} - 3\mathbf{k}$, $\mathbf{b} = 5\mathbf{i} - 2\mathbf{j} - \mathbf{k}$

**b** $\mathbf{a} = 2\mathbf{i} + 3\mathbf{j} - 4\mathbf{k}$, $\mathbf{b} = \mathbf{i} - 6\mathbf{j} + 3\mathbf{k}$

**c** $\mathbf{a} = 4\mathbf{i} - 4\mathbf{j} - \mathbf{k}$, $\mathbf{b} = -2\mathbf{i} - 9\mathbf{j} + 6\mathbf{k}$

**11** Fectorau safle pwyntiau $A$ a $B$ yw $2\mathbf{i} + 5\mathbf{j} + \mathbf{k}$ a $6\mathbf{i} + \mathbf{j} - 2\mathbf{k}$ yn eu trefn, ac $O$ yw'r tarddbwynt.
Cyfrifwch bob un o onglau $\triangle OAB$, gan roi eich atebion mewn graddau i 1 lle degol.

**12** Fectorau safle pwyntiau $A$, $B$ ac $C$ yw $\mathbf{i} + 3\mathbf{j} + \mathbf{k}$, $2\mathbf{i} + 7\mathbf{j} - 3\mathbf{k}$ a $4\mathbf{i} - 5\mathbf{j} + 2\mathbf{k}$ yn eu trefn.

**a** Darganfyddwch hydoedd $AB$ a $BC$ ar ffurf syrdiau.

**b** Cyfrifwch faint $\angle ABC$ mewn graddau i 1 lle degol.

**13** O wybod mai cyfesurynnau pwyntiau $A$ a $B$ yw $(7, 4, 4)$ a $(2, -2, -1)$ yn eu trefn, defnyddiwch ddull fector i ddarganfod gwerth cos $AOB$, lle mae $O$ yn darddbwynt.
Profwch mai arwynebedd $\triangle AOB$ yw $\dfrac{5\sqrt{29}}{2}$.

**14** Diamedr cylch, canol yn y tarddbwynt $O$, yw $AB$, a $P$ yw unrhyw bwynt ar y cylchyn. Gan ddefnyddio fectorau safle $A$, $B$ a $P$, profwch (gan ddefnyddio lluoswm sgalar) fod $AP$ yn berpendicwlar i $BP$ (h.y. fod yr ongl yn yr hanner cylch yn ongl sgwâr).

**15** Defnyddiwch ddull fector i brofi bod croesliniau'r sgwâr $OABC$ yn berpendicwlar.

## 5.8 Mae angen i chi wybod sut i ysgrifennu hafaliad llinell syth ar ffurf fector.

Tybiwch fod llinell syth yn mynd trwy bwynt penodol $A$, sydd â fector safle $\mathbf{a}$, a'i bod yn baralel i'r fector $\mathbf{b}$ a roddir. Dim ond un llinell fel hon sy'n bosibl.

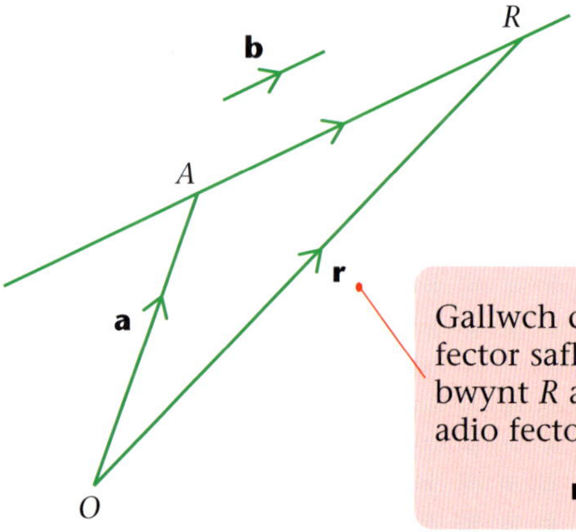


Gallwch ddarganfod fector safle unrhyw bwynt $R$ ar y llinell drwy adio fectorau ($\triangle OAR$):

$\mathbf{r} = \mathbf{a} + \overrightarrow{AR}$

Gan fod $\overrightarrow{AR}$ yn baralel i $\mathbf{b}$, mae $\overrightarrow{AR} = t\mathbf{b}$, lle mae $t$ yn sgalar.
Gelwir y fector $\mathbf{b}$ yn fector cyfeiriad y llinell.
Felly gellir ysgrifennu fector safle $\mathbf{r}$ yn y ffurf $\mathbf{a} + t\mathbf{b}$.

■ **Hafaliad fector llinell syth sy'n mynd trwy bwynt $A$, sydd â fector safle $\mathbf{a}$, ac sy'n baralel i fector $\mathbf{b}$, yw**

$$\mathbf{r} = \mathbf{a} + t\mathbf{b}$$

**lle mae $t$ yn baramedr sgalar.**

Drwy gymryd gwahanol werthoedd paramedr $t$, gallwch ddarganfod fectorau safle gwahanol bwyntiau sydd ar y llinell syth.

### Enghraifft 29

Darganfyddwch hafaliad fector y llinell syth sy'n mynd trwy'r pwynt $A$, sydd â fector safle $3\mathbf{i} - 5\mathbf{j} + 4\mathbf{k}$, ac sy'n baralel i'r fector $7\mathbf{i} - 3\mathbf{k}$.

Yma mae $\mathbf{a} = \begin{pmatrix} 3 \\ -5 \\ 4 \end{pmatrix}$ a $\mathbf{b} = \begin{pmatrix} 7 \\ 0 \\ -3 \end{pmatrix}$

**b** yw'r fector cyfeiriad.

Hafaliad y llinell yw

$$\mathbf{r} = \begin{pmatrix} 3 \\ -5 \\ 4 \end{pmatrix} + t\begin{pmatrix} 7 \\ 0 \\ -3 \end{pmatrix}$$

neu $\mathbf{r} = (3\mathbf{i} - 5\mathbf{j} + 4\mathbf{k}) + t(7\mathbf{i} - 3\mathbf{k})$

neu $\mathbf{r} = (3 + 7t)\mathbf{i} + (-5)\mathbf{j} + (4 - 3t)\mathbf{k}$

neu $\mathbf{r} = \begin{pmatrix} 3 + 7t \\ -5 \\ 4 - 3t \end{pmatrix}$

Weithiau mae angen i chi ddangos y cydrannau $x$, $y$ a $z$ ar wahân yn nhermau $t$.

Nawr tybiwch fod llinell syth yn mynd trwy ddau bwynt penodol $C$ a $D$, sydd â fectorau safle $\mathbf{c}$ a $\mathbf{d}$ yn eu trefn. Unwaith eto, dim ond un llinell fel hyn sy'n bosibl.

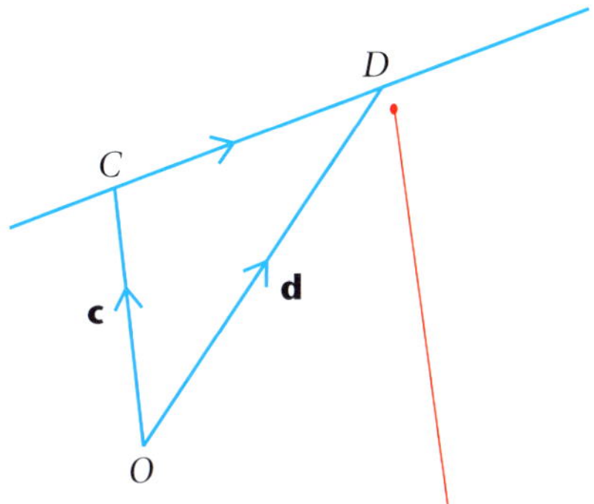


Gallwch ddefnyddio $CD$ fel fector cyfeiriad ar gyfer y llinell: $\overrightarrow{CD} = \mathbf{d} - \mathbf{c}$ (gweler Adran 5.3).

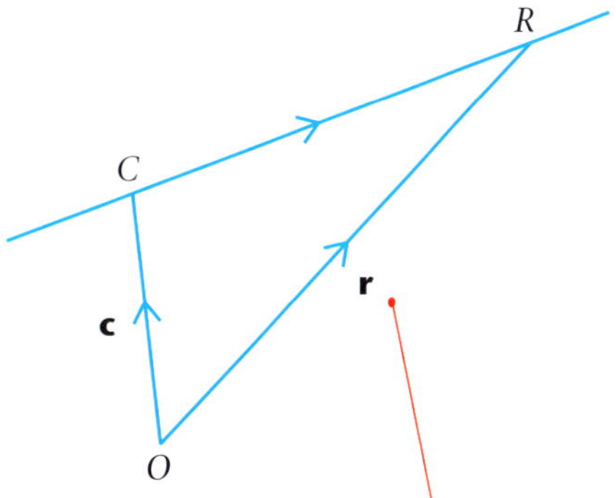


Nawr, gallwch ddefnyddio un o'r ddau bwynt penodol a'r fector cyfeiriad i ffurfio hafaliad sy'n rhoi'r llinell syth.

■ **Hafaliad fector llinell syth sy'n mynd trwy bwyntiau *C* a *D*, sydd â fectorau safle c a d, yn eu trefn, yw**

$$\mathbf{r} = \mathbf{c} + t(\mathbf{d} - \mathbf{c})$$

**lle mae *t* yn baramedr sgalar.**

Gallech hefyd fod wedi defnyddio pwynt *D*, i gael $\mathbf{r} = \mathbf{d} + t(\mathbf{d} - \mathbf{c})$.

### Enghraifft 30

Darganfyddwch hafaliad fector y llinell syth sy'n mynd trwy'r pwyntiau *A* a *B*, cyfesurynnau (4, 5, −1) a (6, 3, 2) yn eu trefn.

$$\mathbf{a} = \begin{pmatrix} 4 \\ 5 \\ -1 \end{pmatrix} \quad \mathbf{b} = \begin{pmatrix} 6 \\ 3 \\ 2 \end{pmatrix}$$

Ysgrifennwch fectorau safle *A* a *B*.

$$\mathbf{b} - \mathbf{a} = \begin{pmatrix} 6 \\ 3 \\ 2 \end{pmatrix} - \begin{pmatrix} 4 \\ 5 \\ -1 \end{pmatrix} = \begin{pmatrix} 2 \\ -2 \\ 3 \end{pmatrix}$$

Darganfyddwch fector cyfeiriad ar gyfer y llinell.

$$\mathbf{r} = \begin{pmatrix} 4 \\ 5 \\ -1 \end{pmatrix} + t\begin{pmatrix} 2 \\ -2 \\ 3 \end{pmatrix}$$

Defnyddiwch un o'r pwyntiau penodol i ffurfio'r hafaliad.

Gellid ysgrifennu'r hafaliad mewn ffyrdd eraill:

$$\mathbf{r} = (4\mathbf{i} + 5\mathbf{j} - \mathbf{k}) + t(2\mathbf{i} - 2\mathbf{j} + 3\mathbf{k})$$

$$\mathbf{r} = (4 + 2t)\mathbf{i} + (5 - 2t)\mathbf{j} + (-1 + 3t)\mathbf{k}$$

$$\mathbf{r} = \begin{pmatrix} 4 + 2t \\ 5 - 2t \\ -1 + 3t \end{pmatrix}$$

### Enghraifft 31

Hafaliad fector y llinell syth *l* yw $\mathbf{r} = (3\mathbf{i} + 2\mathbf{j} - 5\mathbf{k}) + t(\mathbf{i} - 6\mathbf{j} - 2\mathbf{k})$.
O wybod bod y pwynt (*a*, *b*, 0) ar *l*, darganfyddwch werth *a* a gwerth *b*.

$$\mathbf{r} = \begin{pmatrix} 3 + t \\ 2 - 6t \\ -5 - 2t \end{pmatrix}$$

Gallwch ysgrifennu'r hafaliad yn y ffurf hon.

$$-5 - 2t = 0$$

$$t = -2\tfrac{1}{2}$$

Defnyddiwch y cyfesuryn *z* (sero) i ddarganfod gwerth *t*.

$$a = 3 + t = \tfrac{1}{2}$$

$$b = 2 - 6t = 17$$

$$a = \tfrac{1}{2} \text{ a } b = 17$$

Darganfyddwch *a* a *b* gan ddefnyddio gwerth *t*.

## Enghraifft 32

Hafaliad fector y llinell syth $l$ yw $\mathbf{r} = (2\mathbf{i} + 5\mathbf{j} - 3\mathbf{k}) + t(6\mathbf{i} - 2\mathbf{j} + 4\mathbf{k})$.
Dangoswch fod $\mathbf{r} = (8\mathbf{i} + 3\mathbf{j} + \mathbf{k}) + t(3\mathbf{i} - \mathbf{j} + 2\mathbf{k})$ yn hafaliad fector arall ar gyfer $l$.

Gan fod $\begin{pmatrix} 6 \\ -2 \\ 4 \end{pmatrix} = 2\begin{pmatrix} 3 \\ -1 \\ 2 \end{pmatrix}$, mae'r ddau fector hyn yn baralel.

Felly gellir defnyddio $\begin{pmatrix} 3 \\ -1 \\ 2 \end{pmatrix}$ hefyd fel y fector cyfeiriad.

Felly ffurf arall hafaliad $l$ yw

$$\mathbf{r} = \begin{pmatrix} 2 \\ 5 \\ -3 \end{pmatrix} + t\begin{pmatrix} 3 \\ -1 \\ 2 \end{pmatrix}.$$

Os yw $t = 2$, mae $\mathbf{r} = \begin{pmatrix} 8 \\ 3 \\ 1 \end{pmatrix}$

Mae angen i chi ddangos bod (8, 3, 1) ar $l$. Chwiliwch am werth $t$ sy'n rhoi fector safle'r pwynt hwn.

Felly mae'r pwynt (8, 3, 1) hefyd ar $l$.

Felly ffurf arall hafaliad $l$ yw

$$\mathbf{r} = \begin{pmatrix} 8 \\ 3 \\ 1 \end{pmatrix} + t\begin{pmatrix} 3 \\ -1 \\ 2 \end{pmatrix}.$$

## Ymarfer 5F

**1** Darganfyddwch hafaliad fector y llinell syth sy'n mynd trwy'r pwynt $A$, fector safle **a**, ac sy'n baralel i'r fector **b**:

**a** $\mathbf{a} = 6\mathbf{i} + 5\mathbf{j} - \mathbf{k}$, $\mathbf{b} = 2\mathbf{i} - 3\mathbf{j} - \mathbf{k}$

**b** $\mathbf{a} = 2\mathbf{i} + 5\mathbf{j}$, $\mathbf{b} = \mathbf{i} + \mathbf{j} + \mathbf{k}$

**c** $\mathbf{a} = -7\mathbf{i} + 6\mathbf{j} + 2\mathbf{k}$, $\mathbf{b} = 3\mathbf{i} + \mathbf{j} + 2\mathbf{k}$

**ch** $\mathbf{a} = \begin{pmatrix} 2 \\ 0 \\ 4 \end{pmatrix}$, $\mathbf{b} = \begin{pmatrix} -3 \\ 2 \\ 1 \end{pmatrix}$

**d** $\mathbf{a} = \begin{pmatrix} 6 \\ -11 \\ 2 \end{pmatrix}$, $\mathbf{b} = \begin{pmatrix} 0 \\ 5 \\ -2 \end{pmatrix}$

**2** Cyfrifwch, yn gywir i 1 lle degol, y pellter rhwng y pwynt $P$, lle mae $t = 1$, a'r pwynt $Q$, lle mae $t = 5$, ar y llinellau sydd â'r hafaliadau canlynol:

**a** $\mathbf{r} = (2\mathbf{i} - \mathbf{j} + \mathbf{k}) + t(3\mathbf{i} - 8\mathbf{j} - \mathbf{k})$

**b** $\mathbf{r} = (\mathbf{i} + 4\mathbf{j} + \mathbf{k}) + t(6\mathbf{i} - 2\mathbf{j} + 3\mathbf{k})$

**c** $\mathbf{r} = (2\mathbf{i} + 5\mathbf{k}) + t(-3\mathbf{i} + 4\mathbf{j} - \mathbf{k})$

**3** Darganfyddwch hafaliad fector y llinell sy'n baralel i echelin $z$ ac sy'n mynd trwy'r pwynt $(4, -3, 8)$.

**4** Darganfyddwch hafaliad fector ar gyfer y llinell sy'n mynd trwy'r pwyntiau canlynol:

**a** $(2, 1, 9)$ a $(4, -1, 8)$

**b** $(-3, 5, 0)$ a $(7, 2, 2)$

**c** $(1, 11, -4)$ a $(5, 9, 2)$

**ch** $(-2, -3, -7)$ ac $(12, 4, -3)$

**5** Mae'r pwynt $(1, p, q)$ ar y llinell $l$. Darganfyddwch werthoedd $p$ a $q$, o wybod mai hafaliad $l$ yw:

**a** $\mathbf{r} = (2\mathbf{i} - 3\mathbf{j} + \mathbf{k}) + t(\mathbf{i} - 4\mathbf{j} - 9\mathbf{k})$

**b** $\mathbf{r} = (-4\mathbf{i} + 6\mathbf{j} - \mathbf{k}) + t(2\mathbf{i} - 5\mathbf{j} - 8\mathbf{k})$

**c** $\mathbf{r} = (16\mathbf{i} - 9\mathbf{j} - 10\mathbf{k}) + t(3\mathbf{i} + 2\mathbf{j} + \mathbf{k})$

## 5.9 Mae angen i chi allu pennu a yw dwy linell syth benodol yn croestorri.

Pan fydd angen i chi drin mwy nag un llinell syth yn yr un cwestiwn, defnyddiwch baramedr gwahanol ar gyfer pob llinell.

Defnyddir y llythrennau $t$ ac $s$ yn aml yn baramedrau.
Yn aml defnyddir y llythrennau Groegaidd $\lambda$ a $\mu$ hefyd yn baramedrau.

Mewn tri dimensiwn, ni fydd dwy linell syth fel arfer yn croestorri. Mae'r enghraifft nesaf, fodd bynnag, yn ymwneud â dwy linell syth sydd yn croestorri, ac mae'n dangos i chi sut i brofi hyn.

### Enghraifft 33

Dangoswch fod y llinellau sydd â'r hafaliadau fector

$$\mathbf{r} = (3\mathbf{i} + 8\mathbf{j} - 2\mathbf{k}) + t(2\mathbf{i} - \mathbf{j} + 3\mathbf{k})$$
$$\text{ac } \mathbf{r} = (7\mathbf{i} + 4\mathbf{j} + 3\mathbf{k}) + s(2\mathbf{i} + \mathbf{j} + 4\mathbf{k})$$

yn croestorri, a darganfyddwch fector safle eu croestorfan.

$$\mathbf{r} = \begin{pmatrix} 3+2t \\ 8-t \\ -2+3t \end{pmatrix} \qquad \mathbf{r} = \begin{pmatrix} 7+2s \\ 4+s \\ 3+4s \end{pmatrix}$$

Mewn croestorfan,

$$\begin{pmatrix} 3+2t \\ 8-t \\ -2+3t \end{pmatrix} = \begin{pmatrix} 7+2s \\ 4+s \\ 3+4s \end{pmatrix}$$

$$3+2t = 7+2s$$
$$8-t = 4+s$$

Hafalwch y cydrannau $x$.
Hafalwch y cydrannau $y$.

$$3+2t = 7+2s$$
$$16-2t = 8+2s$$
$$19 \quad = 15+4s$$
$$s = 1$$
$$3+2t = 7+2$$
$$t = 3$$

Datryswch yn gydamserol.

Os yw'r llinellau yn croestorri,
mae'n rhaid bod

$-2+3t = 3+4s$ yn wir.

Rhaid i'r cydrannau $z$ hefyd fod yn hafal.

$$-2+3t = -2+9 = 7$$
$$3+4s = 3+4 \quad = 7$$

Gwiriwch fod $s=1$, $t=3$ yn rhoi cydrannau $z$ sy'n hafal.

Mae'r cydrannau $z$ hefyd yn hafal,
felly mae'r llinellau yn croestorri.

Fector safle'r croestorfan yw:

$$\begin{pmatrix} 3+2t \\ 8-t \\ -2+3t \end{pmatrix}$$

Gyda $t=3$: $\mathbf{r} = \begin{pmatrix} 9 \\ 5 \\ 7 \end{pmatrix}$ neu $\mathbf{r} = 9\mathbf{i} + 5\mathbf{j} + 7\mathbf{k}$

## Ymarfer 5Ff

Ym mhob cwestiwn, pennwch a yw'r llinellau sydd â'r hafaliadau a roddir yn croestorri. Os ydynt yn croestorri, darganfyddwch gyfesurynnau eu croestorfan.

**1** $\mathbf{r} = \begin{pmatrix} 2 \\ 4 \\ -7 \end{pmatrix} + t\begin{pmatrix} 2 \\ 1 \\ 3 \end{pmatrix}$ ac $\mathbf{r} = \begin{pmatrix} 1 \\ 14 \\ 16 \end{pmatrix} + s\begin{pmatrix} 1 \\ -1 \\ -2 \end{pmatrix}$

**2** $\mathbf{r} = \begin{pmatrix} 2 \\ 2 \\ -3 \end{pmatrix} + t\begin{pmatrix} 9 \\ -2 \\ -1 \end{pmatrix}$ ac $\mathbf{r} = \begin{pmatrix} 3 \\ -1 \\ 2 \end{pmatrix} + s\begin{pmatrix} 2 \\ -1 \\ 3 \end{pmatrix}$

**3** $\mathbf{r} = \begin{pmatrix} 12 \\ 4 \\ -6 \end{pmatrix} + t\begin{pmatrix} -2 \\ 1 \\ 4 \end{pmatrix}$ ac $\mathbf{r} = \begin{pmatrix} 8 \\ -2 \\ 6 \end{pmatrix} + s\begin{pmatrix} 2 \\ 1 \\ -5 \end{pmatrix}$

**4** $\mathbf{r} = \begin{pmatrix} 1 \\ 0 \\ 4 \end{pmatrix} + t\begin{pmatrix} 4 \\ 2 \\ 6 \end{pmatrix}$ ac $\mathbf{r} = \begin{pmatrix} -2 \\ -9 \\ 12 \end{pmatrix} + s\begin{pmatrix} 1 \\ 2 \\ -1 \end{pmatrix}$

**5** $\mathbf{r} = \begin{pmatrix} 3 \\ -3 \\ 1 \end{pmatrix} + t\begin{pmatrix} 2 \\ 1 \\ -4 \end{pmatrix}$ ac $\mathbf{r} = \begin{pmatrix} 3 \\ 4 \\ 2 \end{pmatrix} + s\begin{pmatrix} 6 \\ -4 \\ 1 \end{pmatrix}$

## 5.10 Mae angen i chi allu cyfrifo'r ongl rhwng dwy linell syth.

- **Rhoddir yr ongl lem $\theta$ rhwng dwy linell syth gan**

$$\cos\theta = \left| \frac{\mathbf{a}.\mathbf{b}}{|\mathbf{a}|\,|\mathbf{b}|} \right|$$

**lle mae a a b yn fectorau cyfeiriad y llinellau.**

### Enghraifft 34

Darganfyddwch, i 1 lle degol, yr ongl lem rhwng y llinellau sydd â'r hafaliadau fector canlynol:

$$\mathbf{r} = (2\mathbf{i} + \mathbf{j} + \mathbf{k}) + t(3\mathbf{i} - 8\mathbf{j} - \mathbf{k})$$
$$\text{ac } \mathbf{r} = (7\mathbf{i} + 4\mathbf{j} + \mathbf{k}) + s(2\mathbf{i} + 2\mathbf{j} + 3\mathbf{k})$$

$\mathbf{a} = \begin{pmatrix} 3 \\ -8 \\ -1 \end{pmatrix}$ a $\mathbf{b} = \begin{pmatrix} 2 \\ 2 \\ 3 \end{pmatrix}$ — Defnyddiwch y fectorau cyfeiriad.

$\cos\theta = \dfrac{\mathbf{a}.\mathbf{b}}{|\mathbf{a}|\,|\mathbf{b}|}$ — Darganfyddwch yr ongl rhwng y 2 fector.

$\mathbf{a}.\mathbf{b} = \begin{pmatrix} 3 \\ -8 \\ -1 \end{pmatrix} . \begin{pmatrix} 2 \\ 2 \\ 3 \end{pmatrix}$

$= 6 - 16 - 3 = -13$

$|\mathbf{a}| = \sqrt{3^2 + (-8)^2 + (-1)^2} = \sqrt{74}$

$|\mathbf{b}| = \sqrt{2^2 + 2^2 + 3^2} = \sqrt{17}$

$\cos\theta = -\dfrac{13}{\sqrt{74}\,\sqrt{17}}$ — Defnyddiwch y fformiwla sy'n rhoi cos $\theta$.

$\theta = 68.5°$ (1 lle degol) — Dyma'r ongl rhwng y 2 *fector*.

Felly, yr ongl lem rhwng y llinellau yw
$180° - 111.5° = 68.5°$ (1 lle degol)

## Ymarfer 5G

Yng Nghwestiynau 1 i 5, darganfyddwch yr ongl lem rhwng y llinellau sydd â'r hafaliadau fector a roddir. Rhowch eich atebion yn gywir i 1 lle degol.

**1** $\mathbf{r} = (2\mathbf{i} + \mathbf{j} + \mathbf{k}) + t(3\mathbf{l} - 5\mathbf{j} - \mathbf{k})$
ac $\mathbf{r} = (7\mathbf{i} + 4\mathbf{j} + \mathbf{k}) + s(2\mathbf{i} + \mathbf{j} - 9\mathbf{k})$

**2** $\mathbf{r} = (\mathbf{i} - \mathbf{j} + 7\mathbf{k}) + t(-2\mathbf{i} - \mathbf{j} + 3\mathbf{k})$
ac $\mathbf{r} = (8\mathbf{i} + 5\mathbf{j} - \mathbf{k}) + s(-4\mathbf{i} - 2\mathbf{j} + \mathbf{k})$

**3** $\mathbf{r} = (3\mathbf{i} + 5\mathbf{j} - \mathbf{k}) + t(\mathbf{i} + \mathbf{j} + \mathbf{k})$
ac $\mathbf{r} = (-\mathbf{i} + 11\mathbf{j} + 5\mathbf{k}) + s(2\mathbf{i} - 7\mathbf{j} + 3\mathbf{k})$

**4** $\mathbf{r} = (\mathbf{i} + 6\mathbf{j} - \mathbf{k}) + t(8\mathbf{i} - \mathbf{j} - 2\mathbf{k})$
ac $\mathbf{r} = (6\mathbf{i} + 9\mathbf{j}) + s(\mathbf{i} + 3\mathbf{j} - 7\mathbf{k})$

**5** $\mathbf{r} = (2\mathbf{i} + \mathbf{k}) + t(11\mathbf{i} + 5\mathbf{j} - 3\mathbf{k})$
ac $\mathbf{r} = (\mathbf{i} + \mathbf{j}) + s(-3\mathbf{i} + 5\mathbf{j} + 4\mathbf{k})$

**6** Hafaliadau fector y llinellau syth $l_1$ ac $l_2$ yw:
$\mathbf{r} = (\mathbf{i} + 4\mathbf{j} + 2\mathbf{k}) + t(8\mathbf{i} + 5\mathbf{j} + \mathbf{k})$ ac $\mathbf{r} = (\mathbf{i} + 4\mathbf{j} + 2\mathbf{k}) + s(3\mathbf{i} + \mathbf{j})$ yn eu trefn, a $P$ yw'r pwynt (1, 4, 2).

**a** Dangoswch fod y pwynt $Q(9, 9, 3)$ ar $l_1$.

**b** Darganfyddwch gosin yr ongl lem rhwng $l_1$ ac $l_2$.

**c** Darganfyddwch gyfesurynnau posibl y pwynt $R$, fel bod $R$ ar $l_2$ a $PQ = PR$.

## Ymarfer cymysg 5Ng

**1** Mewn perthynas â tharddbwynt $O$, fectorau safle pwyntiau $L$, $M$ ac N yw $(4\mathbf{i} + 7\mathbf{j} + 7\mathbf{k})$, $(\mathbf{i} + 3\mathbf{j} + 2\mathbf{k})$ a $(2\mathbf{i} + 4\mathbf{j} + 6\mathbf{k})$ yn eu trefn.

**a** Darganfyddwch y fectorau $\overrightarrow{ML}$ ac $\overrightarrow{MN}$.

**b** Profwch fod $\cos \angle LMN = \frac{9}{10}$.

**2** Fectorau safle pwyntiau $A$ a $B$ mewn perthynas â tharddbwynt $O$ yw $5\mathbf{i} + 4\mathbf{j} + \mathbf{k}$, $-\mathbf{i} + \mathbf{j} - 2\mathbf{k}$ yn eu trefn. Darganfyddwch fector safle y pwynt $P$ sydd ar $AB$ estynedig fel bod $AP = 2BP$.

**3** Fectorau safle pwyntiau $A$, $B$, $C$ a $D$ mewn plân yw $\mathbf{a} = 6\mathbf{i} + 8\mathbf{j}$, $\mathbf{b} = \frac{3}{2}\mathbf{a}$, $\mathbf{c} = 6\mathbf{i} + 3\mathbf{j}$ a $\mathbf{d} = \frac{5}{3}\mathbf{c}$ yn eu trefn. Ysgrifennwch hafaliadau fector y llinellau $AD$ a $BC$ a darganfyddwch fector safle eu croestorfan.

**4** Darganfyddwch groestorfan y llinell sy'n mynd trwy'r pwyntiau (2, 0, 1) a (−1, 3, 4) a'r llinell sy'n mynd trwy'r pwyntiau (−1, 3, 0) a (4, −2, 5). Cyfrifwch yr ongl lem rhwng y ddwy linell.

**5** Dangoswch fod y llinellau

$$\mathbf{r} = (-2\mathbf{i} + 5\mathbf{j} - 11\mathbf{k}) + \lambda(3\mathbf{i} + \mathbf{j} + 3\mathbf{k})$$
$$\mathbf{r} = 8\mathbf{i} + 9\mathbf{j} + \mu(4\mathbf{i} + 2\mathbf{j} + 5\mathbf{k})$$

yn croestorri. Darganfyddwch fector safle eu pwynt cyffredin. A

**6** Darganfyddwch fector sy'n berpendicwlar i $2\mathbf{i} + \mathbf{j} - \mathbf{k}$ ac $\mathbf{i} + \mathbf{j} - 2\mathbf{k}$. A

**7** Nodwch hafaliad fector y llinell sy'n mynd trwy'r pwyntiau $A$ a $B$ sydd â fectorau safle $\mathbf{i} - \mathbf{j} + 3\mathbf{k}$ ac $\mathbf{i} + 2\mathbf{j} + 2\mathbf{k}$ yn eu trefn. Pennwch fector safle'r pwynt $C$ sy'n rhannu'r segment llinell $AB$ yn fewnol fel bod $AC = 2CB$. A

**8** Rhoddir fectorau **r** ac **s** gan

$$\mathbf{r} = \lambda\mathbf{i} + (2\lambda - 1)\mathbf{j} - \mathbf{k}$$
$$\mathbf{s} = (1 - \lambda)\mathbf{i} + 3\lambda\mathbf{j} + (4\lambda - 1)\mathbf{k}$$

lle mae $\lambda$ yn sgalar.

**a** Darganfyddwch werthoedd $\lambda$ pan yw **r** ac **s** yn berpendicwlar.

Pan yw $\lambda = 2$, **r** ac **s** yw fectorau safle y pwyntiau $A$ a $B$ yn eu trefn, mewn perthynas â tharddbwynt $O$.

**b** Darganfyddwch $\overrightarrow{AB}$.

**c** Defnyddiwch luoswm sgalar i ddarganfod maint $\angle BAO$, gan roi eich ateb i'r radd agosaf. A

**9** Mewn perthynas â tharddbwynt $O$, fectorau safle pwyntiau $L$ ac $M$ yw $2\mathbf{i} - 3\mathbf{j} + 3\mathbf{k}$ a $5\mathbf{i} + \mathbf{j} + c\mathbf{k}$ yn eu trefn, lle mae $c$ yn gysonyn.
Mae'r pwynt $N$ yn peri bod $OLMN$ yn betryal.

**a** Darganfyddwch werth $c$.

**b** Ysgrifennwch fector safle $N$.

**c** Darganfyddwch hafaliad llinell $MN$ yn y ffurf $\mathbf{r} = \mathbf{p} + t\mathbf{q}$. A

**10** Cyfesurynnau pwynt $A$ yw $(7, -1, 3)$ a chyfesurynnau pwynt $B$ yw $(10, -2, 2)$.
Hafaliad fector y llinell $l$ yw $\mathbf{r} = \mathbf{i} + \mathbf{j} + \mathbf{k} + \lambda(3\mathbf{i} - \mathbf{j} + \mathbf{k})$, lle mae $\lambda$ yn baramedr real.

**a** Dangoswch fod pwynt $A$ ar y llinell $l$.

**b** Darganfyddwch hyd $AB$.

**c** Darganfyddwch faint yr ongl lem rhwng llinell $l$ a'r segment llinell $AB$, gan roi eich ateb i'r radd agosaf.

**ch** Drwy wneud hyn, neu fel arall, cyfrifwch y pellter perpendicwlar rhwng $B$ a llinell $l$, gan roi eich ateb yn gywir i ddau ffigur ystyrlon. A

**11** Mewn perthynas â tharddbwynt sefydlog $O$, fectorau safle pwyntiau $A$ a $B$ yw $(5\mathbf{i} - \mathbf{j} - \mathbf{k})$ ac $(\mathbf{i} - 5\mathbf{j} + 7\mathbf{k})$ yn eu trefn.

**a** Darganfyddwch hafaliad y llinell $AB$.

**b** Dangoswch fod y pwynt $C$, sydd â fector safle $4\mathbf{i} - 2\mathbf{j} + \mathbf{k}$, ar $AB$.

**c** Dangoswch fod $OC$ yn berpendicwlar i $AB$.

**ch** Darganfyddwch fector safle y pwynt $D$, lle mae $D \neq A$, ar $AB$ fel bod $|\overrightarrow{OD}| = |\overrightarrow{OA}|$.

A

**12** Mewn perthynas â tharddbwynt sefydlog $O$, fectorau safle pwyntiau $A$, $B$ ac $C$ yw $(9\mathbf{i} - 2\mathbf{j} + \mathbf{k})$, $(6\mathbf{i} + 2\mathbf{j} + 6\mathbf{k})$ a $(3\mathbf{i} + p\mathbf{j} + q\mathbf{k})$ yn eu trefn, lle mae $p$ a $q$ yn gysonion.

**a** Darganfyddwch, ar ffurf fector, hafaliad y llinell $l$ sy'n mynd trwy $A$ a $B$.

O wybod bod $C$ ar $l$:

**b** darganfyddwch werth $p$ a gwerth $q$.

**c** cyfrifwch yr ongl lem rhwng $OC$ ac $AB$ gan roi eich ateb mewn graddau.

Mae pwynt $D$ ar $AB$ fel bod $OD$ yn berpendicwlar i $AB$.

**ch** Darganfyddwch fector safle $D$.

A

**13** Mewn perthynas â tharddbwynt sefydlog $O$, fectorau safle pwyntiau $A$ a $B$ yw $(\mathbf{i} + 2\mathbf{j} - 3\mathbf{k})$ a $(5\mathbf{i} - 3\mathbf{j})$ yn eu trefn.

**a** Darganfyddwch, ar ffurf fector, hafaliad y llinell $l_1$ sy'n mynd trwy $A$ a $B$.

Hafaliad y llinell $l_2$ yw $\mathbf{r} = (4\mathbf{i} - 4\mathbf{j} + 3\mathbf{k}) + \mu(\mathbf{i} - 2\mathbf{j} + 2\mathbf{k})$, lle mae $\mu$ yn baramedr sgalar.

**b** Dangoswch fod $A$ ar $l_2$.

**c** Darganfyddwch yr ongl lem rhwng llinellau $l_1$ ac $l_2$ gan roi eich ateb mewn graddau.

Mae'r pwynt $C$, fector safle $(2\mathbf{i} - \mathbf{k})$, ar $l_2$.

**ch** Darganfyddwch y pellter byrraf rhwng $C$ a'r llinell $l_1$.

A

**14** Mae dwy long danfor yn teithio mewn llinellau syth drwy'r môr. Mewn perthynas â tharddbwynt sefydlog, hafaliadau fector y ddwy linell dan sylw, $l_1$ ac $l_2$, yw

$$\mathbf{r} = 3\mathbf{i} + 4\mathbf{j} - 5\mathbf{k} + \lambda(\mathbf{i} - 2\mathbf{j} + 2\mathbf{k})$$
$$\text{ac } \mathbf{r} = 9\mathbf{i} + \mathbf{j} - 2\mathbf{k} + \mu(4\mathbf{i} + \mathbf{j} - \mathbf{k})$$

lle mae $\lambda$ a $\mu$ yn sgalarau.

**a** Dangoswch fod y llongau tanfor yn symud mewn cyfeiriadau perpendicwlar.

**b** O wybod bod $l_1$ ac $l_2$ yn croestorri ym mhwynt $A$, darganfyddwch fector safle $A$. Fector safle pwynt $B$ yw $10\mathbf{j} - 11\mathbf{k}$.

**c** Dangoswch mai dim ond un o'r llongau sy'n mynd trwy'r pwynt $B$.

**ch** O wybod bod 1 uned ar y ddwy echelin gyfesurynnol yn cynrychioli 100 m, darganfyddwch y pellter $AB$, gan roi eich ateb mewn km.

A

## Crynodeb o'r pwyntiau allweddol

**1** Mae fector yn fesur sydd â maint a chyfeiriad.

**2** Mae gan fectorau sy'n hafal yr un maint a hefyd yr un cyfeiriad.

**3** Defnyddir y 'ddeddf triongl' i adio dau fector.

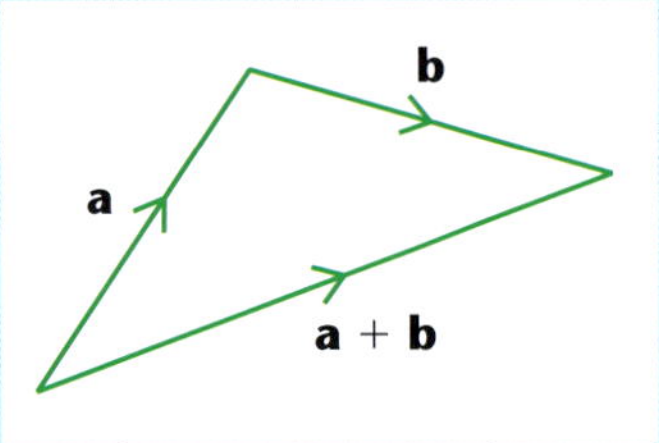


**4** Mae adio'r fectorau $\overrightarrow{PQ}$ a $\overrightarrow{QP}$ yn rhoi'r fector sero **0**.
($\overrightarrow{PQ} + \overrightarrow{QP} = \mathbf{0}$)

**5** Enw arall am faint fector yw modwlws fector.
- Mae modwlws fector **a** yn cael ei ysgrifennu $|\mathbf{a}|$.
- Mae modwlws fector $\overrightarrow{PQ}$ yn cael ei ysgrifennu $|\overrightarrow{PQ}|$.

**6** Mae gan y fector $-\mathbf{a}$ yr un maint â fector **a** ond mae ei gyfeiriad yn ddirgroes.

**7** Gellir ysgrifennu unrhyw fector sy'n baralel i'r fector **a** yn y ffurf $\lambda\mathbf{a}$, lle mae $\lambda$ yn sgalar ansero.

**8** Mae $\mathbf{a} - \mathbf{b}$ yn cael ei ddiffinio fel $\mathbf{a} + (-\mathbf{b})$.

**9** Fector uned yw fector sydd â maint (neu fodwlws) 1 uned.

**10** Os yw $\lambda\mathbf{a} + \mu\mathbf{b} = \alpha\mathbf{a} + \beta\mathbf{b}$, ac os nad yw fectorau ansero **a** a **b** yn baralel, yna mae $\lambda = \alpha$ a $\mu = \beta$.

**11** Fector safle pwynt $A$ yw'r fector $\overrightarrow{OA}$, lle mae $O$ yn darddbwynt.
Fel arfer ysgrifennir $\overrightarrow{OA}$ ar ffurf y fector **a**.

**12** $\overrightarrow{AB} = \mathbf{b} - \mathbf{a}$, lle mae **a** a **b** yn fectorau safle $A$ a $B$ yn eu trefn.

**13** Fectorau uned sy'n baralel i echelin $x$, echelin $y$ ac echelin $z$ yw'r fectorau **i**, **j** a **k**, i gyfeiriad $x$ yn cynyddu, $y$ yn cynyddu a $z$ yn cynyddu yn eu trefn.

**14** Modwlws (neu faint) $x\mathbf{i} + y\mathbf{j}$ yw $\sqrt{x^2 + y^2}$.

**15** Gellir ysgrifennu'r fector $x\mathbf{i} + y\mathbf{j} + z\mathbf{k}$, ar ffurf matrics colofn $\begin{pmatrix} x \\ y \\ z \end{pmatrix}$.

**16** Y pellter o'r tarddbwynt i'r pwynt $(x, y, z)$ yw $\sqrt{x^2 + y^2 + z^2}$.

**17** Y pellter rhwng y pwyntiau $(x_1, y_1, z_1)$ ac $(x_2, y_2, z_2)$ yw $\sqrt{(x_1 - x_2)^2 + (y_1 - y_2)^2 + (z_1 - z_2)^2}$.

**18** Modwlws (neu faint) $x\mathbf{i} + y\mathbf{j} + z\mathbf{k}$ yw $\sqrt{x^2 + y^2 + z^2}$.

**19** Ysgrifennir lluoswm sgalar dau fector **a** a **b** yn y ffurf **a.b**, ac fe'i diffinnir gan

$\mathbf{a}.\mathbf{b} = |\mathbf{a}|\,|\mathbf{b}| \cos \theta$,

$\theta$ yw'r ongl rhwng **a** a **b**.

**20** Os **a** a **b** yw fectorau safle'r pwyntiau $A$ a $B$, yna

$$\cos AOB = \frac{\mathbf{a}.\mathbf{b}}{|\mathbf{a}|\,|\mathbf{b}|}$$

**21** Mae'r fectorau ansero **a** a **b** yn berpendicwlar os, a dim ond os, yw $\mathbf{a}.\mathbf{b} = 0$.

**22** Os yw **a** a **b** yn baralel, mae $\mathbf{a}.\mathbf{b} = |\mathbf{a}|\,|\mathbf{b}|$.

- Yn arbennig, mae $\mathbf{a}.\mathbf{a} = |\mathbf{a}|^2$.

**23** Os yw $\mathbf{a} = a_1\mathbf{i} + a_2\mathbf{j} + a_3\mathbf{k}$ a $\mathbf{b} = b_1\mathbf{i} + b_2\mathbf{j} + b_3\mathbf{k}$

yna mae $\mathbf{a}.\mathbf{b} = \begin{pmatrix} a_1 \\ a_2 \\ a_3 \end{pmatrix}.\begin{pmatrix} b_1 \\ b_2 \\ b_3 \end{pmatrix} = a_1b_1 + a_2b_2 + a_3b_3$

**24** Hafaliad fector llinell syth sy'n mynd trwy'r pwynt $A$, sydd â fector safle **a**, ac sy'n baralel i fector **b**, yw

$\mathbf{r} = \mathbf{a} + t\mathbf{b}$

lle mae $t$ yn baramedr sgalar.

**25** Hafaliad fector llinell syth sy'n mynd trwy'r pwyntiau $C$ a $D$, sydd â fectorau safle **c** a **d**, yn eu trefn, yw

$\mathbf{r} = \mathbf{c} + t(\mathbf{d} - \mathbf{c})$

lle mae $t$ yn baramedr sgalar.

**26** Rhoddir yr ongl lem $\theta$ rhwng dwy linell syth gan

$$\cos \theta = \left| \frac{\mathbf{a}.\mathbf{b}}{|\mathbf{a}|\,|\mathbf{b}|} \right|$$

lle mae **a** a **b** yn fectorau cyfeiriad y llinellau.

# 6 Integru

**Yn y bennod hon byddwch yn dysgu sut i integru ffwythiannau mwy cymhleth.**

## 6.1 Mae angen i chi allu integru ffwythiannau safonol.

Gwelsoch y canlyniad cyntaf yn y rhestr isod yn y llyfr C1. Mae'r lleill yn wrthdroeon y rhai a welsoch eisoes ym Mhennod 8, llyfr C3.

■ **Dylech fod yn gyfarwydd â'r integrynnau canlynol:**

(1) $\int x^n = \dfrac{x^{n+1}}{n+1} + C$

(2) $\int e^x = e^x + C$

(3) $\int \dfrac{1}{x} = \ln|x| + C$

**Awgrym:** Wrth ddarganfod $\int \frac{1}{x}\,dx$ mae'n arferol ysgrifennu'r ateb yn y ffurf $\ln|x|$. Mae defnyddio'r arwydd modwlws yn osgoi anawsterau a allai godi wrth enrhifo'r integryn. Eglurir hyn yn fwy manwl yn Adran 6.5 ond bydd y ffurf hon yn cael ei defnyddio drwy gydol y bennod.

(4) $\int \cos x = \sin x + C$

(5) $\int \sin x = -\cos x + C$

(6) $\int \sec^2 x = \tan x + C$

(7) $\int \operatorname{cosec} x \cot x = -\operatorname{cosec} x + C$

(8) $\int \operatorname{cosec}^2 x = -\cot x + C$

(9) $\int \sec x \tan x = \sec x + C$

### Enghraifft 1

Darganfyddwch yr integrynnau canlynol:

**a** $\displaystyle\int\left(2\cos x + \frac{3}{x} - \sqrt{x}\right)dx$ **b** $\displaystyle\int\left(\frac{\cos x}{\sin^2 x} - 2e^x\right)dx$

**a** $\int 2\cos x\,dx = 2\sin x$ — Integrwch bob term ar wahân. Defnyddiwch (4).

$\int \frac{3}{x}\,dx = 3\ln|x|$ — Defnyddiwch (3).

$\int \sqrt{x}\,dx = \int x^{\frac{1}{2}}\,dx = \frac{2}{3}x^{\frac{3}{2}}$ — Defnyddiwch (1).

Felly $\displaystyle\int\left(2\cos x + \frac{3}{x} - \sqrt{x}\right)dx$

$= 2\sin x + 3\ln|x| - \frac{2}{3}x^{\frac{3}{2}} + C$ — Mae hwn yn integryn amhendant felly peidiwch ag anghofio'r $+C$.

**b** $\frac{\cos x}{\sin^2 x} = \frac{\cos x}{\sin x}\frac{1}{\sin x} = \cot x \operatorname{cosec} x$

$\int (\cot x \operatorname{cosec} x)\,dx = -\operatorname{cosec} x$

$\int 2e^x\,dx = 2e^x$

Felly $\int\left(\frac{\cos x}{\sin^2 x} - 2e^x\right)dx$

$= -\operatorname{cosec} x - 2e^x + C$

Edrychwch ar y rhestr o integrynnau ffwythiannau safonol a mynegwch yr integriad yn nhermau'r ffwythiannau safonol hynny.

Cofiwch am yr arwydd minws.

## Ymarfer 6A

**1** Integrwch y canlynol mewn perthynas ag $x$:

**a** $3\sec^2 x + \frac{5}{x} + \frac{2}{x^2}$

**b** $5e^x - 4\sin x + 2x^3$

**c** $2(\sin x - \cos x + x)$

**ch** $3\sec x \tan x - \frac{2}{x}$

**d** $5e^x + 4\cos x - \frac{2}{x^2}$

**dd** $\frac{1}{2x} + 2\operatorname{cosec}^2 x$

**e** $\frac{1}{x} + \frac{1}{x^2} + \frac{1}{x^3}$

**f** $e^x + \sin x + \cos x$

**ff** $2\operatorname{cosec} x \cot x - \sec^2 x$

**g** $e^x + \frac{1}{x} - \operatorname{cosec}^2 x$

**2** Darganfyddwch yr integrynnau canlynol:

**a** $\int\left(\frac{1}{\cos^2 x} + \frac{1}{x^2}\right)dx$

**b** $\int\left(\frac{\sin x}{\cos^2 x} + 2e^x\right)dx$

**c** $\int\left(\frac{1 + \cos x}{\sin^2 x} + \frac{1 + x}{x^2}\right)dx$

**ch** $\int\left(\frac{1}{\sin^2 x} + \frac{1}{x}\right)dx$

**d** $\int \sin x(1 + \sec^2 x)\,dx$

**dd** $\int \cos x(1 + \operatorname{cosec}^2 x)\,dx$

**e** $\int \operatorname{cosec}^2 x(1 + \tan^2 x)\,dx$

**f** $\int \sec^2 x(1 - \cot^2 x)\,dx$

**ff** $\int \sec^2 x(1 + e^x \cos^2 x)\,dx$

**g** $\int\left(\frac{1 + \sin x}{\cos^2 x} + \cos^2 x \sec x\right)dx$

## 6.2 Gellir integru rhai ffwythiannau trwy ddefnyddio gwrthdro'r rheol cadwyn.

Dim ond yn achos trawsffurfiadau llinol ffwythiannau megis $f(ax + b)$ y mae'r dechneg hon yn gweithio.

### Enghraifft 2

Darganfyddwch yr integrynnau canlynol:

**a** $\int \cos(2x + 3)\,dx$ **b** $\int e^{4x+1}\,dx$ **c** $\int \sec^2 3x\,dx$

**a** Ystyriwch $y = \sin(2x + 3)$

Felly $\frac{dy}{dx} = \cos(2x + 3) \times 2$

Felly $\int \cos(2x + 3)\,dx = \frac{1}{2}\sin(2x + 3) + C$

Cofiwch ④. Felly mae integru ffwythiant 'cos' yn rhoi ffwythiant 'sin'.

Gadewch i $y = \sin(2x + 3)$ a differwch trwy ddefnyddio'r rheol cadwyn.

Cofiwch am y 2 o'r rheol cadwyn.

Mae hyn yn ddwywaith y mynegiad angenrheidiol felly rhannwch y $\sin(2x + 3)$ â 2.

**b** Ystyriwch $y = e^{4x+1}$

Felly $\frac{dy}{dx} = e^{4x+1} \times 4$

Felly $\int e^{4x+1}\,dx = \frac{1}{4}e^{4x+1} + C$

Cofiwch ②. Felly mae integru ffwythiant esbonyddol yn rhoi ffwythiant esbonyddol.

Gadewch i $y = e^{4x+1}$ a differwch trwy ddefnyddio'r rheol cadwyn.

Cofiwch fod y 4 yn dod o'r rheol cadwyn.

Mae'r ateb hwn 4 gwaith y mynegiad angenrheidiol felly rhannwch â 4.

**c** Ystyriwch $y = \tan 3x$

Felly $\frac{dy}{dx} = \sec^2 3x \times 3$

Felly $\int \sec^2 3x\,dx = \frac{1}{3}\tan 3x + C$

Cofiwch ⑥. Gadewch i $y = \tan 3x$ a differwch trwy ddefnyddio'r rheol cadwyn.

Mae hyn 3 gwaith y mynegiad angenrheidiol felly rhannwch â 3.

Mae Enghraifft 2 yn dangos y rheol gyffredinol ganlynol:

■ $\int f'(ax + b)\,dx = \frac{1}{a}f(ax + b) + C$

**Gallwch gyffredinoli'r rhestr yn Adran 6.1 i roi:**

(10) $\int (ax+b)^n \, dx = \frac{1}{a} \frac{(ax+b)^{n+1}}{n+1} + C$

(11) $\int e^{ax+b} \, dx = \frac{1}{a} e^{ax+b} + C$

(12) $\int \frac{1}{ax+b} \, dx = \frac{1}{a} \ln|ax+b| + C$

(13) $\int \cos(ax+b) \, dx = \frac{1}{a} \sin(ax+b) + C$

(14) $\int \sin(ax+b) \, dx = -\frac{1}{a} \cos(ax+b) + C$

(15) $\int \sec^2(ax+b) \, dx = \frac{1}{a} \tan(ax+b) + C$

(16) $\int \operatorname{cosec}(ax+b)\cot(ax+b) \, dx = -\frac{1}{a} \operatorname{cosec}(ax+b) + C$

(17) $\int \operatorname{cosec}^2(ax+b) \, dx = -\frac{1}{a} \cot(ax+b) + C$

(18) $\int \sec(ax+b)\tan(ax+b) \, dx = \frac{1}{a} \sec(ax+b) + C$

Yn C4 mae'n debyg mai'r syniad gorau fyddai dysgu *sut* i gyfrifo'r canlyniadau hyn trwy ddefnyddio'r rheol cadwyn, yn hytrach na cheisio cofio nifer o fformiwlâu.

### Enghraifft 3

Darganfyddwch yr integrynnau canlynol:

**a** $\int \frac{1}{3x+2} \, dx$ **b** $\int (2x+3)^4 \, dx$

**a** $\int \frac{1}{3x+2} \, dx = \frac{1}{3} \ln|3x+2| + C$ — Defnyddiwch (12).

**b** $\int (2x+3)^4 \, dx = \frac{1}{10} (2x+3)^5 + C$ — Defnyddiwch (10).

Dim ond yn achos trawsffurfiadau llinol ffwythiannau y gellir defnyddio'r canlyniadau yn y rhestr uchod. Nid yw integrynnau yn y ffurf $\int \cos(2x^2+3) \, dx$ yn rhoi ateb fel $\frac{1}{4x} \sin(2x^2+3)$ gan y byddai differu'r mynegiad hwn yn gofyn am y rheol cyniferydd ac ni fyddai'n rhoi $\cos(2x^2+3)$. Ymchwilir i fynegiadau tebyg i hwn yn Adran 6.5.

## Ymarfer 6B

**1** Integrwch y canlynol:

**a** $\sin(2x+1)$ **b** $3e^{2x}$ **c** $4e^{x+5}$

**ch** $\cos(1-2x)$ **d** $\operatorname{cosec}^2 3x$ **dd** $\sec 4x \tan 4x$

**e** $3\sin(\frac{1}{2}x+1)$ **f** $\sec^2(2-x)$ **ff** $\operatorname{cosec} 2x \cot 2x$

**g** $\cos 3x - \sin 3x$

**2** Darganfyddwch yr integrynnau canlynol:

**a** $\int (e^{2x} - \frac{1}{2}\sin(2x-1))\,dx$ **b** $\int (e^x+1)^2\,dx$

**c** $\int \sec^2 2x(1+\sin 2x)\,dx$ **ch** $\int \left(\frac{3-2\cos(\frac{1}{2}x)}{\sin^2(\frac{1}{2}x)}\right)dx$

**d** $\int [e^{3-x} + \sin(3-x) + \cos(3-x)]\,dx$

**3** Integrwch y canlynol:

**a** $\frac{1}{2x+1}$ **b** $\frac{1}{(2x+1)^2}$ **c** $(2x+1)^2$ **ch** $\frac{3}{4x-1}$

**d** $\frac{3}{1-4x}$ **dd** $\frac{3}{(1-4x)^2}$ **e** $(3x+2)^5$ **f** $\frac{3}{(1-2x)^3}$

**ff** $\frac{6}{(3-2x)^4}$ **g** $\frac{5}{3-2x}$

**4** Darganfyddwch yr integrynnau canlynol:

**a** $\int \left(3\sin(2x+1) + \frac{4}{2x+1}\right)dx$ **b** $\int [e^{5x} + (1-x)^5]\,dx$

**c** $\int \left(\frac{1}{\sin^2 2x} + \frac{1}{1+2x} + \frac{1}{(1+2x)^2}\right)dx$ **ch** $\int \left[(3x+2)^2 + \frac{1}{(3x+2)^2}\right]dx$

## 6.3 Gellir defnyddio unfathiannau trigonometrig wrth integru.

Cyn y gallwch integru rhai mynegiadau trigonometrig efallai y bydd angen i chi roi ffwythiant y gallwch ei integru o'r rhestrau ar dudalennau 82 ac 85 yn lle'r mynegiad gwreiddiol. Gellir gwneud hyn trwy ddefnyddio unfathiannau trigonometrig.

### Enghraifft 4

Darganfyddwch $\int \tan^2 x \, dx$.

Gan fod $\sec^2 x \equiv 1 + \tan^2 x$

yna $\tan^2 x \equiv \sec^2 x - 1$

Felly $\int \tan^2 x \, dx = \int (\sec^2 x - 1) \, dx$

$= \int \sec^2 x \, dx - \int 1 \, dx$

$= \tan x - x + C$

Ni allwch integru $\tan^2 x$ ond gallwch integru $\sec^2 x$ gan ddefnyddio (6) yn y rhestr ar dudalen 82.

Defnyddiwch (6).

Yn llyfr C3 gwelsoch unfathiannau ar gyfer $\cos 2x$ yn nhermau $\sin^2 x$ a $\cos^2 x$. Er mwyn integru $\sin^2 x$ neu $\cos^2 x$ mae angen i chi ddefnyddio un o'r unfathiannau hyn.

### Enghraifft 5

Darganfyddwch $\int \sin^2 x \, dx$.

Cofiwch fod $\cos 2x \equiv 1 - 2\sin^2 x$

Felly $\sin^2 x \equiv \frac{1}{2}(1 - \cos 2x)$

Felly $\int \sin^2 x \, dx = \int (\frac{1}{2} - \frac{1}{2}\cos 2x) \, dx$

$= \frac{1}{2}x - \frac{1}{4}\sin 2x + C$

Ni allwch integru $\sin^2 x$ ond gallwch ei ysgrifennu yn nhermau $\cos 2x$.

Cofiwch, wrth integru $\cos 2x$ eich bod yn cael $\frac{1}{2}$ ychwanegol. Defnyddiwch (13).

### Enghraifft 6

Darganfyddwch:

**a** $\int \sin 3x \cos 3x \, dx$ **b** $\int (\sec x + \tan x)^2 \, dx$ **c** $\int \sin 3x \cos 2x \, dx$

**a**

$\int \sin 3x \cos 3x \, dx = \int \frac{1}{2} \sin 6x \, dx$

$= -\frac{1}{2} \times \frac{1}{6} \cos 6x + C$

$= -\frac{1}{12} \cos 6x + C$

Cofiwch fod $\sin 2A = 2\sin A \cos A$, felly mae $\sin 6x = 2 \sin 3x \cos 3x$.

Defnyddiwch (14).

Symleiddiwch $\frac{1}{2} \times \frac{1}{6}$ i roi $\frac{1}{12}$.

**b**

$(\sec x + \tan x)^2$

$= \sec^2 x + 2\sec x \tan x + \tan^2 x$

$= \sec^2 x + 2\sec x \tan x + (\sec^2 x - 1)$

$= 2\sec^2 x + 2\sec x \tan x - 1$

Felly $\int (\sec x + \tan x)^2\,dx$

$= \int (2\sec^2 x + 2\sec x \tan x - 1)\,dx$

$= 2\tan x + 2\sec x - x + C$

Lluoswch y cromfachau.

Ysgrifennwch $\tan^2 x$ yn y ffurf $\sec^2 x - 1$. Yna mae'r holl dermau yn integrynnau safonol.

Integrwch bob term gan ddefnyddio ⑥ a ⑨.

**c**

$\sin(3x + 2x) = \sin 3x \cos 2x + \cos 3x \sin 2x$

$\sin(3x - 2x) = \sin 3x \cos 2x - \cos 3x \sin 2x$

Mae adio yn rhoi

$\sin 5x + \sin x = 2\sin 3x \cos 2x$

Felly $\int \sin 3x \cos 2x\,dx$

$= \int \frac{1}{2}(\sin 5x + \sin x)\,dx$

$= \frac{1}{2}(-\frac{1}{5}\cos 5x - \cos x) + C$

$= -\frac{1}{10}\cos 5x - \frac{1}{2}\cos x + C$

Cofiwch fod $\sin(A \pm B) = \sin A \cos B \pm \cos A \sin B$. Felly mae angen i chi ddefnyddio $A = 3x$ a $B = 2x$ i gael term $\sin 3x \cos 2x$.

## Ymarfer 6C

**1** Integrwch y canlynol:

**a** $\cot^2 x$ **b** $\cos^2 x$ **c** $\sin 2x \cos 2x$

**ch** $(1 + \sin x)^2$ **d** $\tan^2 3x$ **dd** $(\cot x - \operatorname{cosec} x)^2$

**e** $(\sin x + \cos x)^2$ **f** $\sin^2 x \cos^2 x$ **ff** $\dfrac{1}{\sin^2 x \cos^2 x}$

**g** $(\cos 2x - 1)^2$

**2** Darganfyddwch yr integrynnau canlynol:

**a** $\int\left(\frac{1-\sin x}{\cos^2 x}\right)\mathrm{d}x$ **b** $\int\left(\frac{1+\cos x}{\sin^2 x}\right)\mathrm{d}x$ **c** $\int\frac{\cos 2x}{\cos^2 x}\,\mathrm{d}x$

**ch** $\int\frac{\cos^2 x}{\sin^2 x}\,\mathrm{d}x$ **d** $\int\frac{(1+\cos x)^2}{\sin^2 x}\,\mathrm{d}x$ **dd** $\int\frac{(1+\sin x)^2}{\cos^2 x}\,\mathrm{d}x$

**e** $\int(\cot x-\tan x)^2\,\mathrm{d}x$ **f** $\int(\cos x-\sin x)^2\,\mathrm{d}x$ **ff** $\int(\cos x-\sec x)^2\,\mathrm{d}x$

**g** $\int\frac{\cos 2x}{1-\cos^2 2x}\,\mathrm{d}x$

**3** Darganfyddwch yr integrynnau canlynol:

**a** $\int\cos 2x\cos x\,\mathrm{d}x$ **b** $\int 2\sin 5x\cos 3x\,\mathrm{d}x$ **c** $\int 2\sin 3x\cos 5x\,\mathrm{d}x$

**ch** $\int 2\sin 2x\sin 5x\,\mathrm{d}x$ **d** $4\int\cos 3x\cos 7x\,\mathrm{d}x$ **dd** $\int 2\cos 4x\cos 4x\,\mathrm{d}x$

**e** $\int 2\cos 4x\sin 4x\,\mathrm{d}x$ **f** $\int 2\sin 4x\sin 4x\,\mathrm{d}x$

## 6.4 Gellir defnyddio ffracsiynau rhannol i integru mynegiadau.

Ym Mhennod 1 gwelsoch sut i hollti rhai mynegiadau cymarebol yn ffracsiynau rhannol. Mae'r broses hon yn ddefnyddiol wrth integru.

### Enghraifft 7

Defnyddiwch ffracsiynau rhannol i ddarganfod yr integrynnau canlynol:

**a** $\int\frac{x-5}{(x+1)(x-2)}\,\mathrm{d}x$ **b** $\int\frac{8x^2-19x+1}{(2x+1)(x-2)^2}\,\mathrm{d}x$ **c** $\int\frac{2}{(1-x^2)}\,\mathrm{d}x$

**a** $\frac{x-5}{(x+1)(x-2)}\equiv\frac{A}{x+1}+\frac{B}{x-2}$

Holltwch y mynegiad sydd i'w integru yn ffracsiynau rhannol.

Felly $x-5\equiv A(x-2)+B(x+1)$

Rhowch hyn dros yr un enwadur a chymharwch y rhifiaduron.

Gadewch i $x=-1$: $-6=A(-3)$ felly $A=2$

Gadewch i $x=2$: $-3=B(3)$ felly $B=-1$

Gadewch i $x=-1$ a 2.

Felly $\int\frac{x-5}{(x+1)(x-2)}\,\mathrm{d}x$

$=\int\left(\frac{2}{x+1}-\frac{1}{x-2}\right)\mathrm{d}x$

Ail-ysgrifennwch yr integryn ac integrwch bob term fel y gwneir yn Adran 6.2.

$=2\ln|x+1|-\ln|x-2|+C$

Cofiwch ddefnyddio'r modwlws wrth ddefnyddio ln pan fyddwch yn integru.

$=\ln\left|\frac{(x+1)^2}{x-2}\right|+C$

Mae'n bosibl gadael yr ateb yn y ffurf hon, ond weithiau efallai y gofynnir i chi gyfuno'r termau ln gan ddefnyddio'r rheolau logarithmau a welsoch yn llyfr C2.

**b** Gadewch i $I = \int \frac{8x^2 - 19x + 1}{(2x+1)(x-2)^2}\,dx$

Weithiau mae'n ddefnyddiol labelu'r integryn yn $I$.

$$\frac{8x^2 - 19x + 1}{(2x+1)(x-2)^2} \equiv \frac{A}{2x+1} + \frac{B}{(x-2)^2} + \frac{C}{x-2}$$

Cofiwch am y ffurf ffracsiwn rhannol yn achos ffactor sy'n cael ei ailadrodd yn yr enwadur.

$$8x^2 - 19x + 1 \equiv A(x-2)^2 + B(2x+1) + C(2x+1)(x-2)$$

Rhowch hyn dros yr un enwadur a chymharwch y rhifiaduron, yna darganfyddwch werthoedd $A$, $B$ ac $C$.

Gadewch i $x = 2$

Yna mae $-5 = 0 + 5B + 0$ felly mae $B = -1$

Gadewch i $x = -\frac{1}{2}$

Yna mae $12\frac{1}{2} = \frac{25}{4}A + 0 + 0$ felly mae $A = 2$

Gadewch i $x = 0$ Yna mae $1 = 4A - 2C + B$

Felly $1 = 8 - 2C - 1$ felly $C = 3$

$$I = \int\left(\frac{2}{2x+1} - \frac{1}{(x-2)^2} + \frac{3}{x-2}\right)dx$$

Ail-ysgrifennwch yr integryn gan ddefnyddio'r ffracsiynau rhannol. Sylwer bod defnyddio $I$ yn arbed copïo'r cwestiwn eto.

$$I = \tfrac{2}{2}\ln|2x+1| + \frac{1}{x-2} + 3\ln|x-2| + C$$

Peidiwch ag anghofio rhannu â 2 wrth integru $\frac{1}{2x+1}$ a chofiwch nad yw integryn $\frac{1}{(x-2)^2}$ yn cynnwys ln.

$$I = \ln|2x+1| + \frac{1}{x-2} + \ln|x-2|^3 + C$$

$$I = \ln|(2x+1)(x-2)^3| + \frac{1}{x-2} + C$$

Symleiddiwch trwy ddefnyddio'r deddfau logarithmau.

**c** Gadewch i $I = \int \frac{2}{(1-x^2)}\,dx$

$$\frac{2}{(1-x^2)} = \frac{2}{(1-x)(1+x)} = \frac{A}{1-x} + \frac{B}{1+x}$$

Cofiwch ei bod yn bosibl ffactorio $(1 - x^2)$ trwy ddefnyddio'r gwahaniaeth rhwng dau sgwâr.

$$2 = A(1+x) + B(1-x)$$

Mae $x = -1$ yn rhoi $2 = 2B$ felly mae $B = 1$

Mae $x = 1$ yn rhoi $2 = 2A$ felly mae $A = 1$

Felly $I = \int\left(\frac{1}{1+x} + \frac{1}{1-x}\right)dx$ *

Ail-ysgrifennwch yr integryn gan ddefnyddio'r ffracsiynau rhannol.

$$I = \ln|1+x| - \ln|1-x| + C$$

neu $I = \ln\left|\frac{1+x}{1-x}\right| + C$

Sylwer ar yr arwydd minws sy'n ymddangos wrth integru $\frac{1}{1-x}$.

Dylech sylwi, gan fod yr arwydd modwlws yn cael ei ddefnyddio wrth ysgrifennu'r integryn hwn, y gallai'r ateb fod yn

$$I = \ln\left|\frac{1+x}{x-1}\right| + C$$

oherwydd bod $|1-x| = |x-1|$. Gellir darganfod hyn o'r llinell ✻ yn yr enghraifft flaenorol.

$$I = \int\left(\frac{1}{1+x} + \frac{1}{1-x}\right)\mathrm{d}x$$

$$I = \int\left(\frac{1}{1+x} - \frac{1}{x-1}\right)\mathrm{d}x$$

Gan fod $\frac{1}{1-x} = -\frac{1}{x-1}$.

Felly $I = \ln|1+x| - \ln|x-1| + C$

Felly $I = \ln\left|\frac{1+x}{x-1}\right| + C$

Sylwer nad oes angen arwydd minws ychwanegol wrth integru $\frac{1}{x-1}$.

Golyga'r defnydd hwn o'r arwydd modwlws, a grybwyllwyd yn Adran 6.1, ei bod yn bosibl ymgorffori'r ddau achos yn yr un mynegiad a dyma un rheswm pam y defnyddir y confensiwn.

Er mwyn integru ffracsiwn pendrwm, mae angen i chi rannu'r rhifiadur â'r enwadur.

**Enghraifft 8**

Darganfyddwch $\int \frac{9x^2 - 3x + 2}{9x^2 - 4}\mathrm{d}x$.

Gadewch i $I = \int \frac{9x^2 - 3x + 2}{9x^2 - 4}dx$

Yn gyntaf rhannwch y rhifiadur â $9x^2 - 4$.

$$\begin{array}{r} 1 \\ (9x^2-4)\;\overline{)9x^2 - 3x + 2} \\ 9x^2 \qquad -4 \\ \hline -3x + 6 \end{array}$$

Mae $9x^2 \div 9x^2$ yn rhoi 1, felly rhowch hwn uwchben y llinell rannu a thynnwch $9x^2 - 4$. Mae hyn yn gadael gweddill o $-3x + 6$.

Felly mae $I = \int\left(1 + \frac{6-3x}{9x^2-4}\right)dx$

$$\frac{6-3x}{9x^2-4} = \frac{A}{3x-2} + \frac{B}{3x+2}$$

Ffactoriwch $9x^2 - 4$ ac yna holltwch yn ffracsiynau rhannol.

$x = -\frac{2}{3} \Rightarrow 8 = -4B$ felly $B = -2$

$x = \frac{2}{3} \Rightarrow 4 = 4A$ felly $A = 1$

Felly $I = \int\left(1 + \frac{1}{3x-2} - \frac{2}{3x+2}\right)dx$

Ail-ysgrifennwch yr integryn gan ddefnyddio'r ffracsiynau rhannol.

Felly $I = x + \frac{1}{3}\ln|3x-2| - \frac{2}{3}\ln|3x+2| + C$

Integrwch a pheidiwch ag anghofio'r $\frac{1}{3}$.

Neu $I = x + \frac{1}{3}\ln\left|\frac{3x-2}{(3x+2)^2}\right| + C$

Symleiddiwch gan ddefnyddio'r deddfau logarithmau.

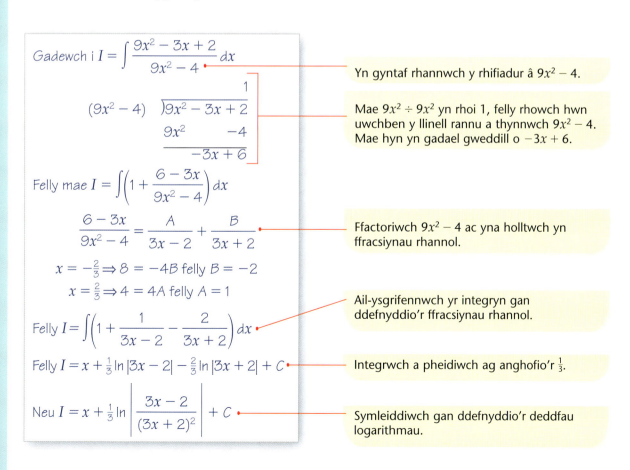

## Ymarfer 6Ch

**1** Defnyddiwch ffracsiynau rhannol i integru'r canlynol:

**a** $\dfrac{3x+5}{(x+1)(x+2)}$ **b** $\dfrac{3x-1}{(2x+1)(x-2)}$ **c** $\dfrac{2x-6}{(x+3)(x-1)}$ **ch** $\dfrac{3}{(2+x)(1-x)}$

**d** $\dfrac{4}{(2x+1)(1-2x)}$ **dd** $\dfrac{3(x+1)}{9x^2-1}$ **e** $\dfrac{3-5x}{(1-x)(2-3x)}$ **f** $\dfrac{x^2-3}{(2+x)(1+x)^2}$

**ff** $\dfrac{5+3x}{(x+2)(x+1)^2}$ **g** $\dfrac{17-5x}{(3+2x)(2-x)^2}$

**2** Darganfyddwch yr integrynnau canlynol:

**a** $\displaystyle\int \frac{2(x^2+3x-1)}{(x+1)(2x-1)}\,dx$ **b** $\displaystyle\int \frac{x^3+2x^2+2}{x(x+1)}\,dx$

**c** $\displaystyle\int \frac{x^2}{x^2-4}\,dx$ **ch** $\displaystyle\int \frac{x^2+x+2}{3-2x-x^2}\,dx$

**d** $\displaystyle\int \frac{6+3x-x^2}{x^3+2x^2}\,dx$

## 6.5 Gellir defnyddio patrymau safonol i integru rhai mynegiadau.

Yn Adran 6.2 gwelsoch sut i integru $\dfrac{1}{2x+3}$ ond ni allech ddefnyddio'r dechneg yn achos integrynnau yn y ffurf $\dfrac{1}{x^2+1}$. Fodd bynnag ceir teuluoedd o fynegiadau tebyg i hyn y gellir eu hintegru yn rhwydd.

### Enghraifft 9

Darganfyddwch:

**a** $\displaystyle\int \frac{2x}{x^2+1}\,dx$ **b** $\displaystyle\int \frac{\cos x}{3+2\sin x}\,dx$ **c** $\displaystyle\int 3\cos x \sin^2 x\,dx$ **ch** $\displaystyle\int x(x^2+5)^3\,dx$

**a** Gadewch i $I = \displaystyle\int \frac{2x}{x^2+1}\,dx$

Ystyriwch $y = \ln|x^2+1|$

Yna $\dfrac{dy}{dx} = \dfrac{1}{x^2+1} \times 2x$

Cofiwch fod $2x$ yn dod o ddifferu $x^2+1$ trwy ddefnyddio'r rheol cadwyn.

Felly $I = \ln|x^2+1| + C$

Gan mai gwrthdro differu yw integru.

**b** Gadewch i $I = \int \frac{\cos x}{3 + 2\sin x}\,dx$

Ceisiwch ddifferu $y = \ln|3 + 2\sin x|$.

Gadewch i $y = \ln|3 + 2\sin x|$

$$\frac{dy}{dx} = \frac{1}{3 + 2\sin x} \times 2\cos x$$

Daw'r $2\cos x$ o ddifferu $3 + 2\sin x$ trwy ddefnyddio'r rheol cadwyn.

Felly mae $I = \frac{1}{2}\ln|3 + 2\sin x| + C$

Mae hyn 2 waith yr ateb angenrheidiol. Felly, gan fod integru yn wrthdro differu, mae angen i chi rannu â 2.

**c** Gadewch i $I = \int 3\cos x \sin^2 x\,dx$

Ceisiwch ddifferu $\sin^3 x$.

Gadewch i $y = \sin^3 x$

$$\frac{dy}{dx} = 3\sin^2 x \cos x$$

Daw $\cos x$ o ddifferu $\sin x$ yn y rheol cadwyn.

Felly mae $I = \sin^3 x + C$

**ch** Gadewch i $I = \int x(x^2 + 5)^3\,dx$

Ceisiwch ddifferu $(x^2 + 5)^4$.

Gadewch i $y = (x^2 + 5)^4$

$$\frac{dy}{dx} = 4(x^2 + 5)^3 \times 2x$$

Daw'r $2x$ o ddifferu $x^2 + 5$.

$$= 8x(x^2 + 5)^3$$

Mae hwn 8 gwaith y mynegiad angenrheidiol felly rydych yn rhannu ag 8.

Felly mae $I = \frac{1}{8}(x^2 + 5)^4 + C$

Dylech sylwi fod dau fath o'r enghreifftiau hyn. Yn **a** a **b** roedd gennych $k\frac{f'(x)}{f(x)}$, ar gyfer ffwythiant $f(x)$ a chysonyn $k$. Yn **c** ac **ch** roedd gennych $kf'(x)[f(x)]^n$ ar gyfer ffwythiant $f(x)$, cysonyn $k$ a phŵer $n$.

■ **Dylech gofio'r patrymau cyffredinol canlynol:**

- **Er mwyn integru mynegiadau yn y ffurf $\int k\frac{f'(x)}{f(x)}dx$, rhowch gynnig ar $\ln|f(x)|$ a differwch i wirio ac addasu unrhyw gysonyn.**
- **Er mwyn integru mynegiad yn y ffurf $\int kf'(x)[f(x)]^n\,dx$, rhowch gynnig ar ln $[f(x)]^{n+1}$ a differwch i wirio ac addasu unrhyw gysonyn.**

## Enghraifft 10

Darganfyddwch yr integrynnau canlynol:

**a** $\int \frac{\text{cosec}^2 x}{(2 + \cot x)^3}\,dx$ **b** $\int 5\tan x \sec^4 x\,dx$

**a** Gadewch i $I = \int \frac{\operatorname{cosec}^2 x}{(2 + \cot x)^3}\,dx$

Gadewch i $y = (2 + \cot x)^{-2}$

$\frac{dy}{dx} = -2(2 + \cot x)^{-3} \times (-\operatorname{cosec}^2 x)$

$= 2(2 + \cot x)^{-3} \operatorname{cosec}^2 x$

Felly mae $I = \frac{1}{2}(2 + \cot x)^{-2} + C$

**b** Gadewch i $I = \int 5 \tan x \sec^4 x\,dx$

Gadewch i $y = \sec^4 x$

$\frac{dy}{dx} = 4 \sec^3 x \times \sec x \tan x$

$= 4 \sec^4 x \tan x$

Felly mae $I = \frac{5}{4} \sec^4 x + C$

Sylwer bod $2 + \cot x$ yn $f(x)$ a bod $f'(x) = -\operatorname{cosec}^2 x$, $n = -3$.

Defnyddiwch y rheol cadwyn.

Mae hyn 2 waith yr ateb angenrheidiol felly mae angen i chi rannu â 2.

Os yw $f(x) = \sec x$, yna mae $f'(x)$ yn $\sec x \tan x$, felly mae $n = 3$ a $k = 5$.

Defnyddiwch y rheol cadwyn.

Mae hyn $\frac{4}{5}$ gwaith yr ateb angenrheidiol felly mae angen i chi rannu â $\frac{4}{5}$.

## Ymarfer 6D

**1** Integrwch y ffwythiannau canlynol:

**a** $\frac{x}{x^2 + 4}$ **b** $\frac{e^{2x}}{e^{2x} + 1}$ **c** $\frac{x}{(x^2 + 4)^3}$ **ch** $\frac{e^{2x}}{(e^{2x} + 1)^3}$

**d** $\frac{\cos 2x}{3 + \sin 2x}$ **dd** $\frac{\sin 2x}{(3 + \cos 2x)^3}$ **e** $xe^{x^2}$ **f** $\cos 2x(1 + \sin 2x)^4$

**ff** $\sec^2 x \tan^2 x$ **g** $\sec^2 x(1 + \tan^2 x)$

**2** Darganfyddwch yr integrynnau canlynol:

**a** $\int (x + 1)(x^2 + 2x + 3)^4\,dx$ **b** $\int \operatorname{cosec}^2 2x \cot 2x\,dx$

**c** $\int \sin^5 3x \cos 3x\,dx$ **ch** $\int \cos x e^{\sin x}\,dx$

**d** $\int \frac{e^{2x}}{e^{2x} + 3}\,dx$ **dd** $\int x(x^2 + 1)^{\frac{3}{2}}\,dx$

**e** $\int (2x + 1)\sqrt{x^2 + x + 5}\,dx$ **f** $\int \frac{2x + 1}{\sqrt{x^2 + x + 5}}\,dx$

**ff** $\int \frac{\sin x \cos x}{\sqrt{\cos 2x + 3}}\,dx$ **g** $\int \frac{\sin x \cos x}{\cos 2x + 3}\,dx$

## 6.6 Weithiau gellir symleiddio integryn drwy newid y newidyn. Mae'r broses hon yn debyg i ddefnyddio'r rheol cadwyn wrth ddifferu a'r enw ar hyn yw **integru drwy amnewid**.

### Enghraifft 11

Defnyddiwch $u = 2x + 5$ i ddarganfod $\int x\sqrt{(2x+5)}\,dx$.

Gadewch i $I = \int x\sqrt{(2x+5)}\,dx$

Gadewch i $u = 2x + 5$

Felly mae $\frac{du}{dx} = 2$

Felly gellir rhoi '$\frac{1}{2}du$' yn lle '$dx$'.

$\sqrt{(2x+5)} = \sqrt{u} = u^{\frac{1}{2}}$

$x = \frac{u-5}{2}$

Felly mae $I = \int \left(\frac{u-5}{2}\right) u^{\frac{1}{2}} \times \frac{1}{2}\,du$

$= \int \frac{1}{4}(u-5)u^{\frac{1}{2}}\,du$

$= \int \frac{1}{4}(u^{\frac{3}{2}} - 5u^{\frac{1}{2}})\,du$

$= \frac{1}{4}\left[\frac{u^{\frac{5}{2}}}{\frac{5}{2}} - \frac{5u^{\frac{3}{2}}}{4 \times \frac{3}{2}}\right] + C$

$= \frac{u^{\frac{5}{2}}}{10} - \frac{5u^{\frac{3}{2}}}{6} + C$

Felly mae $I = \frac{(2x+5)^{\frac{5}{2}}}{10} - \frac{5(2x+5)^{\frac{3}{2}}}{6} + C$

Mae angen i chi roi term '$u$' cyfatebol yn lle pob term '$x$'. Yn gyntaf rhowch derm mewn $du$ yn lle $dx$.

Felly mae $dx = \frac{1}{2}du$.

Yna, ail-ysgrifennwch y ffwythiant yn nhermau $u = 2x + 5$.

Ad-drefnwch $u = 2x + 5$ i gael $2x = u - 5$ ac yna $x = \frac{u-5}{2}$.

Ail-ysgrifennwch $I$ yn nhermau $u$ a symleiddiwch.

Lluoswch y cromfachau ac integrwch gan ddefnyddio rheolau o'r llyfr C1.

Symleiddiwch.

Yn olaf, ail-ysgrifennwch yr ateb yn nhermau $x$.

## Enghraifft 12

Defnyddiwch $u = \sin x + 1$ i ddarganfod $\int \cos x \sin x\,(1 + \sin x)^3\,dx$.

Gadewch i $I = \int \cos x \sin x(1 + \sin x)^3\,dx$

Gadewch i $u = \sin x + 1$

$$\frac{du}{dx} = \cos x$$

Felly rhowch '$du$' yn lle '$\cos x\,dx$'.

$$(\sin x + 1)^3 = u^3$$
$$\sin x = u - 1$$

Felly mae $I = \int (u - 1)u^3\,du$

$$= \int (u^4 - u^3)\,du$$
$$= \frac{u^5}{5} - \frac{u^4}{4} + C$$

Felly mae $I = \dfrac{(\sin x + 1)^5}{5} - \dfrac{(\sin x + 1)^4}{4} + C$

Yn gyntaf amnewidiwch y '$dx$'.

Sylwer ei bod yn bosibl hollti hyn yn $du = \cos x\,dx$. Gellir cyfuno'r term $\cos x$ â $dx$ wrth amnewid.

Defnyddiwch $u = \sin x + 1$ wrth amnewid yn achos y termau sy'n weddill, gan ad-drefnu pan fo angen i gael $\sin x = u - 1$.

Ail-ysgrifennwch $I$ yn nhermau $u$.

Lluoswch y cromfachau ac integrwch yn y ffordd arferol.

Sylwer y gellid bod wedi newid ymddangosiad yr enghraifft hon drwy ofyn i chi ddefnyddio $u = \sin x + 1$ i ddarganfod $\int \sin 2x(1 + \sin x)^3\,dx$. Yna byddai angen i chi ysgrifennu $\sin 2x$ yn y ffurf $2\sin x \cos x$ ac wedyn parhau fel yn Enghraifft 12. Gallai enghreifftiau tebyg ymddangos yn yr arholiad. Yn yr enghreifftiau blaenorol roedd yr amnewidiad yn cael ei roi. Mewn achosion syml iawn efallai y byddwch yn gorfod dewis yr amnewidiad eich hun.

## Enghraifft 13

Defnyddiwch integru drwy amnewid i ddarganfod $\int 6xe^{x^2}\,dx$.

Gadewch i $I = \int 6xe^{x^2}\,dx$.

Gadewch i $u = x^2$

Felly mae $\dfrac{du}{dx} = 2x$

Felly rhowch $du$ yn lle $2x\,dx$ a rhowch $3e^u$ yn lle $3e^{x^2}$.

Felly mae $I = \int 3e^u\,du$

$$= 3e^u + C$$

Felly mae $I = 3e^{x^2} + C$

Gan eich bod yn gwybod sut i integru $\int e^u\,du$, rhowch gynnig ar ddefnyddio $u = x^2$.

Yn gyntaf ceisiwch amnewid y $dx$. Gallwch hefyd ddefnyddio'r $x$ a 2 o'r mynegiad. Mae hyn yn gadael $3e^{x^2}$.

Ysgrifennwch $I$ yn nhermau $u$.

Ail-ysgrifennwch yr ateb yn nhermau $x$.

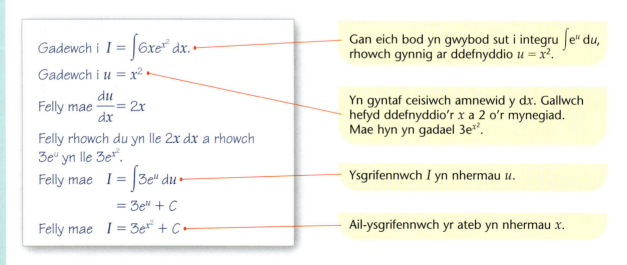

Sylwer y gellid bod wedi ateb yr integryn hwn drwy ddefnyddio'r dulliau yn Adran 6.5. Gellir ateb yr holl integrynnau yn yr adran honno drwy amnewid ond os gallwch ddysgu sut i adnabod y ffurfiau hynny mae'n gyflymach defnyddio'r dull a amlinellir yn yr adran honno.

Weithiau efallai y bydd angen differu ymhlyg i'ch helpu yn ystod cam cyntaf integru drwy amnewid.

## Enghraifft 14

Defnyddiwch $u^2 = 2x + 5$ i ddarganfod $\int x\sqrt{2x+5}\,dx$. (Dylid cymharu'r datrysiad hwn ag Enghraifft 11.)

Gadewch i $I = \int x\sqrt{2x+5}\,dx$

$$u^2 = 2x + 5$$

$$2u\frac{du}{dx} = 2$$

Gan ddefnyddio differu ymhlyg, canslwch 2 ac ad-drefnwch i gael $dx = u\,du$.

Yn gyntaf ceisiwch amnewid y $dx$.

Felly rhowch $u\,du$ yn lle $dx$.

$$\sqrt{2x+5} = u$$

ac mae $x = \dfrac{u^2-5}{2}$

Amnewidiwch y mynegiadau sy'n weddill. Bydd angen i chi wneud $x$ yn destun $u^2 = 2x + 5$.

Felly mae $I = \int\left(\dfrac{u^2-5}{2}\right)u \times u\,du$

$$= \int\left(\frac{u^4}{2} - \frac{5u^2}{2}\right)du$$

Lluoswch y cromfachau ac integrwch.

$$= \frac{u^5}{10} - \frac{5u^3}{6} + C$$

Felly mae $I = \dfrac{(2x+5)^{\frac{5}{2}}}{10} - \dfrac{5(2x+5)^{\frac{3}{2}}}{6} + C$

Ail-ysgrifennwch yr ateb yn nhermau $x$.

Os ydych yn cymharu'r datrysiad hwn ag Enghraifft 11 mae'r cam integru ychydig yn haws (gan eich bod yn ymdrin â phwerau cyfanrifol yn hytrach na ffracsiynau) ond efallai y byddwch yn ystyried bod y cam cyntaf a'r cam olaf ychydig yn fwy anodd. Oni bai bod yr amnewidiad wedi ei bennu yn y cwestiwn gallwch ddewis pa fath o amnewidiad rydych yn dymuno ei ddefnyddio.

Gellir defnyddio integru drwy amnewid hefyd i enrhifo integrynnau pendant drwy newid terfannau'r integryn yn ogystal â'r mynegiad sy'n cael ei integru.

## Enghraifft 15

Defnyddiwch integru drwy amnewid i enrhifo:

**a** $\int_0^2 x(x+1)^3\,dx$ **b** $\int_0^{\frac{\pi}{2}} \cos x\sqrt{1+\sin x}\,dx$

**a** Gadewch i $I = \int_0^2 x(x+1)^3\,dx$

> Rhowch derm sy'n cynnwys $u$ yn lle pob term sy'n cynnwys $x$ yn y ffordd arferol.

Gadewch i $u = x + 1$

$$\frac{du}{dx} = 1$$

Felly rhowch $du$ yn lle $dx$ a rhowch $u^3$ yn lle $(x+1)^3$, ac $u - 1$ yn lle $x$.

| $x$ | $u$ |
|---|---|
| 2 | 3 |
| 0 | 1 |

> Newidiwch y terfannau. Pan yw $x = 2$, mae $u = 2 + 1 = 3$ a phan yw $x = 0$, mae $u = 1$.

Felly mae $I = \int_1^3 (u-1)u^3\,du$

> Sylwer bod y terfannau $u$ newydd yn cymryd lle'r terfannau $x$ cyfatebol.

$$= \int_1^3 (u^4 - u^3)\,du$$

> Lluoswch ac integrwch. Cofiwch nad oes angen $+C$.

$$= \left[\frac{u^5}{5} - \frac{u^4}{4}\right]_1^3$$

$$= \left(\tfrac{243}{5} - \tfrac{81}{4}\right) - \left(\tfrac{1}{5} - \tfrac{1}{4}\right)$$

> Nawr gellir enrhifo'r integryn gan ddefnyddio'r terfannau ar gyfer $u$ heb orfod newid yn ôl i $x$.

$$= 48.4 - 20 = 28.4$$

**b** $\int_0^{\frac{\pi}{2}} \cos x\sqrt{1+\sin x}\,dx$

> Defnyddiwch $u = 1 + \sin x$.

$u = 1 + \sin x \Rightarrow \frac{du}{dx} = \cos x$, felly rhowch $du$ yn lle $\cos x\,dx$ ac $u^{\frac{1}{2}}$ yn lle $\sqrt{(1+\sin x)}$.

| $x$ | $u$ |
|---|---|
| $\frac{\pi}{2}$ | 2 |
| 0 | 1 |

> Cofiwch y bydd terfannau integrynnau sy'n cynnwys ffwythiannau trigonometrig bob amser mewn radianau.
>
> Mae $x = \frac{\pi}{2}$ yn golygu bod $u = 1 + 1 = 2$
>
> ac mae $x = 0$ yn golygu bod $u = 1 + 0 = 1$.

Felly mae $I = \int_1^2 u^{\frac{1}{2}}\,du$

> Ail-ysgrifennwch yr integryn yn nhermau $u$.

$$= \left[\tfrac{2}{3}u^{\frac{3}{2}}\right]_1^2$$

$$= \left(\tfrac{2}{3}2^{\frac{3}{2}}\right) - \left(\tfrac{2}{3}\right)$$

> Cofiwch fod $2^{\frac{3}{2}} = \sqrt{8} = 2\sqrt{2}$.

Felly mae $I = \tfrac{2}{3}(2\sqrt{2} - 1)$

## Ymarfer 6Dd

**1** Defnyddiwch yr amnewidiad a roddir i ddarganfod yr integrynnau canlynol:

**a** $\int x\sqrt{1+x}\,\mathrm{d}x;\ u = 1 + x$

**b** $\int \frac{x}{\sqrt{1+x}}\,\mathrm{d}x;\ u = 1 + x$

**c** $\int \frac{1+\sin x}{\cos x}\,\mathrm{d}x;\ u = \sin x$

**ch** $\int x(3+2x)^5\,\mathrm{d}x;\ u = 3 + 2x$

**d** $\int \sin^3 x\,\mathrm{d}x;\ u = \cos x$

**2** Defnyddiwch yr amnewidiad a roddir i ddarganfod yr integrynnau canlynol:

**a** $\int x\sqrt{2+x}\,\mathrm{d}x;\ u^2 = 2 + x$

**b** $\int \frac{2}{\sqrt{x}(x-4)}\,\mathrm{d}x;\ u = \sqrt{x}$

**c** $\int \sec^2 x \tan x\sqrt{1+\tan x}\,\mathrm{d}x;\ u^2 = 1 + \tan x$

**ch** $\int \frac{\sqrt{x^2+4}}{x}\,\mathrm{d}x;\ u^2 = x^2 + 4$

**d** $\int \sec^4 x\,\mathrm{d}x;\ u = \tan x$

**3** Enrhifwch y canlynol:

**a** $\int_0^5 x\sqrt{x+4}\,\mathrm{d}x$

**b** $\int_0^{\frac{\pi}{3}} \sec x \tan x\sqrt{\sec x + 2}\,\mathrm{d}x$

**c** $\int_2^5 \frac{1}{1+\sqrt{x-1}}\,\mathrm{d}x$; rhowch $u^2 = x - 1$

**ch** $\int_0^{\frac{\pi}{2}} \frac{\sin 2\theta}{1+\cos\theta}\,\mathrm{d}\theta$; gadewch i $u = 1 + \cos\theta$

**d** $\int_0^1 x(2+x)^3\,\mathrm{d}x$

**dd** $\int_1^4 \frac{1}{\sqrt{x}(4x-1)}\,\mathrm{d}x$; gadewch i $u = \sqrt{x}$

## 6.7 Gellir defnyddio integru fesul rhan wrth integru rhai mynegiadau.

Yn y llyfr C3 gwelsoch y rheol lluoswm ar gyfer differu:

$$\frac{\mathrm{d}}{\mathrm{d}x}(uv) = v\frac{\mathrm{d}u}{\mathrm{d}x} + u\frac{\mathrm{d}v}{\mathrm{d}x}$$

Mae ad-drefnu hyn yn rhoi

$$u\frac{\mathrm{d}v}{\mathrm{d}x} = \frac{\mathrm{d}}{\mathrm{d}x}(uv) - v\frac{\mathrm{d}u}{\mathrm{d}x}$$

Nawr mae integru pob term mewn perthynas ag $x$ yn rhoi

$$\int u\frac{\mathrm{d}v}{\mathrm{d}x}\,\mathrm{d}x = \int \frac{\mathrm{d}}{\mathrm{d}x}(uv)\,\mathrm{d}x - \int v\frac{\mathrm{d}u}{\mathrm{d}x}\,\mathrm{d}x$$

Nawr, gan fod differu ffwythiant ac yna ei integru yn gadael y ffwythiant heb ei newid, gallwch symleiddio $\int \frac{\mathrm{d}}{\mathrm{d}x}(uv)\,\mathrm{d}x$ yn $uv$, ac mae hyn yn rhoi'r fformiwla **integru fesul rhan**:

■ $$\int u\frac{\mathrm{d}v}{\mathrm{d}x}\,\mathrm{d}x = uv - \int v\frac{\mathrm{d}u}{\mathrm{d}x}\,\mathrm{d}x$$

Mae'r fformiwla hon yn eich galluogi i gyfnewid integryn sy'n gymhleth $\left(\int u\frac{dv}{dx}dx\right)$ am un mwy syml $\left(\int v\frac{du}{dx}dx\right)$. Ni fydd disgwyl i chi gynhyrchu'r prawf hwn yn yr arholiad C4.

## Enghraifft 16

Darganfyddwch $\int x\cos x\,dx$.

Gadewch i $I = \int x\cos x\,dx$

$$u = x \quad \Rightarrow \frac{du}{dx} = 1$$

$$v = \sin x \Leftarrow \frac{dv}{dx} = \cos x$$

Gan ddefnyddio'r fformiwla integru fesul rhan:

$$I = x\sin x - \int \sin x \times 1\,dx$$

$$= x\sin x + \cos x + C$$

Gadewch i $u = x$ and $\frac{dv}{dx} = \cos x$.

Cwblhewch y tabl ar gyfer $u$, $v$, $\frac{du}{dx}$ a $\frac{dv}{dx}$.

Gofalwch eich bod yn differu $u$ ond yn integru $\frac{dv}{dx}$.

Sylwer bod $\int v\frac{du}{dx}dx$ yn integryn mwy syml na $\int u\frac{dv}{dx}dx$.

Yn gyffredinol, byddwch *fel arfer* yn rhoi $u$ = unrhyw dermau yn y ffurf $x^n$, ond ceir un eithriad sef pan fo gennych derm $\ln x$. Yn yr achos hwn dylech roi $u$ = y term $\ln x$.

## Enghraifft 17

Darganfyddwch $\int x^2\ln x\,dx$.

Gadewch $I = \int x^2\ln x\,dx$

$$u = \ln x \Rightarrow \frac{du}{dx} = \frac{1}{x}$$

$$v = \frac{x^3}{3} \Leftarrow \frac{dv}{dx} = x^2$$

$$I = \frac{x^3}{3}\ln x - \int \frac{x^3}{3} \times \frac{1}{x}dx$$

$$= \frac{x^3}{3}\ln x - \int \frac{x^2}{3}dx$$

$$= \frac{x^3}{3}\ln x - \frac{x^3}{9} + C$$

Gan fod yma derm $\ln x$, gadewch i $u = \ln x$ a $\frac{dv}{dx} = x^2$.

Cwblhewch y tabl ar gyfer $u$, $v$, $\frac{du}{dx}$ a $\frac{dv}{dx}$.

Gofalwch eich bod yn differu $u$ ond yn integru $\frac{dv}{dx}$.

Defnyddiwch y fformiwla integru fesul rhan.

Symleiddiwch y term $v\frac{du}{dx}$.

Weithiau efallai y bydd angen i chi ddefnyddio integru fesul rhan ddwywaith.

**Enghraifft 18**

Darganfyddwch $\int x^2 e^x \, dx$.

Gadewch i $I = \int x^2 e^x \, dx$

$$u = x^2 \Rightarrow \frac{du}{dx} = 2x$$

$$v = e^x \Leftarrow \frac{dv}{dx} = e^x$$

Felly mae $I = x^2 e^x - \int 2xe^x \, dx$

$$u = 2x \Rightarrow \frac{du}{dx} = 2$$

$$v = e^x \Leftarrow \frac{dv}{dx} = e^x$$

Felly mae $I = x^2 e^x - \left[2xe^x - \int 2e^x \, dx\right]$

$$= x^2 e^x - 2xe^x + \int 2e^x \, dx$$

$$= x^2 e^x - 2xe^x + 2e^x + C$$

Nid oes term $\ln x$ felly gadewch i $u = x^2$ a $\frac{dv}{dx} = e^x$.

Cwblhewch y tabl ar gyfer $u$, $v$, $\frac{du}{dx}$ a $\frac{dv}{dx}$.

Gofalwch eich bod yn differu $u$ ond yn integru $\frac{dv}{dx}$.

Defnyddiwch y fformiwla integru fesul rhan.

Sylwer bod yr integryn hwn yn fwy syml nag $I$ ond ei fod yn parhau i fod yn un na allwch ysgrifennu ateb iddo. Mae ei strwythur yn debyg i $I$ ac felly gallwch ddefnyddio integru fesul rhan eto gydag $u = 2x$ a $\frac{dv}{dx} = e^x$.

Defnyddiwch y fformiwla integru fesul rhan yr eilwaith.

Mae integru fesul rhan yn golygu integru mewn dau gam gwahanol (yn gyntaf y term $uv$, yna $\int v \frac{du}{dx} dx$). Gellir cymhwyso unrhyw derfannau i bob rhan ar wahân.

**Enghraifft 19**

Enrhifwch $\int_1^2 \ln x \, dx$, gan adael eich ateb yn nhermau logarithmau naturiol.

Gadewch i $I = \int_1^2 \ln x \, dx = \int_1^2 \ln x \times 1 \, dx$

$$u = \ln x \Rightarrow \frac{du}{dx} = \frac{1}{x}$$

$$v = x \Leftarrow \frac{dv}{dx} = 1$$

$$I = [x \ln x]_1^2 - \int_1^2 x \times \frac{1}{x} \, dx$$

$$= (2 \ln 2) - (1 \ln 1) - \int_1^2 1 \, dx$$

$$= 2 \ln 2 - [x]_1^2$$

$$= 2 \ln 2 - 2 - 1$$

$$= 2 \ln 2 - 1$$

Ysgrifennwch y mynegiad i'w integru yn y ffurf $\ln x \times 1$, yna mae $u = \ln x$ a $\frac{dv}{dx} = 1$.

Cwblhewch y tabl arferol.

Cymhwyswch y terfannau i'r term $uv$ ac i $\int v \frac{du}{dx} dx$.

Enrhifwch y terfannau ar $uv$ a chofiwch fod $\ln 1 = 0$.

■ **Dylai'r integrynnau canlynol fod yn eich llyfryn fformiwlâu a gellir eu gwirio'n hawdd drwy ddifferu. Defnyddir rhai ohonynt yn yr ymarfer nesaf.**

- $\int \tan x \, dx = \ln |\sec x| + C$
- $\int \sec x \, dx = \ln |\sec x + \tan x| + C$
- $\int \cot x \, dx = \ln |\sin x| + C$
- $\int \operatorname{cosec} x \, dx = -\ln |\operatorname{cosec} x + \cot x| + C$

## Ymarfer 6D

**1** Darganfyddwch yr integrynnau canlynol:

**a** $\int x \sin x \, dx$ **b** $\int x e^x \, dx$ **c** $\int x \sec^2 x \, dx$

**ch** $\int x \sec x \tan x \, dx$ **d** $\int \frac{x}{\sin^2 x} \, dx$

**2** Darganfyddwch yr integrynnau canlynol:

**a** $\int x^2 \ln x \, dx$ **b** $\int 3 \ln x \, dx$ **c** $\int \frac{\ln x}{x^3} \, dx$

**ch** $\int (\ln x)^2 \, dx$ **d** $\int (x^2 + 1) \ln x \, dx$

**3** Darganfyddwch yr integrynnau canlynol:

**a** $\int x^2 e^{-x} \, dx$ **b** $\int x^2 \cos x \, dx$ **c** $\int 12x^2(3 + 2x)^5 \, dx$

**ch** $\int 2x^2 \sin 2x \, dx$ **d** $\int x^2 2 \sec^2 x \tan x \, dx$

**4** Enrhifwch y canlynol:

**a** $\int_0^{\ln 2} x e^{2x} \, dx$ **b** $\int_0^{\frac{\pi}{2}} x \sin x \, dx$ **c** $\int_0^{\frac{\pi}{2}} x \cos x \, dx$ **ch** $\int_1^2 \frac{\ln x}{x^2} \, dx$

**d** $\int_0^1 4x(1 + x)^3 \, dx$ **dd** $\int_0^{\pi} x \cos (\tfrac{1}{4}x) \, dx$ **e** $\int_0^{\frac{\pi}{3}} \sin x \ln (\sec x) \, dx$

## 6.8 Gellir defnyddio integru rhifiadol.

Yn llyfr C2 gwelsoch sut i ddefnyddio'r **rheol trapesiwm** i ddarganfod gwerth bras ar gyfer integryn pendant. Yn C4 efallai y gofynnir ichi ddefnyddio'r rheol trapesiwm yn achos integrynnau sy'n cynnwys rhai o'r ffwythiannau newydd a welwyd yn C3 ac C4.

■ **Cofiwch: y rheol trapesiwm yw**

$$\int_a^b y \, dx \approx \tfrac{1}{2} h[y_0 + 2(y_1 + y_2 + \ldots + y_{n-1}) + y_n]$$

**lle mae** $h = \frac{b-a}{n}$ **ac** $y_i = f(a + ih)$

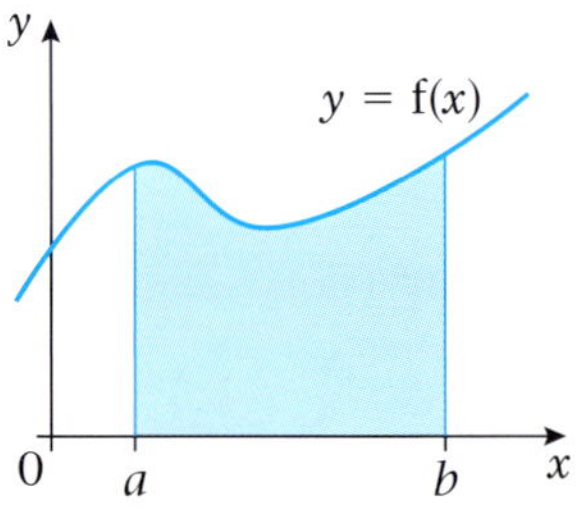

## Enghraifft 20

Yn achos yr integryn $I = \int_0^{\frac{\pi}{3}} \sec x \, dx$:

**a** Darganfyddwch union werth $I$.

**b** Defnyddiwch y rheol trapesiwm â dau stribed i amcangyfrif $I$.

**c** Defnyddiwch y rheol trapesiwm â phedwar stribed i ddarganfod ail amcangyfrif ar gyfer $I$.

**ch** Darganfyddwch y cyfeiliornad canrannol wrth ddefnyddio'r ddau amcangyfrif hyn ar gyfer $I$.

**a** $I = \int_0^{\frac{\pi}{3}} \sec x \, dx$:

$$= \left[\ln|\sec x + \tan x|\right]_0^{\frac{\pi}{3}}$$

$$= (\ln|2+\sqrt{3}|) - (\ln|1+0|)$$

$$= \ln(2+\sqrt{3})$$

Defnyddiwch y llyfryn fformiwlâu neu gweler Adran 6.7.

$\sec\frac{\pi}{3} = \frac{1}{\cos\frac{\pi}{3}} = \frac{1}{0.5} = 2$ a $\tan\frac{\pi}{3} = \sqrt{3}$.

**b**

| $x$ | 0 | $\frac{\pi}{6}$ | $\frac{\pi}{3}$ |
|---|---|---|---|
| $y$ | 1 | 1.155 | 2 |

Cwblhewch y tabl i ddarganfod gwerthoedd $y$.

$$I \approx \tfrac{1}{2}\frac{\pi}{6}[1 + 2 \times 1.155 + 2]$$

$$= \frac{\pi}{12} \times 5.31 = 1.390\ldots$$

$$= 1.39 \text{ (3 ffig. yst.)}$$

**c**

| $x$ | 0 | $\frac{\pi}{12}$ | $\frac{\pi}{6}$ | $\frac{\pi}{4}$ | $\frac{\pi}{3}$ |
|---|---|---|---|---|---|
| $y$ | 1 | 1.035 | 1.155 | 1.414 | 2 |

Cwblhewch y tabl i ddarganfod gwerthoedd $y$.

$$I \approx \tfrac{1}{2}\frac{\pi}{12}[1 + 2(1.035 + 1.155 + 1.414) + 2]$$

$$= \frac{\pi}{24}[10.208]$$

$$= 1.336\,224\,075\ldots = 1.34 \text{ (3 ffig. yst.)}$$

**ch**

Y cyfeiliornad canrannol wrth ddefnyddio **b** yw

$$\frac{(1.390\ldots - \ln|2+\sqrt{3}|)}{\ln|2+\sqrt{3}|} \times 100 = 5.6\%$$

Y cyfeiliornad canrannol wrth ddefnyddio **c** yw

$$\frac{(1.336\ldots - \ln|2+\sqrt{3}|)}{\ln|2+\sqrt{3}|} \times 100 = 1.5\%$$

Felly mae **c** yn fwy cywir.

## Ymarfer 6F

**1** Defnyddiwch y rheol trapesiwm ag $n$ stribed i amcangyfrif y canlynol:

**a** $\int_0^3 \ln(1+x^2)\,dx;\ n = 6$

**b** $\int_0^{\frac{\pi}{3}} \sqrt{(1+\tan x)}\,dx;\ n = 4$

**c** $\int_0^2 \frac{1}{\sqrt{(e^x+1)}}\,dx;\ n = 4$

**ch** $\int_{-1}^{1} \operatorname{cosec}^2(x^2+1)\,dx;\ n = 4$

**d** $\int_{0.1}^{1.1} \sqrt{\cot x}\,dx;\ n = 5$

**2** **a** Darganfyddwch union werth $I = \int_1^4 x \ln x\,dx$.

**b** Darganfyddwch werthoedd bras ar gyfer $I$ gan ddefnyddio'r rheol trapesiwm â:

**i** 3 stribed **ii** 6 stribed

**c** Cymharwch y cyfeiliornad canrannol yn achos y ddau frasamcan hyn.

**3** **a** Darganfyddwch werth bras ar gyfer $I = \int_0^1 e^x \tan x\,dx$ gan ddefnyddio:

**i** 2 **ii** 4 **iii** 8 stribed.

**b** Awgrymwch werth posibl ar gyfer $I$.

**4** **a** Darganfyddwch union werth $I = \int_0^2 x\sqrt{(2-x)}\,dx$.

**b** Darganfyddwch werth bras ar gyfer $I$ gan ddefnyddio'r rheol trapesiwm â:

**i** 4 a **ii** 6 stribed.

**c** Cymharwch y cyfeiliornad canrannol yn achos y ddau frasamcan hyn.

## 6.9 Gellir defnyddio integru i ddarganfod arwynebeddau a chyfeintiau.

Yn llyfr C2 gwelsoch sut i ddarganfod arwynebedd rhanbarth $R$ rhwng cromlin ac echelin $x$:

- **Rhoddir arwynebedd y rhanbarth rhwng $y = \mathrm{f}(x)$, echelin $x$ ac $x = a$ ac $x = b$ gan:**

  $$\text{Arwynebedd} = \int_a^b y \, dx$$

Gellir meddwl am yr arwynebedd hwn yn derfan swm o stribedi siâp petryal bras, pob un o led $\delta x$ a hyd $y$.

**Awgrym:** Gan fod y stribed yn betryal bras yr arwynebedd (yn fras) yw $y\delta x$.

Felly'r arwynebedd yw terfan $\sum y\delta x$ wrth i $\delta x \to 0$. Mae'r symbol integru $\int$ ar ffurf llythyren 'S' hir sy'n cynrychioli'r syniad hwn o swm.

Os yw pob stribed nawr yn cael ei gylchdroi drwy $2\pi$ radian (neu 360 gradd) o amgylch echelin $x$, bydd yn ffurfio siâp sy'n fras ar ffurf silindr. Cyfaint pob silindr fydd $\pi y^2 \delta x$ gan mai $y$ yw'r radiws a $\delta x$ yw'r uchder.

Rhoddir terfan y swm $\sum \pi y^2 \delta x$, wrth i $\delta x \to 0$, gan $\pi \int y^2 \, dx$ a gellir defnyddio'r fformiwla hon i ddarganfod cyfaint y solid sy'n cael ei ffurfio pan fo rhanbarth $R$ yn cael ei gylchdroi drwy $2\pi$ radian o amgylch echelin $x$.

- **Rhoddir cyfaint y cylchdro sy'n cael ei ffurfio pan gaiff $y = \mathrm{f}(x)$ ei gylchdroi o amgylch echelin $x$ rhwng $x = a$ ac $x = b$ gan:**

  $$\text{Cyfaint} = \pi \int y^2 \, dx$$

### Enghraifft 21

Ffiniau rhanbarth $R$ yw'r gromlin sydd â'r hafaliad $y = \sin 2x$, echelin $x$ a'r llinellau $x = 0$ ac $x = \dfrac{\pi}{2}$.

**a** Darganfyddwch arwynebedd $R$.

**b** Darganfyddwch gyfaint y solid sy'n cael ei ffurfio pan fo rhanbarth $R$ yn cael ei gylchdroi drwy $2\pi$ radian o amgylch echelin $x$.

**a** $\text{Arwynebedd} = \int_0^{\frac{\pi}{2}} \sin 2x \, dx$

$$= \left[-\tfrac{1}{2}\cos 2x\right]_0^{\frac{\pi}{2}}$$

$$= \left(-\tfrac{1}{2}(-1)\right) - \left(-\tfrac{1}{2}\right)$$

$$= 1$$

**b** Cyfaint $= \pi\int_0^{\frac{\pi}{2}} \sin^2 2x\,dx$

$$= \pi\int_0^{\frac{\pi}{2}} \frac{1}{2}(1 - \cos 4x)\,dx$$

$$= \pi\left[\frac{1}{2}x - \frac{1}{8}\sin 4x\right]_0^{\frac{\pi}{2}}$$

$$= \left(\frac{\pi^2}{4} - 0\right) - (0)$$

$$= \frac{\pi^2}{4}$$

Defnyddiwch $\cos 2A = 1 - 2\sin^2 A$.

Ad-drefnwch i roi $\sin^2 A = \ldots$

Sylwer bod $2 \times 2x$ yn rhoi $4x$ yn y term cos.

Lluoswch ac integrwch.

Weithiau gellir rhoi hafaliad y gromlin yn nhermau paramedrau. Gallwch integru yn nhermau'r paramedr drwy newid y newidyn mewn modd tebyg i'r un a ddisgrifir yn Adran 6.6.

### Enghraifft 22

Hafaliadau parametrig cromlin $C$ yw

$$x = t(1 + t)$$
$$y = \frac{1}{1 + t}$$

lle mae $t$ yn baramedr a $t \geqslant 0$.
Ffiniau'r rhanbarth $R$ yw $C$, echelin $x$ a'r llinellau $x = 0$ ac $x = 2$.

**a** Darganfyddwch union arwynebedd $R$.

**b** Darganfyddwch union gyfaint y solid sy'n cael ei ffurfio pan fo $R$ yn cael ei gylchdroi drwy $2\pi$ radian o amgylch echelin $x$.

**a** Arwynebedd $= \int_0^2 y\,dx$

Yn ôl y rheol cadwyn $\int y\,dx = \int y\frac{dx}{dt}\,dt$

$x = t(1 + t) \Rightarrow \frac{dx}{dt} = 1 + 2t$

Mae $x = 0$ felly $t(1 + t) = 0$ felly $t = 0$ neu $-1$, ond gan fod $t \geqslant 0$, mae $t = 0$

Mae $x = 2$ felly $t^2 + t - 2 = 0$

felly $(t + 2)(t - 1) = 0$, felly $t = 1$ neu $-2$, ond gan fod $t \geqslant 0$, mae $t = 1$

Mae angen i chi newid yr integryn i un yn nhermau $t$.

Ysgrifennwch $x = t + t^2$ ac yna differwch.

Newidiwch y terfannau.

Felly Arwynebedd $= \int y \frac{dx}{dt} dt$

$= \int_0^1 \frac{1}{(1+t)}(1+2t)\, dt$

$= \int_0^1 \left(2 - \frac{1}{1+t}\right) dt$

$= \left[2t - \ln|1+t|\right]_0^1$

$= (2 - \ln 2) - (0 - \ln 1)$

$= 2 - \ln 2$

Rhannwch y rhifiadur ag $(1 + t)$.

Symleiddiwch drwy ddefnyddio rhannu algebraidd.

**b** Cyfaint $= \pi \int y^2\, dx = \pi \int y^2 \frac{dx}{dt} dt$

Cyfaint $= \pi \int_0^1 \frac{1}{(1+t)^2}(1+2t)\, dt$

$\frac{1+2t}{(1+t)^2} \equiv \frac{A}{(1+t)^2} + \frac{B}{(1+t)}$

$1 + 2t = A + B(1+t)$

$B = 2$

$A = -1$

Felly Cyfaint $= \int_0^1 \left(\frac{2}{1+t} - \frac{1}{(1+t)^2}\right) dt$

$= \pi\left[2\ln|1+t| + \frac{1}{(1+t)}\right]_0^1$

$= \pi[(2\ln 2 + \tfrac{1}{2}) - (0 + 1)]$

$= \pi(2\ln 2 - \tfrac{1}{2})$

Yn ôl y rheol cadwyn fel y gwneir uchod.

Bydd y terfannau'r un fath ag yn achos yr arwynebedd.

Defnyddiwch ffracsiynau rhannol.

Amnewidiwch werthoedd $t$ neu cymharwch gyfernodau.

## Ymarfer 6Ff

**1** Ffiniau'r rhanbarth $R$ yw'r gromlin sydd â'r hafaliad $y = f(x)$, echelin $x$ a'r llinellau $x = a$ ac $x = b$. Ym mhob un o'r achosion canlynol darganfyddwch union werth:

**i** arwynebedd $R$,

**ii** cyfaint y solid cylchdro sy'n cael ei ffurfio wrth gylchdroi $R$ drwy $2\pi$ radian o amgylch echelin $x$.

**a** $f(x) = \frac{2}{1+x}$; $a = 0$, $b = 1$

**b** $f(x) = \sec x$; $a = 0$, $b = \frac{\pi}{3}$

**c** $f(x) = \ln x$; $a = 1$, $b = 2$

**ch** $f(x) = \sec x \tan x$; $a = 0$, $b = \frac{\pi}{4}$

**d** $f(x) = x\sqrt{4 - x^2}$; $a = 0$, $b = 2$

**2** Darganfyddwch yr union arwynebedd rhwng y gromlin $y = \mathrm{f}(x)$, echelin $x$ a'r llinellau $x = a$ ac $x = b$ pan fo:

**a** $\mathrm{f}(x) = \dfrac{4x+3}{(x+2)(2x-1)}$; $a = 1$, $b = 2$

**b** $\mathrm{f}(x) = \dfrac{x}{(x+1)^2}$; $a = 0$, $b = 2$

**c** $\mathrm{f}(x) = x \sin x$; $a = 0$, $b = \dfrac{\pi}{2}$

**ch** $\mathrm{f}(x) = \cos x \sqrt{2 \sin x + 1}$; $a = 0$, $b = \dfrac{\pi}{6}$

**d** $\mathrm{f}(x) = x\mathrm{e}^{-x}$; $a = 0$, $b = \ln 2$

**3** Ffiniau'r rhanbarth $R$ yw'r gromlin $C$, echelin $x$ a'r llinellau $x = -8$ ac $x = +8$. Yr hafaliadau parametrig ar gyfer $C$ yw $x = t^3$ ac $y = t^2$. Darganfyddwch:

**a** arwynebedd $R$,

**b** cyfaint y solid sy'n cael ei ffurfio wrth gylchdroi $R$ drwy $2\pi$ radian o amgylch echelin $x$.

**4** Hafaliadau parametrig cromlin $C$ yw $x = \sin t$, $y = \sin 2t$, $0 \leqslant t \leqslant \dfrac{\pi}{2}$.

**a** Darganfyddwch arwynebedd y rhanbarth sy'n cael ei ffinio gan $C$ ac echelin $x$.

Os yw'r rhanbarth hwn yn cael ei gylchdroi drwy $2\pi$ radian o amgylch echelin $x$,

**b** darganfyddwch gyfaint y solid sy'n cael ei ffurfio.

## 6.10 Gellir defnyddio integru i ddatrys hafaliadau differol.

Ym Mhennod 4 trafodwyd hafaliadau differol. Yn yr adran hon byddwch yn dysgu sut i ddatrys hafaliadau differol trefn un syml drwy ddefnyddio'r broses a elwir **gwahanu newidynnau**.

■ **Pan yw $\dfrac{dy}{dx} = \mathrm{f}(x)g(y)$ gallwch ysgrifennu**

$$\int \frac{1}{g(y)}\,dy = \int \mathrm{f}(x)\,dx$$

Gelwir hyn yn wahanu'r newidynnau.

### Enghraifft 23

Darganfyddwch ddatrysiad cyffredinol i'r hafaliad differol $(1 + x^2)\dfrac{dy}{dx} = x \tan y$.

$$\frac{dy}{dx} = \frac{x}{1+x^2}\tan y$$

Ysgrifennwch yr hafaliad yn y ffurf $\dfrac{dy}{dx} = \mathrm{f}(x)\mathrm{g}(y)$

$$\int \frac{1}{\tan y}\,dy = \int \frac{x}{1+x^2}\,dx$$

Nawr **gwahanwch y newidynnau** fel bod $\dfrac{1}{\mathrm{g}(y)}\,dy = \mathrm{f}(x)\,dx$.

$$\int \cot y\,dy = \int \frac{x}{1+x^2}\,dx$$

Defnyddiwch $\cot y = \dfrac{1}{\tan y}$.

$$\ln|\sin y| = \tfrac{1}{2}\ln|1+x^2| + C$$

Integrwch, gan gofio bod integryn $\cot y$ yn y llyfryn fformiwlâu (neu gweler tudalen 102).

neu $\ln|\sin y| = \frac{1}{2}\ln|1 + x^2| + \ln k$

Peidiwch ag anghofio'r $+C$ a ellid ei ysgrifennu yn y ffurf ln $k$.

$\ln|\sin y| = \ln|k\sqrt{1 + x^2}|$

Cyfuno logarithmau.

felly mae $\sin y = k\sqrt{1 + x^2}$

Yn olaf diddymwch yr ln. Weithiau, efallai y gofynnir i chi roi eich ateb yn y ffurf $y = f(x)$. Nid oedd y cwestiwn yma yn nodi hyn felly mae'n dderbyniol rhoi'r ateb yn y ffurf hon.

Weithiau rhoddir **amodau ffin** mewn cwestiwn sy'n eich galluogi i ddarganfod datrysiad **arbennig** i'r hafaliad differol. Yn yr achos hwn, i ddechrau rydych yn darganfod y datrysiad cyffredinol ac yna'n rhoi'r amodau ffin i ddarganfod gwerth y cysonyn integru.

### Enghraifft 24

Darganfyddwch ddatrysiad arbennig yr hafaliad differol

$$\frac{dy}{dx} = \frac{-3(y-2)}{(2x+1)(x+2)}$$

o wybod bod $x = 1$ pan yw $y = 4$. Gadewch eich ateb yn y ffurf $y = f(x)$.

$$\int \frac{1}{y-2}\,dy = \int \frac{-3}{(2x+1)(x+2)}\,dx$$

Yn gyntaf gwahanwch y newidynnau.

$$\frac{-3}{(2x+1)(x+2)} \equiv \frac{A}{(2x+1)} + \frac{B}{(x+2)}$$

Defnyddiwch ffracsiynau rhannol yn achos yr integryn hwn.

$$-3 = A(x+2) + B(2x+1)$$

Mae $x = -2$ yn rhoi $-3 = -3B$ felly mae $B = 1$

Mae $x = -0.5$ yn rhoi $-3 = \frac{3}{2}A$ felly mae $A = -2$

Felly

$$\int \frac{1}{y-2}\,dy = \int\left(\frac{1}{x+2} - \frac{2}{2x+1}\right)dx$$

Ail-ysgrifennwch yr integryn gan ddefnyddio'r ffracsiynau rhannol.

$$\ln|y-2| = \ln|x+2| - \ln|2x+1| + \ln k$$

Integrwch a defnyddiwch $+\ln k$ yn lle $+C$.

$$\ln|y-2| = \ln\left|\frac{k(x+2)}{(2x+1)}\right|$$

Cyfunwch y termau ln.

$$y - 2 = k\left(\frac{x+2}{2x+1}\right)$$

Diddymwch ln.

$$4 - 2 = k\left(\frac{1+2}{2+1}\right) \Rightarrow k = 2$$

Defnyddiwch yr amod $x = 1$ pan yw $y = 4$ drwy amnewid y gwerthoedd hyn yn y datrysiad cyffredinol yma, a datryswch i ddarganfod $k$.

Felly mae $y = 2 + 2\left(\frac{x+2}{2x+1}\right)$

$$= 3 + \frac{3}{2x+1}$$

Defnyddiwch $k = 2$ ac ysgrifennwch yr ateb yn y ffurf $y = f(x)$ fel mae'r cwestiwn yn gofyn.

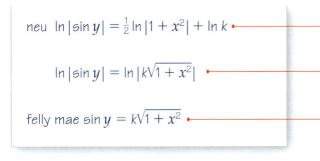

## Ymarfer 6G

**1** Darganfyddwch ddatrysiadau cyffredinol yr hafaliadau differol canlynol. Gadewch eich ateb yn y ffurf $y = f(x)$.

**a** $\dfrac{dy}{dx} = (1 + y)(1 - 2x)$

**b** $\dfrac{dy}{dx} = y \tan x$

**c** $\cos^2 x \dfrac{dy}{dx} = y^2 \sin^2 x$

**ch** $\dfrac{dy}{dx} = 2e^{x-y}$

**d** $x^2 \dfrac{dy}{dx} = y + xy$

**2** Darganfyddwch ddatrysiadau cyffredinol yr hafaliadau differol canlynol. (Nid oes angen i chi ysgrifennu'r atebion yn y ffurf $y = f(x)$.)

**a** $\dfrac{dy}{dx} = \tan y \tan x$

**b** $\sin y \cos x \dfrac{dy}{dx} = \dfrac{x \cos y}{\cos x}$

**c** $(1 + x^2)\dfrac{dy}{dx} = x(1 - y^2)$

**ch** $\cos y \sin 2x \dfrac{dy}{dx} = \cot x \operatorname{cosec} y$

**d** $e^{x+y}\dfrac{dy}{dx} = x(2 + e^y)$

**3** Darganfyddwch ddatrysiadau cyffredinol yr hafaliadau differol canlynol:

**a** $\dfrac{dy}{dx} = ye^x$

**b** $\dfrac{dy}{dx} = xe^y$

**c** $\dfrac{dy}{dx} = y \cos x$

**ch** $\dfrac{dy}{dx} = x \cos y$

**d** $\dfrac{dy}{dx} = (1 + \cos 2x) \cos y$

**dd** $\dfrac{dy}{dx} = (1 + \cos 2y) \cos x$

**4** Darganfyddwch ddatrysiadau arbennig yr hafaliadau differol canlynol gan ddefnyddio'r amodau ffin a roddir.

**a** $\dfrac{dy}{dx} = \sin x \cos^2 x;\ y = 0,\ x = \dfrac{\pi}{3}$

**b** $\dfrac{dy}{dx} = \sec^2 x \sec^2 y;\ y = 0,\ x = \dfrac{\pi}{4}$

**c** $\dfrac{dy}{dx} = 2 \cos^2 y \cos^2 x;\ y = \dfrac{\pi}{4},\ x = 0$

**ch** $(1 - x^2)\dfrac{dy}{dx} = xy + y;\ x = 0.5,\ y = 6$

**d** $2(1 + x)\dfrac{dy}{dx} = 1 - y^2;\ x = 5,\ y = \frac{1}{2}$

## 6.11 Weithiau bydd yr hafaliadau differol yn deillio o gyd-destun arbennig ac efallai bydd angen dehongli'r datrysiad yn nhermau'r cyd-destun hwnnw.

### Enghraifft 25

Rhoddir cyfradd cynnydd poblogaeth, $P$, o ficro-organebau ar amser $t$ gan $\frac{\mathrm{d}P}{\mathrm{d}t} = kP$, lle mae $k$ yn gysonyn positif. O wybod bod maint y boblogaeth yn 8 pan yw $t = 0$ , a bod y boblogaeth yn 56 pan yw $t = 1$, darganfyddwch faint y boblogaeth ar amser $t = 2$.

$$\frac{dP}{dt} = kP$$

Gwahanwch y newidynnau.

$$\int \frac{1}{P} dP = \int k\, dt$$

Integrwch a rhowch y $+C$ i mewn.

$$\ln|P| = kt + C$$

Sylwch fod 2 lythyren anhysbys, $k$ ac $C$. Defnyddiwch $t = 0$ a $P = 8$ i ddarganfod $C$.

Mae $t = 0$, $P = 8$ yn rhoi $\ln 8 = C$

Felly mae $\ln|P| = kt + \ln 8$

Neu $\ln\left|\frac{P}{8}\right| = kt$

Defnyddiwch nodweddion logarithmau i symleiddio.

Mae $t = 1$, $P = 56$ yn rhoi $\ln 7 = k$

Nawr defnyddiwch $t = 1$ a $P = 56$ i ddarganfod $k$.

Felly mae $\ln\left|\frac{P}{8}\right| = t \ln 7$

Nawr gadewch i $t = 2$.

Mae $t = 2$ yn rhoi

$$\ln\left|\frac{P}{8}\right| = 2 \ln 7$$

ond mae $2 \ln 7 = \ln 49 \Rightarrow \frac{P}{8} = 49$

Felly mae $P = 8 \times 49 = 392$

Mae llawer o'r enghreifftiau yn yr ymarfer nesaf yn perthyn i hafaliadau differol a welwyd yn Adran 4.5.

### Ymarfer 6Ng

**1** Rhoddir maint poblogaeth arbennig ar amser $t$ gan $P$. Rhoddir cyfradd cynnydd $P$ gan $\frac{\mathrm{d}P}{\mathrm{d}t} = 2P$. O wybod bod y boblogaeth yn 3 ar amser $t = 0$, darganfyddwch faint y boblogaeth ar amser $t = 2$.

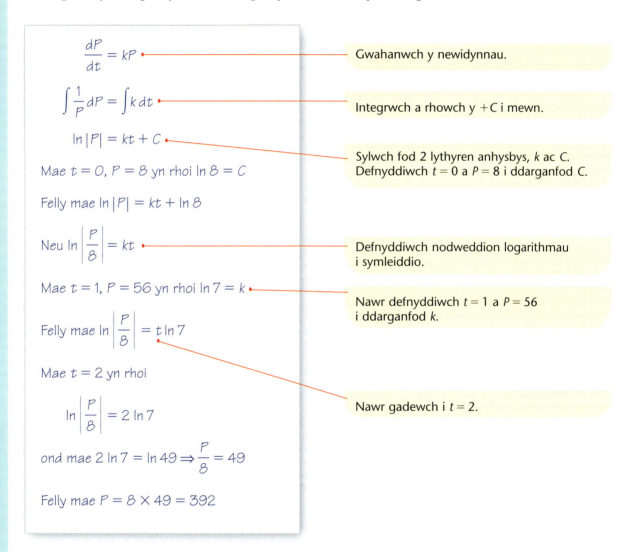

**2** Nifer gronynnau sylwedd ymbelydrol arbennig ar amser $t$ yw $N$. Mae'r sylwedd yn dadfeilio yn y fath fodd fel bo $\frac{\mathrm{d}N}{\mathrm{d}t} = -\frac{N}{3}$.

O wybod bod nifer y gronynnau yn $N_0$ ar amser $t = 0$, darganfyddwch pryd y bydd nifer y gronynnau sy'n weddill yn $\frac{1}{2}N_0$.

**3** Ar amser $t$, mae màs, $M$, dail planhigyn arbennig yn amrywio yn ôl yr hafaliad differol $\frac{\mathrm{d}M}{\mathrm{d}t} = M - M^2$.

**a** O wybod bod $M = 0.5$ ar amser $t = 0$ darganfyddwch fynegiad sy'n rhoi $M$ yn nhermau $t$.

**b** Darganfyddwch werth $M$ pan yw $t = \ln 2$.

**c** Eglurwch beth sy'n digwydd i werth M wrth i $t$ gynyddu.

**4** Mae cyfaint hylif $V\,\text{cm}^3$ ar amser $t$ eiliad yn bodloni

$$-15\frac{\mathrm{d}V}{\mathrm{d}t} = 2V - 450.$$

O wybod bod y cyfaint yn 300 $\text{cm}^3$ i gychwyn, darganfyddwch y cyfaint ar ôl 15 eiliad. Rhowch yr ateb i'r $\text{cm}^3$ agosaf.

**5** Mae trwch, $x$ mm, rhew ar lyn yn cynyddu ac mae $\frac{\mathrm{d}x}{\mathrm{d}t} = \frac{1}{20x^2}$, lle mesurir $t$ mewn oriau. Darganfyddwch faint o amser a gymer i'r trwch gynyddu o 1 mm i 2 mm.

**6** Mae dyfnder hylif ($h$ metr) mewn tanc ar amser $t$ munud yn bodloni $\frac{\mathrm{d}h}{\mathrm{d}t} = -k\sqrt{h}$, lle mae $k$ yn gysonyn positif. Yn nhermau $k$, darganfyddwch faint o amser a gymer i'r dyfnder ostwng o 9 m i 4 m.

**7** Rhoddir cyfradd cynnydd radiws, $r$ cilometr, pwll o olew gan $\frac{\mathrm{d}r}{\mathrm{d}t} = \frac{k}{r^2}$, lle mae $k$ yn gysonyn positif. Pan ddarganfuwyd y pwll o olew i gychwyn roedd y radiws yn 3 km. Ddau ddiwrnod yn ddiweddarach roedd yn 5 km. Darganfyddwch, i'r diwrnod agosaf, pryd y bydd y radiws yn 6.

## Ymarfer cymysg 6H

**1** Mae $y = x^{\frac{3}{2}} + \frac{48}{x}$, $x > 0$.

**a** Darganfyddwch werth $x$ a gwerth $y$ pan yw $\frac{\mathrm{d}y}{\mathrm{d}x} = 0$.

**b** Dangoswch fod y gwerth $y$, y gwnaethoch ei ddarganfod, yn finimwm.

Ffiniau'r rhanbarth meidraidd $R$ yw'r gromlin sydd â'r hafaliad $y = x^{\frac{3}{2}} + \frac{48}{x}$, y llinellau $x = 1$, $x = 4$ ac echelin $x$.

**c** Drwy integru, darganfyddwch arwynebedd $R$ gan roi eich ateb yn y ffurf $p + q\ln r$, lle mae rhifau $p$, $q$ ac $r$ i'w darganfod. A

**2** Mae gan gromlin $C$ ddwy arc, fel y dangosir, a'r hafaliadau

$$x = 3t^2,\ y = 2t^3,$$

lle mae $t$ yn baramedr.

**a** Darganfyddwch hafaliad y tangiad i $C$ yn y pwynt $P$ lle mae $t = 2$.

Mae'r tangiad yn croesi'r gromlin eto yn y pwynt $Q$.

**b** Dangoswch mai cyfesurynnau $Q$ yw $(3, -2)$.

Ffiniau'r rhanbarth sydd wedi ei liwio, $R$, yw arcau $OP$ ac $OQ$ cromlin $C$ a llinell $PQ$, fel y dangosir.

**c** Darganfyddwch arwynebedd $R$.

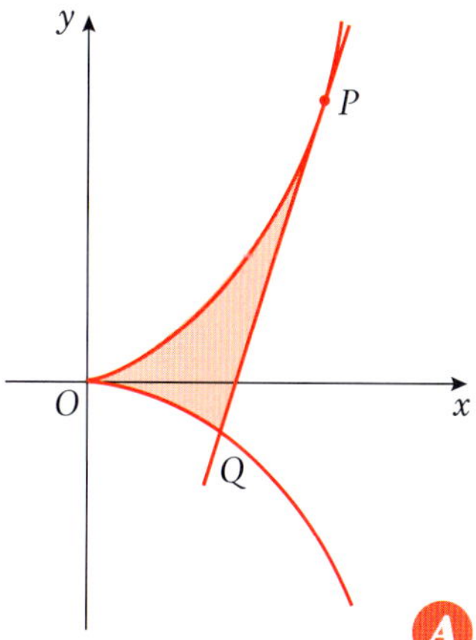


A

**3** **a** Dangoswch fod $(1 + \sin 2x)^2 \equiv \frac{1}{2}(3 + 4\sin 2x - \cos 4x)$.

**b** Mae'r rhanbarth meidraidd sy'n cael ei ffinio gan y gromlin sydd â'r hafaliad $y = 1 + \sin 2x$, echelin $x$, echelin $y$ a'r llinell sydd â'r hafaliad $x = \dfrac{\pi}{2}$ yn cael ei gylchdroi drwy $2\pi$ o amgylch echelin $x$.

Gan ddefnyddio calcwlws, cyfrifwch gyfaint y solid a gynhyrchir, gan roi eich ateb yn nhermau $\pi$.

A

**4**

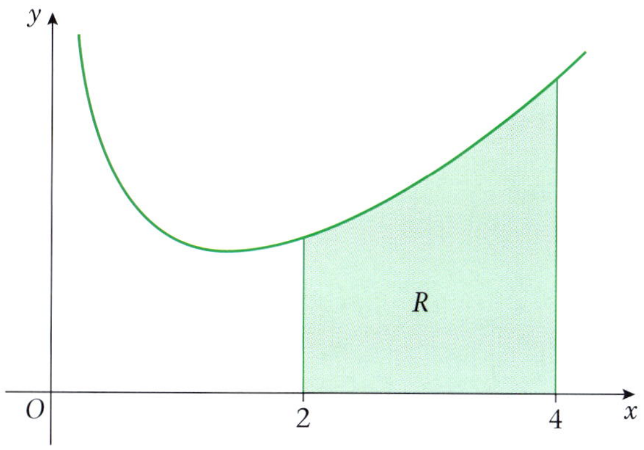


Mae'r graff hwn yn dangos rhan o'r gromlin sydd â'r hafaliad $y = \mathrm{f}(x)$ lle mae

$$\mathrm{f}(x) \equiv e^{0.5x} + \frac{1}{x},\ x > 0.$$

Mae gan y gromlin bwynt sefydlog yn $x = \alpha$.

**a** Darganfyddwch $\mathrm{f}'(x)$.

**b** Drwy wneud hyn cyfrifwch $\mathrm{f}'(1.05)$ ac $\mathrm{f}'(1.10)$ a diddwythwch fod $1.05 < \alpha < 1.10$.

**c** Darganfyddwch $\int \mathrm{f}(x)\,\mathrm{d}x$.

Ffiniau'r rhanbarth sydd wedi ei liwio, $R$, yw'r gromlin, echelin $x$ a'r llinellau $x = 2$ ac $x = 4$.

**ch** Darganfyddwch arwynebedd $R$ yn gywir i 2 le degol.

A

**5** **a** Darganfyddwch $\int xe^{-x}\,\mathrm{d}x$.

**b** O wybod bod $y = \dfrac{\pi}{4}$ pan yw $x = 0$, datryswch yr hafaliad differol

$$e^x \frac{\mathrm{d}y}{\mathrm{d}x} = \frac{x}{\sin 2y}.$$

A

**6** Mae'r diagram yn dangos y rhanbarth meidraidd lliw sy'n cael ei ffinio gan y gromlin sydd â'r hafaliad $y = x^2 + 3$, llinellau $x = 1$, $x = 0$ ac echelin $x$. Mae'r rhanbarth hwn yn cael ei gylchdroi drwy 360° o amgylch echelin $x$.

Darganfyddwch y cyfaint a gynhyrchir.

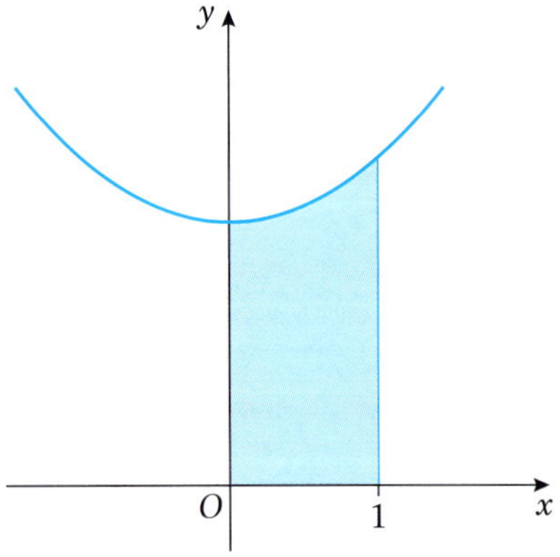


**7** **a** Darganfyddwch $\int \frac{1}{x(x+1)}\,dx$

**b** Gan ddefnyddio $u = e^x$ a'r ateb i **a**, neu fel arall, darganfyddwch $\int \frac{1}{1+e^x}\,dx$.

**c** Integrwch fesul rhan i ddarganfod $\int x^2 \sin x\,dx$.

A

**8** **a** Darganfyddwch $\int x \sin 2x\,dx$.

**b** O wybod bod $y = 0$ pan yw $x = \frac{\pi}{4}$, datryswch yr hafaliad differol $\frac{dy}{dx} = x \sin 2x \cos^2 y$.

A

**9** **a** Darganfyddwch $\int x \cos 2x\,dx$.

**b** Mae'r diagram hwn yn dangos rhan o'r gromlin sydd â'r hafaliad $y = 2x^{\frac{1}{2}} \sin x$. Ffiniau'r rhanbarth sydd wedi ei liwio yn y diagram yw'r gromlin, echelin $x$ a'r llinell sydd â'r hafaliad $x = \frac{\pi}{2}$. Mae'r rhanbarth hwn sydd wedi ei liwio yn cael ei gylchdroi drwy $2\pi$ radian o amgylch echelin $x$ i ffurfio solid cylchdro. Gan ddefnyddio calcwlws, cyfrifwch gyfaint y solid cylchdro sy'n cael ei ffurfio, gan roi eich ateb yn nhermau $\pi$.

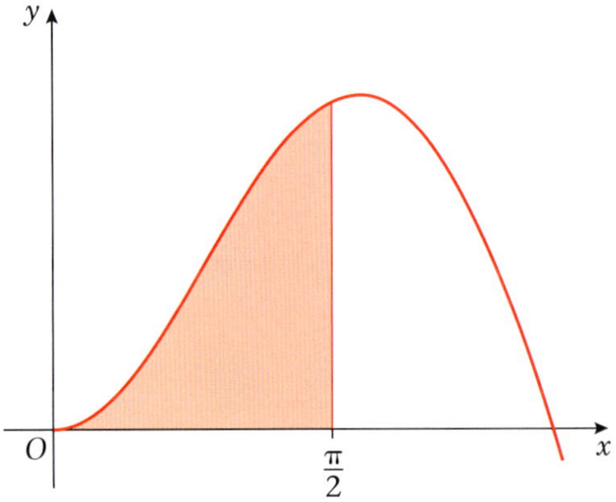


A

**10** Hafaliad cromlin yw $y = f(x)$ ac mae'n mynd trwy'r pwynt $(0, -1)$.
O wybod bod $f'(x) = \frac{1}{2}e^{2x} - 6x$,

**a** defnyddiwch integriad i ffurfio mynegiad ar gyfer $f(x)$,

**b** dangoswch fod yna ddatrysiad $\alpha$ i'r hafaliad $f'(x) = 0$, sy'n bodloni $1.41 < \alpha < 1.43$.

A

**11** Mae $f(x) = 16x^{\frac{1}{2}} - \frac{2}{x}$, $x > 0$.

**a** Datryswch yr hafaliad $f(x) = 0$.

**b** Darganfyddwch $\int f(x)\,dx$.

**c** Enrhifwch $\int_1^4 f(x)\,dx$, gan roi eich ateb yn y ffurf $p + q \ln r$, lle mae $p$, $q$ ac $r$ yn rhifau cymarebol.

A

**12**

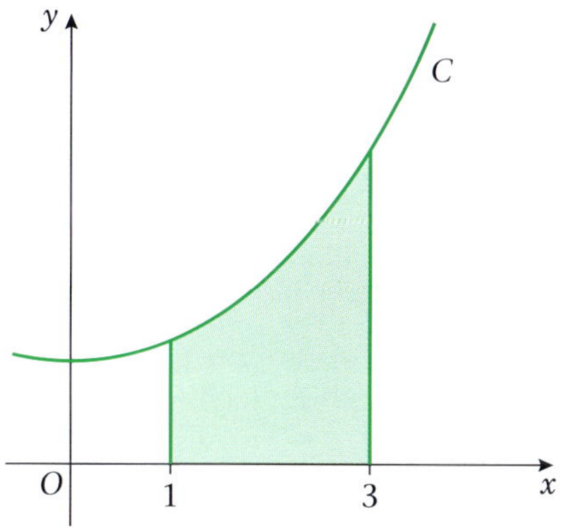


Yn y diagram dangosir rhan o gromlin $C$ sydd â'r hafaliad $y = x^2 + 3$. Ffiniau'r rhanbarth sydd wedi ei liwio yw $C$, echelin $x$ a'r llinellau sydd â'r hafaliadau $x = 1$ ac $x = 3$. Mae'r rhanbarth sydd wedi ei liwio yn cael ei gylchdroi drwy 360° o amgylch echelin $x$.

Gan ddefnyddio calcwlws, cyfrifwch gyfaint y solid a gynhyrchir. Rhowch eich ateb ar ffurf lluosrif union o $\pi$. **A**

**13** **a** Darganfyddwch $\int x(x^2 + 3)^5 \, dx$

**b** Dangoswch fod $\int_1^e \frac{1}{x^2} \ln x \, dx = 1 - \frac{2}{e}$

**c** O wybod bod $p > 1$, dangoswch fod $\int_1^p \frac{1}{(x+1)(2x-1)} \, dx = \frac{1}{3} \ln \frac{4p-2}{p+1}$ **A**

**14** Mae $f(x) \equiv \frac{5x^2 - 8x + 1}{2x(x-1)^2} \equiv \frac{A}{x} + \frac{B}{x-1} + \frac{C}{(x-1)^2}$

**a** Darganfyddwch werthoedd y cysonion $A$, $B$ ac $C$.

**b** Drwy wneud hyn darganfyddwch $\int f(x) \, dx$.

**c** Yna dangoswch fod $\int_4^9 f(x) \, dx = \ln\left(\frac{32}{3}\right) - \frac{5}{24}$ **A**

**15** Hafaliadau parametrig y gromlin a ddangosir yw

$$x = 5\cos\theta,\ y = 4\sin\theta,\ 0 \leqslant \theta < 2\pi.$$

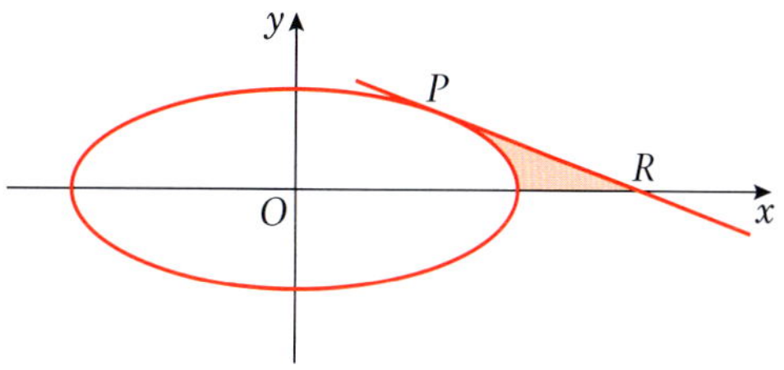


**a** Darganfyddwch raddiant y gromlin yn y pwynt $P$ lle mae $\theta = \frac{\pi}{4}$.

**b** Darganfyddwch hafaliad y tangiad i'r gromlin yn y pwynt $P$.

**c** Darganfyddwch gyfesurynnau'r pwynt $R$ lle mae'r tangiad hwn yn croesi echelin $x$.

Ffiniau'r rhanbarth sydd wedi ei liwio yw'r tangiad $PR$, y gromlin ac echelin $x$.

**ch** Darganfyddwch arwynebedd y rhanbarth sydd wedi ei liwio, gan adael eich ateb yn nhermau $\pi$. **A**

**16** **a** Darganfyddwch ddatrysiad cyffredinol yr hafaliad differol

$$\frac{dy}{dx} = xy^2, \ y > 0.$$

**b** O wybod hefyd fod $y = 1$ pan yw $x = 1$, dangoswch fod

$$y = \frac{2}{3 - x^2}, \ -\sqrt{3} < x < \sqrt{3}$$

yn ddatrysiad arbennig i'r hafaliad differol.

Hafaliad cromlin $C$ yw $y = \dfrac{2}{3 - x^2}, \ x \neq -\sqrt{3}, \ x \neq \sqrt{3}$

**c** Ysgrifennwch raddiant $C$ yn y pwynt (1, 1).

**ch** Diddwythwch mai hafaliad y llinell sy'n dangiad i $C$ yn y pwynt (1, 1) yw $y = x$.

**d** Darganfyddwch gyfesurynnau'r pwynt lle mae'r llinell $y = x$ yn croesi cromlin $C$ eto.

A

**17**

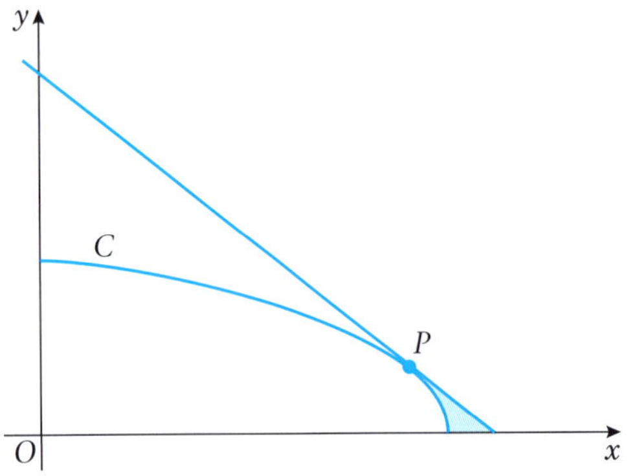


Mae'r diagram yn dangos cromlin $C$ sydd â'r hafaliadau parametrig

$$x = a \sin^2 t, \ y = a \cos t, \ 0 \leqslant t \leqslant \tfrac{1}{2}\pi,$$

lle mae $a$ yn gysonyn positif. Mae'r pwynt $P$ ar $C$ a'i gyfesurynnau yw $(\tfrac{3}{4}a, \tfrac{1}{2}a)$.

**a** Darganfyddwch $\dfrac{dy}{dx}$, gan roi eich ateb yn nhermau $t$.

**b** Darganfyddwch hafaliad y tangiad i $C$ yn $P$.

**c** Dangoswch mai hafaliad Cartesaidd $C$ yw $y^2 = a^2 - ax$.

Ffiniau'r rhanbarth sydd wedi ei liwio yw $C$, y tangiad yn $P$ ac echelin $x$. Mae'r rhanbarth hwn sydd wedi ei liwio yn cael ei gylchdroi drwy $2\pi$ radian o amgylch echelin $x$ i ffurfio solid cylchdro.

**ch** Defnyddiwch galcwlws i gyfrifo cyfaint y solid cylchdro sy'n cael ei ffurfio, gan roi eich ateb yn y ffurf $k\pi a^3$, lle mae $k$ yn ffracsiwn union.

A

**18** **a** Gan ddefnyddio $u = 1 + 2x$, neu fel arall, darganfyddwch

$$\int \frac{4x}{(1 + 2x)^2} \, dx, \ x > -\tfrac{1}{2},$$

**b** O wybod bod $y = \dfrac{\pi}{4}$ pan yw $x = 0$, datryswch yr hafaliad differol

$$(1 + 2x)^2 \frac{dy}{dx} = \frac{x}{\sin^2 y}$$

A

**19** Mae'r diagram yn dangos y gromlin sydd â'r hafaliad $y = xe^{2x}$, $-\frac{1}{2} \leqslant x \leqslant \frac{1}{2}$.

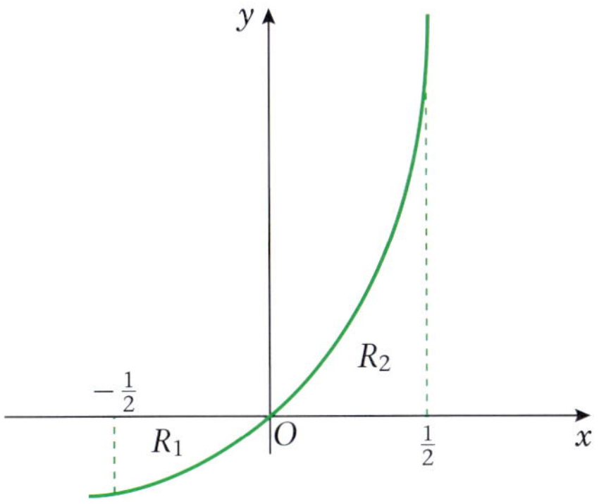


Arwynebedd y rhanbarth meidraidd $R_1$ sy'n cael ei ffinio gan y gromlin, echelin $x$ a'r llinell $x = -\frac{1}{2}$ yw $A_1$.
Arwynebedd y rhanbarth meidraidd $R_2$ sy'n cael ei ffinio gan y gromlin, echelin $x$ a'r llinell $x = \frac{1}{2}$ yw $A_2$.

**a** Darganfyddwch union werthoedd $A_1$ ac $A_2$ drwy integru.

**b** Dangoswch fod $A_1 : A_2 = (\mathrm{e} - 2) : \mathrm{e}$. **A**

**20** Darganfyddwch $\int x^2 \mathrm{e}^{-x}\,\mathrm{d}x$.

O wybod bod $y = 0$ pan yw $x = 0$, datryswch yr hafaliad differol $\frac{\mathrm{d}y}{\mathrm{d}x} = x^2 \mathrm{e}^{3y - x}$. **A**

**21** Mae'r gromlin sydd â'r hafaliad $y = \mathrm{e}^{3x} + 1$ yn croesi'r llinell $y = 8$ yn y pwynt $(h, 8)$.

**a** Darganfyddwch $h$, gan roi eich ateb yn nhermau logarithmau naturiol.

**b** Dangoswch mai arwynebedd y rhanbarth meidraidd a amgaeir gan y gromlin sydd â'r hafaliad $y = \mathrm{e}^{3x} + 1$, echelin $x$, echelin $y$ a'r llinell $x = h$ yw $2 + \frac{1}{3}\ln 7$. **A**

**22** **a** O wybod bod

$$\frac{x^2}{x^2 - 1} \equiv A + \frac{B}{x - 1} + \frac{C}{x + 1},$$

darganfyddwch werthoedd y cysonion $A$, $B$ ac $C$.

**b** O wybod bod $x = 2$ pan yw $t = 1$, datryswch yr hafaliad differol

$$\frac{\mathrm{d}x}{\mathrm{d}t} = 2 - \frac{2}{x^2},\ x > 1.$$

Nid oes angen i chi symleiddio eich ateb terfynol. **A**

**23** Hafaliadau cromlin $C$ yw

$x = 2t,\ y = t^2,$

lle mae $t$ yn baramedr.

**a** Darganfyddwch hafaliad y normal i $C$ yn y pwynt $P$ ar $C$ lle mae $t = 3$.

Mae'r normal yn croesi'r echelin $y$ yn y pwynt B. Ffiniau'r rhanbarth meidraidd $R$ yw'r rhan o gromlin $C$ sydd rhwng y tarddbwynt $O$ a $P$, a'r llinellau $OB$ ac $OP$.

**b** Lluniwch fraslun sy'n dangos y rhanbarth $R$ a'i ffiniau.

Mae'r rhanbarth $R$ yn cael ei gylchdroi drwy $2\pi$ o amgylch echelin $y$ i ffurfio solid $S$.

**c** Drwy integru, a chan egluro pob cam yn eich dull, darganfyddwch gyfaint $S$, gan roi eich ateb yn nhermau $\pi$. **A**

**24**

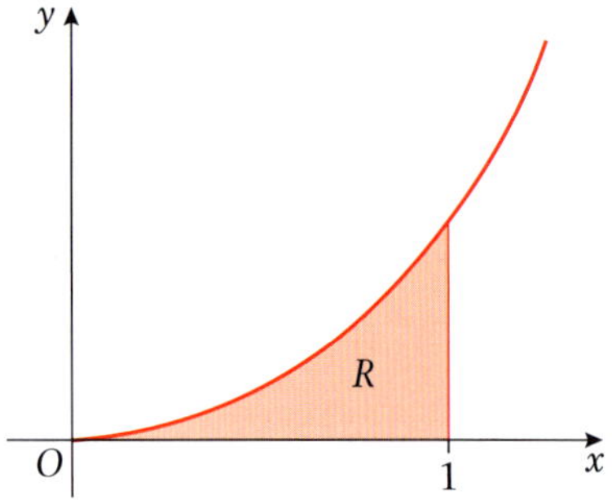


Yn y diagram dangosir rhan o'r gromlin sydd â'r hafaliad $y = e^{2x} - e^{-x}$. Ffiniau'r rhanbarth $R$ sydd wedi ei liwio yw'r gromlin, echelin $x$ a'r llinell sydd â'r hafaliad $x = 1$.

Defnyddiwch galcwlws i ddarganfod arwynebedd $R$, gan roi eich ateb yn nhermau $e$. **A**

**25** **a** O wybod bod $2y = x - \sin x \cos x$, dangoswch fod $\frac{dy}{dx} = \sin^2 x$.

**b** Drwy hynny, darganfyddwch $\int \sin^2 x \, dx$.

**c** Yna, drwy integru fesul rhan, darganfyddwch $\int x \sin^2 x \, dx$. **A**

**26** Mae cyfradd gollwng olew o swmp peiriant, mewn $cm^3 \, s^{-1}$, ar unrhyw amser $t$ eiliad, mewn cyfrannedd â chyfaint yr olew, $V$ $cm^3$, yn y swmp ar yr adeg honno. Pan yw'r amser yn $t = 0$, mae $V = A$.

**a** Drwy ffurfio hafaliad differol a'i integru, dangoswch fod

$$V = Ae^{-kt}$$

lle mae $k$ yn gysonyn positif.

**b** Brasluniwch graff i ddangos y berthynas rhwng $V$ a $t$.

O wybod hefyd fod $V = \frac{1}{2}A$ pan yw $t = T$,

**c** dangoswch fod $kT = \ln 2$. **A**

**27**

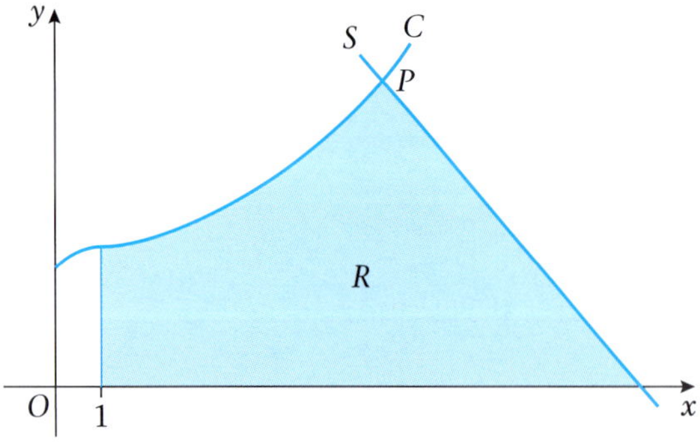


Mae'r graff hwn yn dangos rhan o gromlin $C$ sydd â'r hafaliadau parametrig

$$x = (t + 1)^2, \; y = \tfrac{1}{2}t^3 + 3, \; t \geqslant -1.$$

$P$ yw'r pwynt ar y gromlin lle mae $t = 2$. Llinell $S$ yw'r normal i $C$ yn $P$.

**a** Darganfyddwch hafaliad $S$.

Ffiniau'r rhanbarth $R$ sydd wedi ei liwio yw $C$, $S$, echelin $x$ a'r llinell $x = 1$.

**b** Drwy integru, a chan ddangos eich holl waith cyfrifo, darganfyddwch arwynebedd $R$. **A**

**28**

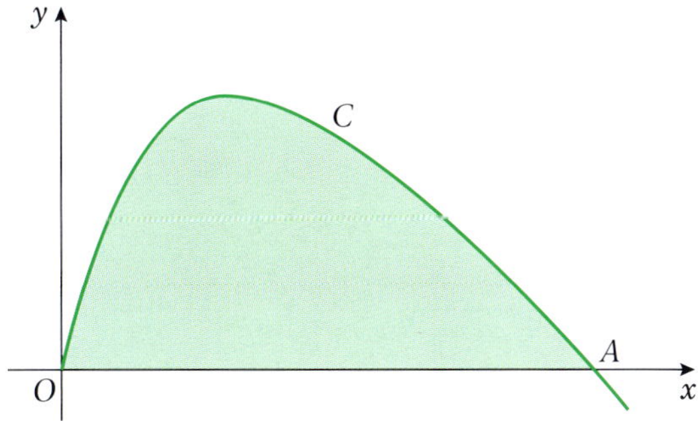


Yn y diagram dangosir rhan o gromlin $C$ sydd â'r hafaliadau parametrig

$$x = t^2,\ y = \sin 2t,\ t \geqslant 0.$$

Croestorfan $C$ ac echelin $x$ yw'r pwynt $A$.

**a** Darganfyddwch gyfesuryn $x$ pwynt $A$ yn nhermau $\pi$.

**b** Darganfyddwch $\frac{dy}{dx}$ yn nhermau $t$, $t > 0$.

**c** Dangoswch mai hafaliad y tangiad i $C$ yn $A$ yw $4x + 2\pi y = \pi^2$.

Ffiniau'r rhanbarth sydd wedi ei liwio yw $C$ ac echelin $x$.

**ch** Defnyddiwch galcwlws i ddarganfod arwynebedd y rhanbarth sydd wedi ei liwio yn nhermau $\pi$. A

**29** Gan ddangos eich dull yn eglur ym mhob achos, darganfyddwch:

**a** $\int \sin^2 x \cos x \, dx$,

**b** $\int x \ln x \, dx$.

Gan ddefnyddio $t^2 = x + 1$, lle mae $x > -1$, $t > 0$,

**c** darganfyddwch $\int \frac{x}{\sqrt{x+1}} \, dx$.

**ch** Drwy wneud hyn enrhifwch $\int_0^3 \frac{x}{\sqrt{x+1}} \, dx$. A

**30** **a** Gan ddefnyddio $u = 1 + 2x^2$, darganfyddwch $\int x(1 + 2x^2)^5 \, dx$.

**b** O wybod bod $y = \frac{\pi}{8}$ pan yw $x = 0$, datryswch yr hafaliad differol

$$\frac{dy}{dx} = x(1 + 2x^2)^5 \cos^2 2y.$$ A

**31** Darganfyddwch $\int x^2 \ln 2x \, dx$. A

**32** Darganfyddwch ddatrysiad

$$x(x + 2)\frac{dy}{dx} = y,\ y > 0,\ x > 0,$$

os yw $y = 2$ yn $x = 2$, gan roi eich ateb yn y ffurf $y^2 = f(x)$. A

**33** **a** Defnyddiwch integru fesul rhan i ddangos bod

$$\int_0^{\frac{\pi}{4}} x \sec^2 x \, dx = \tfrac{1}{4}\pi - \tfrac{1}{2}\ln 2.$$

Dangosir y rhanbarth meidraidd $R$, a amgaeir gan y gromlin sydd â'r hafaliad $y = x^{\frac{1}{2}} \sec x$, y llinell $x = \frac{\pi}{4}$ ac echelin $x$. Mae rhanbarth $R$ yn cael ei gylchdroi drwy $2\pi$ radian o amgylch echelin $x$.

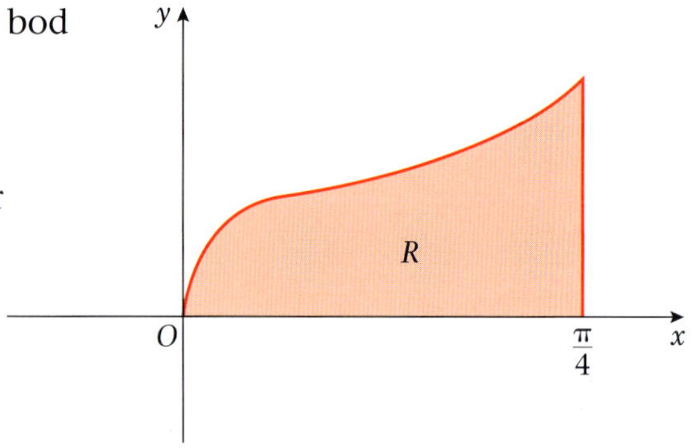


**b** Darganfyddwch gyfaint y solid cylchdro sy'n cael ei gynhyrchu.

**c** Darganfyddwch raddiant y gromlin sydd â'r hafaliad $y = x^{\frac{1}{2}} \sec x$ yn y pwynt lle mae $x = \frac{\pi}{4}$.

A

**34** Yn y diagram dangosir rhan o batrwm ffenestr gwydr lliw. Mae'r ddwy ddolen yn amgáu ardal o wydr glas. Mae gweddill yr ardal sydd y tu mewn i'r petryal $ABCD$ yn wydr coch.

Disgrifir y dolennau gan y gromlin sydd â'r hafaliadau parametrig

$$x = 3\cos t,\ y = 9\sin 2t,\ 0 \leqslant t < 2\pi.$$

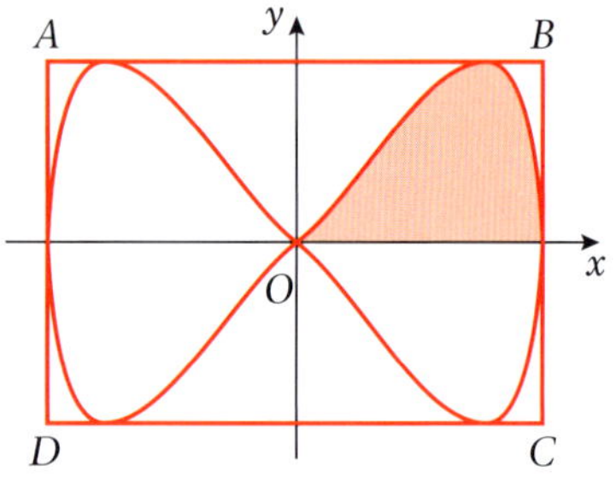


**a** Darganfyddwch hafaliad Cartesaidd y gromlin yn y ffurf $y^2 = f(x)$.

**b** Dangoswch fod yr arwynebedd lliw sy'n cael ei amgáu gan y gromlin ac echelin $x$, yn cael ei roi gan

$$\int_0^{\frac{\pi}{2}} A \sin 2t \sin t \, dt,$$ gan nodi gwerth y cysonyn $A$.

**c** Darganfyddwch werth yr integryn hwn.

Mae ochrau'r petryal $ABCD$ yn dangiadau i'r gromlin sy'n baralel i'r echelinau cyfesurynnol. O wybod bod 1 uned ar bob echelin yn cynrychioli 1 cm,

**ch** darganfyddwch gyfanswm arwynebedd y gwydr coch.

A

# Crynodeb o'r pwyntiau allweddol

**1** Dylech fod yn gyfarwydd â'r integrynnau canlynol:

$$\int x^n = \frac{x^{n+1}}{n+1} + C$$

$$\int e^x = e^x + C$$

$$\int \frac{1}{x} = \ln|x| + C$$

$$\int \cos x = \sin x + C$$

$$\int \sin x = -\cos x + C$$

$$\int \sec^2 x = \tan x + C$$

$$\int \operatorname{cosec} x \cot x = -\operatorname{cosec} x + C$$

$$\int \operatorname{cosec}^2 x = -\cot x + C$$

$$\int \sec x \tan x = \sec x + C$$

**2** Drwy ddefnyddio'r rheol cadwyn wedi ei gwrthdroi gallwch ddarganfod cyffredinoliadau o'r fformiwlâu uchod.

$$\int f'(ax+b)\,dx = \frac{1}{a} f(ax+b) + C$$

$$\int (ax+b)^n\,dx = \frac{1}{a}\,\frac{(ax+b)^{n+1}}{n+1} + C$$

$$\int e^{ax+b}\,dx = \frac{1}{a} e^{ax+b} + C$$

$$\int \frac{1}{ax+b}\,dx = \frac{1}{a}\ln|ax+b| + C$$

$$\int \cos(ax+b)\,dx = \frac{1}{a}\sin(ax+b) + C$$

$$\int \sin(ax+b)\,dx = -\frac{1}{a}\cos(ax+b) + C$$

$$\int \sec^2(ax+b)\,dx = \frac{1}{a}\tan(ax+b) + C$$

$$\int \operatorname{cosec}(ax+b)\cot(ax+b)\,dx = -\frac{1}{a}\operatorname{cosec}(ax+b) + C$$

$$\int \operatorname{cosec}^2(ax+b)\,dx = -\frac{1}{a}\cot(ax+b) + C$$

$$\int \sec(ax+b)\tan(ax+b)\,dx = \frac{1}{a}\sec(ax+b) + C$$

**3** Weithiau gall unfathiannau trigonometrig fod yn ddefnyddiol drwy newid y mynegiad yn un y gwyddoch sut i'w integru.
e.e. Er mwyn integru $\sin^2 x$ neu $\cos^2 x$ defnyddiwch fformiwlâu $\cos 2x$, felly mae

$$\int \sin^2 x \,dx = \int (\tfrac{1}{2} - \tfrac{1}{2}\cos 2x)\,dx$$

**4** Gallwch ddefnyddio ffracsiynau rhannol i integru mynegiadau o'r math $\dfrac{x-5}{(x+1)(x-2)}$.

**5** Dylech gofio'r patrymau cyffredinol canlynol:

$$\int \frac{f'(x)}{f(x)}\,dx = \ln|f(x)| + C$$

$$\int f'(x)[f(x)]^n\,dx = \frac{1}{n+1}[f(x)]^{n+1};\ n \neq -1$$

**6** Weithiau gellir symleiddio integryn drwy newid y newidyn. Mae'r broses hon yn debyg i ddefnyddio'r rheol cadwyn wrth ddifferu a'r enw ar hyn yw **integru drwy amnewid**.

**7** **Integru fesul rhan:**

$$\int u\frac{dv}{dx}\,dx = uv - \int v\frac{du}{dx}\,dx$$

**8**

$$\int \tan x\,dx = \ln|\sec x| + C$$

$$\int \sec x\,dx = \ln|\sec x + \tan x| + C$$

$$\int \cot x\,dx = \ln|\sin x| + C$$

$$\int \operatorname{cosec} x\,dx = -\ln|\operatorname{cosec} x + \cot x| + C$$

**9** Cofiwch: y rheol trapesiwm yw

$$\int_a^b y\,dx \approx \tfrac{1}{2}h[y_0 + 2(y_1 + y_2 + \dots + y_{n-1}) + y_n]$$

lle mae $h = \dfrac{b-a}{n}$ ac $y_i = f(a + ih)$

**10** Rhoddir arwynebedd y rhanbarth rhwng $y = f(x)$, echelin $x$ ac $x = a$ ac $x = b$ gan:

Arwynebedd $= \int_a^b y\,dx$

**11** Rhoddir y cyfaint cylchdroi sy'n cael ei ffurfio wrth gylchdroi $y$ o amgylch echelin $x$ rhwng $x = a$ ac $x = b$ gan:

Cyfaint $= \pi\int_a^b y^2\,dx$

**12** Pan yw $\dfrac{dy}{dx} = f(x)g(y)$ gellir ysgrifennu

$$\int \frac{1}{g(y)}\,dy = \int f(x)\,dx$$

Yr enw ar hyn yw gwahanu'r newidynnau.

# Papur arholiad enghreifftiol

**1** Defnyddiwch y theorem binomial i ehangu $\dfrac{1}{(2+x)^2}$, $|x| < 2$, mewn pwerau esgynnol $x$, hyd at y term $x^3$, gan roi pob cyfernod ar ffurf ffracsiwn wedi ei symleiddio. (6)

**2** Hafaliad cromlin $C$ yw

$$x^2 + 2y^2 - 4x - 6yx + 3 = 0$$

Darganfyddwch raddiant $C$ yn y pwynt (1, 3). (7)

**3** Defnyddiwch $u = 5x + 3$, i ddarganfod union werth

$$\int_0^3 \frac{10x}{(5x+3)^3}\,\mathrm{d}x$$ (9)

**4 a** Darganfyddwch werthoedd $A$ a $B$ pan yw

$$\frac{1}{(2x+1)(x-2)} \equiv \frac{A}{2x+1} + \frac{B}{x-2}$$ (3)

**b** Yna darganfyddwch $\displaystyle\int \frac{1}{(2x+1)(x-2)}\,\mathrm{d}x$, gan roi eich ateb yn y ffurf $\ln \mathrm{f}(x)$. (4)

**c** Drwy wneud hyn, neu fel arall, darganfyddwch ddatrysiad

$$(2x+1)(x-2)\frac{\mathrm{d}y}{\mathrm{d}x} = 10y,\ y > 0,\ x > 2$$

lle mae $y = 1$ pan yw $x = 3$, gan roi eich ateb yn y ffurf $y = \mathrm{f}(x)$. (5)

**5** Mae poblogaeth yn cynyddu fel bod cyfradd newid y boblogaeth $P$ ar amser $t$ diwrnod mewn cyfrannedd â $P$.

**a** Ysgrifennwch hafaliad differol sy'n cysylltu $P$ a $t$. (2)

**b** Drwy ddatrys yr hafaliad hwn, neu drwy ddifferu, dangoswch ei bod yn bosibl ysgrifennu datrysiad cyffredinol yr hafaliad hwn yn y ffurf $P = Ak^t$, lle mae $A$ a $k$ yn gysonion positif. (5)

I ddechrau mae'r boblogaeth yn 8 miliwn a 7 diwrnod yn ddiweddarach mae hi wedi cynyddu i 8.5 miliwn.

**c** Darganfyddwch faint y boblogaeth ar ôl 28 diwrnod arall. (5)

**6** Mewn perthynas â tharddbwynt $O$, fectorau safle pwyntiau $A$ a $B$ yw $\mathbf{i} - 5\mathbf{j} - 7\mathbf{k}$ a $10\mathbf{i} + 10\mathbf{j} + 5\mathbf{k}$ yn eu trefn. Mae $P$ yn bwynt ar y llinell $AB$.

**a** Darganfyddwch hafaliad fector y llinell sy'n mynd trwy $A$ a $B$. (3)

**b** Darganfyddwch fector safle pwynt $P$ fel bod $OP$ yn berpendicwlar i $AB$. (5)

**c** Darganfyddwch arwynebedd triongl $OAB$. (4)

**ch** Darganfyddwch y gymhareb y mae $P$ yn rhannu llinell $AB$ iddi. (2)

**7**

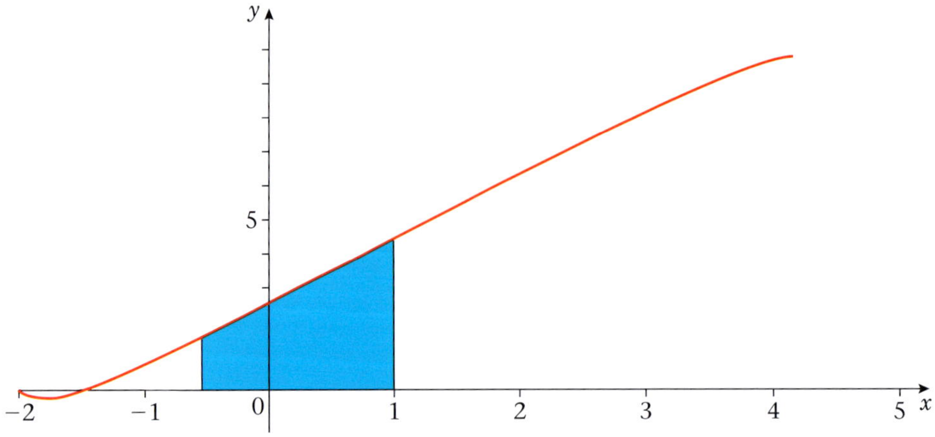


Hafaliadau parametrig y gromlin $C$ a ddangosir yn y diagram yw

$$x = 1 - 3\cos t,\ y = 3t - 2\sin 2t,\ 0 < t < \pi.$$

**a** Darganfyddwch raddiant y gromlin yn y pwynt $P$ lle mae $t = \frac{\pi}{6}$. (4)

**b** Dangoswch fod arwynebedd y rhanbarth meidraidd o dan y gromlin, rhwng y llinellau $x = -\frac{1}{2}$, $x = 1$ ac echelin $x$, sydd wedi ei liwio yn y diagram, yn cael ei roi gan yr integryn

$$\int_{\frac{\pi}{3}}^{\frac{\pi}{2}} 9t\sin t\,dt - \int_{\frac{\pi}{3}}^{\frac{\pi}{2}} 12\sin^2 t\cos t\,dt.$$ (4)

**c** Yna, drwy integru, darganfyddwch union werth yr arwynebedd hwn. (7)

# Fformiwlâu y mae angen i chi eu cofio

Mae'r atodiad hwn yn rhestru fformiwlâu y disgwylir i ymgeiswyr eu cofio. Efallai na fyddant i gyd yn cael eu cynnwys mewn llyfrynnau fformiwlâu.

## Integru

| ffwythiant | integryn |
|---|---|
| $\cos kx$ | $\frac{1}{k}\sin kx + c$ |
| $e^{kx}$ | $\frac{1}{k}e^{kx} + c$ |
| $\frac{1}{x}$ | $\ln\lvert x\rvert + c,\ x \neq 0$ |
| $f'(x) + g'(x)$ | $f'(x) + g'(x) + c$ |
| $f'(g(x))g'(x)$ | $f(g(x)) + c$ |

## Fectorau

$$\begin{pmatrix} x \\ y \\ z \end{pmatrix} . \begin{pmatrix} a \\ b \\ c \end{pmatrix} = xa + yb + zc$$

# Rhestr o symbolau a nodiant

Bydd y nodiant canlynol yn cael ei ddefnyddio yn arholiadau mathemateg y mwyafrif o'r byrddau arholi:

| | |
|---|---|
| $\in$ | yn elfen o |
| $\notin$ | ddim yn elfen o |
| $\{x_1, x_2, \ldots\}$ | y set gydag elfennau $x_1, x_2, \ldots$ |
| $\{x: \ldots\}$ | y set o'r holl $x$ fel bo … |
| $\mathrm{n}(A)$ | nifer yr elfennau yn set $A$ |
| $\varnothing$ | y set wag |
| $\xi$ | y set gynhwysol |
| $A'$ | cyflenwad set $A$ |
| $\mathbb{N}$ | set y rhifau naturiol, $\{1, 2, 3, \ldots\}$ |
| $\mathbb{Z}$ | set y cyfanrifau, $\{0, \pm 1, \pm 2, \pm 3, \ldots\}$ |
| $\mathbb{Z}^+$ | set y cyfanrifau positif, $\{1, 2, 3, \ldots\}$ |
| $\mathbb{Z}_n$ | set y cyfanrifau modwlo $n$, $\{1, 2, 3, \ldots, n-1\}$ |
| $\mathbb{Q}$ | set y rhifau cymarebol, $\left\{\frac{p}{q}: p \in \mathbb{Z}_u, q \in \mathbb{Z}^+\right\}$ |
| $\mathbb{Q}^+$ | set y rhifau cymarebol positif, $\{x \in \mathbb{Q}: x > 0\}$ |
| $\mathbb{Q}_0{}^+$ | set y rhifau cymarebol positif a sero, $\{x \in \mathbb{Q}: x \geqslant 0\}$ |
| $\mathbb{R}$ | set y rhifau real |
| $\mathbb{R}^+$ | set y rhifau real positif, $\{x \in \mathbb{R}: x > 0\}$ |
| $\mathbb{R}_0{}^+$ | set y rhifau real positif a sero, $\{x \in \mathbb{R}: x \geqslant 0\}$ |
| $\mathbb{C}$ | set y rhifau cymhlyg |
| $(x, y)$ | y pâr trefnedig $x, y$ |
| $A \times B$ | lluosymiau Cartesaidd setiau $A$ a $B$,<br>h.y. $A \times B = \{(a, b): a \in A, b \in B\}$ |
| $\subseteq$ | yn is-set o |
| $\subset$ | yn is-set briodol o |
| $\cup$ | uniad |
| $\cap$ | croestoriad |
| $[a, b]$ | y cyfwng caeedig, $\{x \in \mathbb{R}: a \leqslant x \leqslant b\}$ |
| $[a, b), [a, b[$ | y cyfwng, $\{x \in \mathbb{R}: a \leqslant x < b\}$ |
| $(a, b], ]a, b]$ | y cyfwng, $\{x \in \mathbb{R}: a < x \leqslant b\}$ |
| $(a, b), ]a, b[$ | y cyfwng agored, $\{x \in \mathbb{R}: a < x < b\}$ |
| $y\,R\,x$ | $y$ yn perthyn i $x$ trwy'r berthynas $R$ |
| $y \sim x$ | $y$ yn gywerth ag $x$, yng nghyd-destun rhyw berthynas cywerthedd |
| $=$ | yn hafal i |
| $\neq$ | ddim yn hafal i |
| $\equiv$ | yn unfath â neu yn gyfath i |
| $\approx$ | tua'r un faint â |
| $\cong$ | yn isomorffig i |
| $\propto$ | mewn cyfrannedd â |
| $<$ | yn llai na |
| $\leqslant, \ngtr$ | yn llai na neu'n hafal i, ddim yn fwy na |

| | |
|---|---|
| $>$ | yn fwy na |
| $\geqslant, \nless$ | yn fwy na neu'n hafal i, ddim yn llai na |
| $\infty$ | anfeidredd |
| $p \wedge q$ | $p$ a $q$ |
| $p \vee q$ | $p$ neu $q$ (neu'r ddau) |
| $\sim p$ | nid $p$ |
| $p \Rightarrow q$ | $p$ yn ymhlygu $q$ (os $p$ yna $q$) |
| $p \Leftarrow q$ | $p$ a ymhlygir gan $q$ (os $q$ yna $p$) |
| $p \Leftrightarrow q$ | $p$ yn ymhlygu ac a ymhlygir gan $q$ ($p$ yn gywerth â $q$) |
| $\exists$ | mae yna |
| $\forall$ | ar gyfer yr holl |
| $a + b$ | $a$ adio $b$ |
| $a - b$ | $a$ tynnu $b$ |
| $a \times b$, $ab$, $a.b$ | $a$ wedi'i luosi â $b$ |
| $a \div b$, $\frac{a}{b}$, $a/b$ | $a$ wedi'i rannu â $b$ |
| $\sum_{i=1}^{n}$ | $a_1 + a_2 + \ldots + a_n$ |
| $\prod_{i=1}^{n}$ | $a_1 \times a_2 \times \ldots \times a_n$ |
| $\sqrt{a}$ | ail isradd positif $a$ |
| $\lvert a \rvert$ | modwlws $a$ |
| $n!$ | $n$ ffactorial |
| $\binom{n}{r}$ | y cyfernod binomaidd $\frac{n!}{r!(n-r)!}$ ar gyfer $n \in \mathbb{Z}^+$<br>$\frac{n(n-1)\ldots(n-r+1)}{r!}$ ar gyfer $n \in \mathbb{Q}$ |
| $\mathrm{f}(x)$ | gwerth ffwythiant f yn $x$ |
| $\mathrm{f}: A \to B$ | ffwythiant yw f fel bo gan bob elfen o set $A$ ddelwedd yn set $B$ |
| $\mathrm{f}: x \to y$ | mae ffwythiant f yn mapio elfen $x$ i elfen $y$ |
| $\mathrm{f}^{-1}$ | ffwythiant gwrthdro ffwythiant f |
| $\mathrm{g} \circ \mathrm{f}$, gf | ffwythiant cyfun f ac g sy'n cael ei ddiffinio gan $(\mathrm{g} \circ \mathrm{f})(x)$ neu $\mathrm{gf}(x) = \mathrm{g}(\mathrm{f}(x))$ |
| $\lim_{x \to a} \mathrm{f}(x)$ | terfan $\mathrm{f}(x)$ wrth i $x$ agosáu at $a$ |
| $\Delta x$, $\delta x$ | cynnydd $x$ |
| $\frac{\mathrm{d}y}{\mathrm{d}x}$ | deilliad $y$ mewn perthynas ag $x$ |
| $\frac{\mathrm{d}^n y}{\mathrm{d}x^n}$ | $n$fed deilliad $y$ mewn perthynas ag $x$ |
| $\mathrm{f}'(x), \mathrm{f}''(x), \ldots, \mathrm{f}^{(n)}(x)$ | deilliad cyntaf, ail ddeilliad, ..., $n$fed deilliad $\mathrm{f}(x)$ mewn perthynas ag $x$ |
| $\int y \,\mathrm{d}x$ | integryn amhendant $y$ mewn perthynas ag $x$ |
| $\int_b^a y \,\mathrm{d}x$ | integryn pendant $y$ mewn perthynas ag $x$ rhwng y terfannau |
| $\frac{\partial V}{\partial x}$ | deilliad rhannol $V$ mewn perthynas ag $x$ |
| $\dot{x}, \ddot{x}, \ldots$ | deilliad cyntaf, ail ddeilliad, ... $x$ mewn perthynas â $t$ |

| | |
|---|---|
| e | bôn y logarithmau naturiol |
| $e^x$, $\exp x$ | ffwythiant esbonyddol $x$ |
| $\log_a x$ | logarithm $x$ i'r bôn $a$ |
| $\ln x$, $\log_e x$ | logarithm naturiol $x$ |
| $\lg x$, $\log_{10} x$ | logarithm $x$ i'r bôn 10 |
| sin, cos, tan, cosec, sec, cot | y ffwythiannau cylchol |
| arcsin, arccos, arctan, arccosec, arcsec, arccot | y ffwythiannau cylchol gwrthdro |
| sinh, cosh, tanh, cosech, sech, coth | y ffwythiannau hyperbolig |
| arsinh, arcosh, artanh, arcosech, arsech, arcoth | y ffwythiannau hyperbolig gwrthdro |
| i, j | ail isradd $-1$ |
| $z$ | rhif cymhlyg, $z = x + \mathrm{i}y$ |
| Re $z$ | rhan real $z$, $\mathrm{Re}\, z = x$ |
| Im $z$ | rhan ddychmygol $z$, $\mathrm{Im}\, z = y$ |
| $\|z\|$ | modwlws $z$, $\|z\| = \sqrt{(x^2 + y^2)}$ |
| arg $z$ | yr arg o $z$, $\arg z = \theta$, $-\pi < \theta \leqslant \pi$ |
| $z^*$ | cyfiau cymhlyg $z$, $x - \mathrm{i}y$ |
| $\mathbf{M}$ | matrics $\mathbf{M}$ |
| $\mathbf{M}^{-1}$ | gwrthdro matrics $\mathbf{M}$ |
| $\mathbf{M}^{\mathrm{T}}$ | trawsddodyn matrics $\mathbf{M}$ |
| det $\mathbf{M}$ neu $\|\mathbf{M}\|$ | determinant y matrics sgwâr $\mathbf{M}$ |
| $\mathbf{a}$ | fector $\mathbf{a}$ |
| $\overrightarrow{AB}$ | y fector a gynrychiolir mewn maint a chyfeiriad gan y segment llinell cyfeiriol $AB$ |
| $\hat{a}$ | fector uned yng nghyfeiriad $\mathbf{a}$ |
| $\mathbf{i}, \mathbf{j}, \mathbf{k}$ | fectorau uned yng nghyfeiriadau'r echelinau cyfesurynnol Cartesaidd |
| $\|\mathbf{a}\|$, $a$ | maint $\mathbf{a}$ |
| $\|\overrightarrow{AB}\|$ | maint $\overrightarrow{AB}$ |
| $\mathbf{a} \cdot \mathbf{b}$ | lluoswm sgalar $\mathbf{a}$ a $\mathbf{b}$ |
| $\mathbf{a} \times \mathbf{b}$ | lluoswm fector $\mathbf{a}$ a $\mathbf{b}$ |

# Atebion

## Ymarfer 1A

1 $\frac{7}{12}$

2 $\frac{7}{20}$

3 $\dfrac{x+3}{x(x+1)}$

4 $\dfrac{5x+1}{(x-1)(x+2)}$

5 $\dfrac{8x-2}{(2x+1)(x-1)}$

6 $\dfrac{5x+34}{(x-3)(x+4)}$

7 $\dfrac{-9x-3}{2x(x-1)}$

8 $\dfrac{6x^2+14x+6}{x(x+1)(x+2)}$

9 $\dfrac{-x^2-24x-8}{3x(x-2)(2x+1)}$

10 $\dfrac{9x^2-14x-7}{(x-1)(x+1)(x-3)}$

## Ymarfer 1B

1 **a** $\dfrac{2}{(x-2)}+\dfrac{4}{(x+3)}$

**b** $\dfrac{3}{(x+1)}-\dfrac{1}{(x+4)}$

**c** $\dfrac{3}{2x}-\dfrac{5}{(x-4)}$

**ch** $\dfrac{4}{(2x+1)}-\dfrac{1}{(x-3)}$

**d** $\dfrac{2}{(x+3)}+\dfrac{4}{(x-3)}$

**dd** $-\dfrac{1}{(x-4)}-\dfrac{2}{(x+1)}$

**e** $\dfrac{2}{x}-\dfrac{3}{(x+4)}$

**f** $-\dfrac{1}{(x-3)}+\dfrac{3}{(x+5)}$

2 $A=\frac{1}{2}$, $B=-\frac{3}{2}$

## Ymarfer 1C

1 **a** $\dfrac{1}{(x+1)}-\dfrac{2}{(x-2)}+\dfrac{3}{(x+5)}$

**b** $-\dfrac{1}{x}+\dfrac{2}{(2x+1)}-\dfrac{5}{(3x-2)}$

**c** $\dfrac{3}{(x+1)}-\dfrac{2}{(x+2)}-\dfrac{6}{(x-5)}$

2 **a** $\dfrac{3}{x}-\dfrac{2}{(x+1)}+\dfrac{5}{(x-1)}$

**b** $\dfrac{4}{x}+\dfrac{2}{(x+1)}-\dfrac{1}{(x+2)}$

**c** $\dfrac{6}{(x-2)}-\dfrac{2}{(x-3)}+\dfrac{1}{(x+1)}$

## Ymarfer 1Ch

1 $\dfrac{2}{x^2}-\dfrac{1}{x}+\dfrac{4}{(x+1)}$

2 $\dfrac{3}{(x+1)}-\dfrac{2}{(x+1)^2}-\dfrac{4}{(x-1)}$

3 $-\dfrac{2}{x}+\dfrac{4}{(x-3)}+\dfrac{2}{(x-3)^2}$

4 $\dfrac{4}{x}+\dfrac{3}{(x-4)}+\dfrac{2}{(x-4)^2}$

5 $\dfrac{3}{x}+\dfrac{1}{x^2}+\dfrac{2}{(x-1)}$

6 $-\dfrac{2}{x}+\dfrac{4}{(x-3)}+\dfrac{2}{(x-3)^2}$

7 $\dfrac{2}{(x+2)}-\dfrac{4}{(x+2)^2}$

8 $\dfrac{1}{(x+2)}+\dfrac{1}{(x+2)^2}+\dfrac{1}{(x+2)^3}$

## Ymarfer 1D

1 **a** $1+\dfrac{1}{(x+1)}+\dfrac{4}{(x-3)}$

**b** $1-\dfrac{2}{(x-2)}+\dfrac{3}{(x+1)}$

**c** $x+\dfrac{3}{x}-\dfrac{4}{(x-1)}$

**ch** $2-\dfrac{4}{(x+1)}+\dfrac{1}{(x+1)^2}$

2 **a** $4+\dfrac{2}{(x-1)}+\dfrac{3}{(x+4)}$

**b** $x+\dfrac{3}{x}+\dfrac{2}{(x-2)}-\dfrac{1}{(x-2)^2}$

3 $A=2$, $B=-3$, $C=5$, $D=1$

## Ymarfer cymysg 1Dd

1 **a** $\dfrac{3}{x}-\dfrac{2}{(x-1)}$

**b** $\dfrac{4}{x}-\dfrac{2}{x^2}+\dfrac{3}{(x+1)}$

**c** $\dfrac{1}{(x-2)}+\dfrac{2}{(x+1)}-\dfrac{3}{(x-5)}$

**ch** $1-\dfrac{1}{2x}+\dfrac{5}{2(x-2)}$

2 **a** $\dfrac{3}{(x+1)}-\dfrac{2}{(x+1)^2}$

**b** $2-\dfrac{1}{(x+3)}-\dfrac{1}{(x-1)}$

**c** $\dfrac{3}{(x+2)}-\dfrac{4}{(x+2)^3}$

**ch** $x^2+2x+3+\dfrac{1}{(x-1)^2}+\dfrac{4}{(x-1)}$

3 **a** $f(-3)=0$ neu $f(x)=(x+3)(2x^2+3x+1)$

**b** $\dfrac{1}{(x+3)}+\dfrac{8}{(2x+1)}-\dfrac{5}{(x+1)}$

## Ymarfer 2A

1

| $t$ | −5 | −4 | −3 | −2 | −1 | −0.5 | 0.5 | 1 | 2 | 3 | 4 | 5 |
|---|---|---|---|---|---|---|---|---|---|---|---|---|
| $x=2t$ | −10 | −8 | −6 | −4 | −2 | −1 | 1 | 2 | 4 | 6 | 8 | 10 |
| $y=\frac{5}{t}$ | −1 | −1.25 | −1.67 | −2.5 | −5 | −10 | 10 | 5 | 2.5 | 1.67 | 1.25 | 1 |

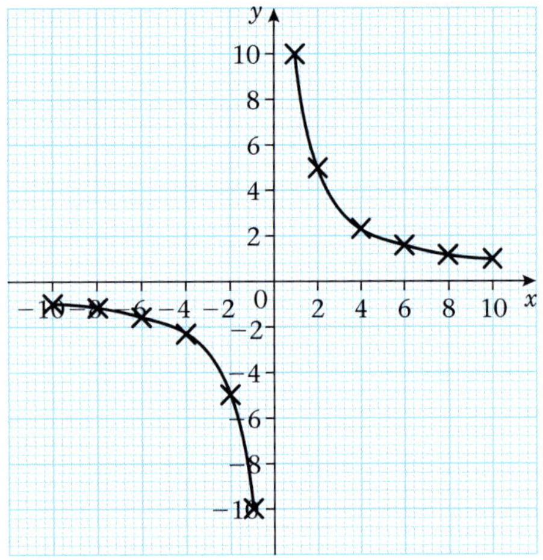


**2**

| $t$ | −4 | −3 | −2 | −1 | 0 | 1 | 2 | 3 | 4 |
|---|---|---|---|---|---|---|---|---|---|
| $x = t^2$ | 16 | 9 | 4 | 1 | 0 | 1 | 4 | 9 | 16 |
| $y = \frac{t^3}{5}$ | −12.8 | −5.4 | −1.6 | −0.2 | 0 | 0.2 | 1.6 | 5.4 | 12.8 |

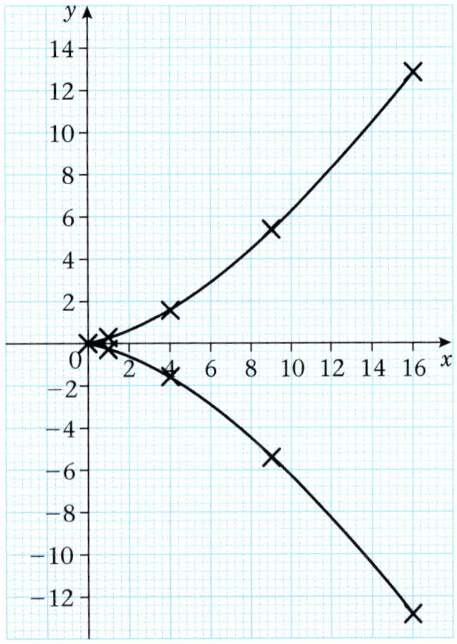


**3** **a**

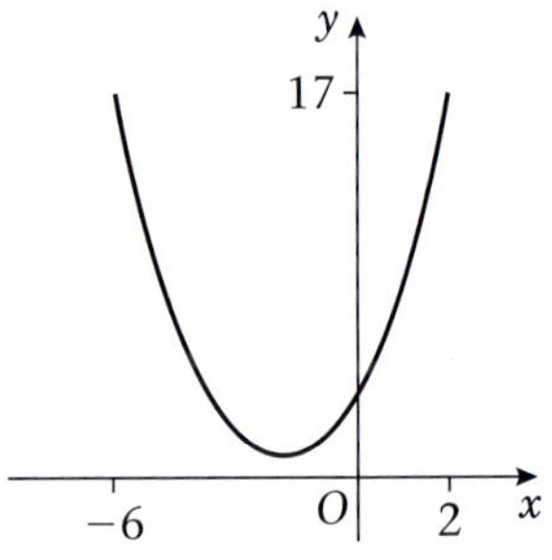


**b**

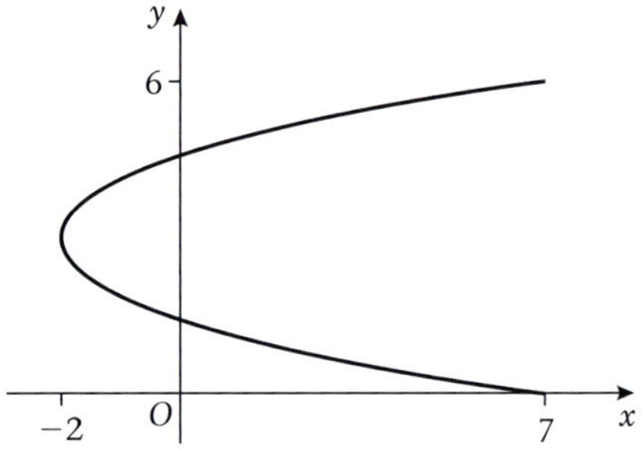


**c**

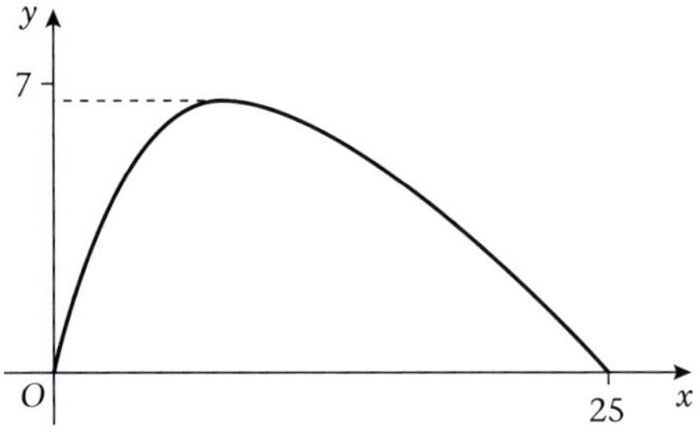


**ch**

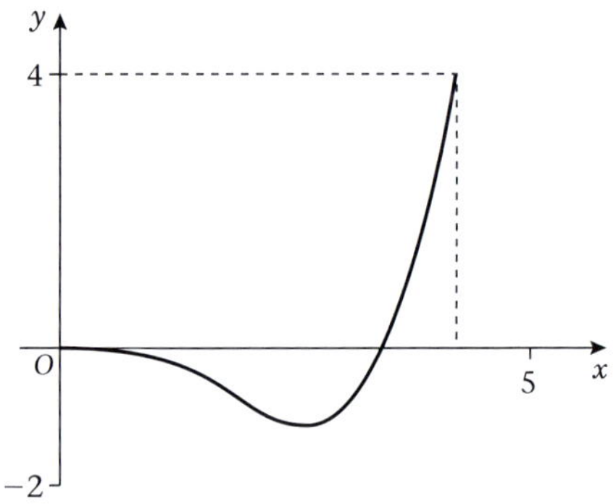


**d**

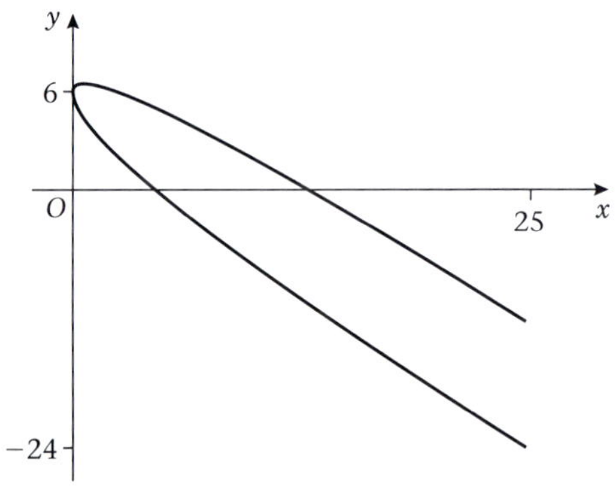


**4** **a** $y = (x + 2)^2$ **b** $y = x^2 - 10x + 24$

**c** $y = 3 - \frac{1}{x}$ **ch** $y = \frac{2}{x - 1}$

**d** $y = \frac{15 - x}{2}$ **dd** $y = x^2(9 - x^2)$

**e** $\frac{1}{9}(x - 2)(x + 7)$ **f** $y = \left(\frac{1 + 2x}{x}\right)^2$

**ff** $y = \frac{x}{1 - 3x}$ **g** $y = \frac{x}{3x - 1}$

**5** $y = \frac{3}{2}x + \frac{1}{2}$

## Ymarfer 2B

**1** **a** (11, 0) **b** (7, 0) **c** (1, 0), (9, 0)

**ch** (1, 0), (2, 0) **d** $(\frac{9}{5}, 0)$

**2** **a** $(0, -5)$ **b** $(0, \frac{9}{16})$ **c** $(0, 0), (0, 12)$
**ch** $(0, \frac{1}{2})$ **d** $(0, 1)$
**3** 4
**4** 4
**5** **a** $p = -\frac{2}{5}$ **b** $(0, -\frac{13}{4})$
**6** $\frac{8}{3}$
**7** $(\frac{1}{2}, \frac{3}{2})$
**8** $(1, 0), (17, 12)$
**9** $t = \frac{5}{2}, t = -\frac{3}{2}; (\frac{25}{4}, 5), (\frac{9}{4}, -3)$
**10** $(1, 2), (1, -2), (4, 4), (4, -4)$

## Ymarfer 2C

**1**

| $t$ | 0 | $\frac{\pi}{6}$ | $\frac{\pi}{3}$ | $\frac{\pi}{2}$ | $\frac{2\pi}{3}$ | $\frac{5\pi}{6}$ | $\pi$ | $\frac{7\pi}{6}$ | $\frac{4\pi}{3}$ | $\frac{3\pi}{2}$ | $\frac{5\pi}{3}$ | $\frac{11\pi}{6}$ | $2\pi$ |
|---|---|---|---|---|---|---|---|---|---|---|---|---|---|
| $x = 2\sin t$ | 0 | 1 | 1.73 | 2 | 1.73 | 1 | 0 | −1 | −1.73 | −2 | −1.73 | −1 | 0 |
| $y = \cos t$ | 1 | 0.87 | 0.5 | 0 | −0.5 | −0.87 | −1 | −0.87 | −0.5 | 0 | 0.5 | 0.87 | 1 |

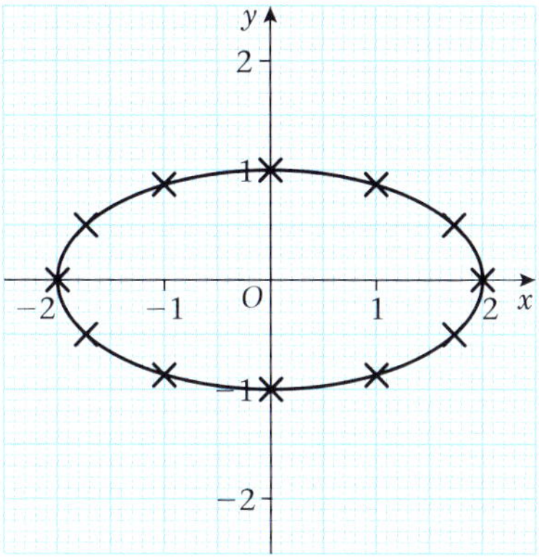


**2**

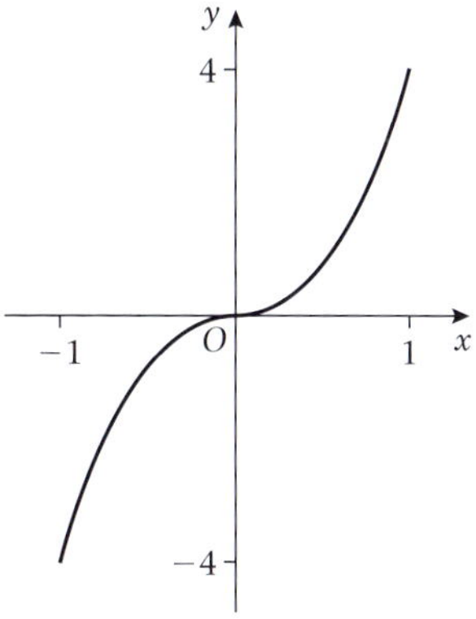


**3** **a** $x^2 + y^2 = 1$
**b** $(x + 3)^2 + y^2 = 1$
**c** $(x + 2)^2 + (y - 3)^2 = 1$
**ch** $\left(\frac{x}{2}\right)^2 + \left(\frac{y}{3}\right)^2 = 1$
**d** $\left(\frac{x+1}{2}\right)^2 + \left(\frac{y-4}{5}\right)^2 = 1$
**dd** $y = 2x\sqrt{1 - x^2}$
**e** $y = 4x^2 - 2$
**f** $y = \frac{x}{\sqrt{1 - x^2}}$
**ff** $y = \frac{4}{x - 2}$
**g** $y^2 = 1 + \left(\frac{x}{3}\right)^2$
**4** **a** $(x + 5)^2 + (y - 2)^2 = 1$ **b** $1, (-5, 2)$
**5** $4, (3, -1)$

## Ymarfer 2Ch

**1** **a** $4t - 3$
**b** $3t^2(t^2 + 1)$
**c** $4(1 - t^2)(2t - 3)$
**ch** $4t$
**d** $3t^{\frac{5}{2}}$
**dd** $-\frac{40}{t}$
**e** $10t^{-2}$
**f** $\frac{1}{3}t^{-\frac{1}{6}}$
**ff** $8t^2 - 12t^3$
**g** $4t^{\frac{5}{3}}$
**2** 112
**3** 744
**4** $306\frac{9}{16}$
**5** $17\frac{1}{15}$
**6** **a** 12
**b** 24
**7** **a** 2
**b** 35
**8** **a** **i** 2 **ii** 3
**b** 38
**9** $52\frac{1}{12}$
**10** **a** **i** −1 **ii** −2 **b** 1

## Ymarfer cymysg 2D

**1** **a** $(4, 0), (0, 3)$
**b** $(2\sqrt{3}, \frac{3}{2})$
**c** $\left(\frac{x}{4}\right)^2 + \left(\frac{y}{3}\right)^2 = 1$
**2**

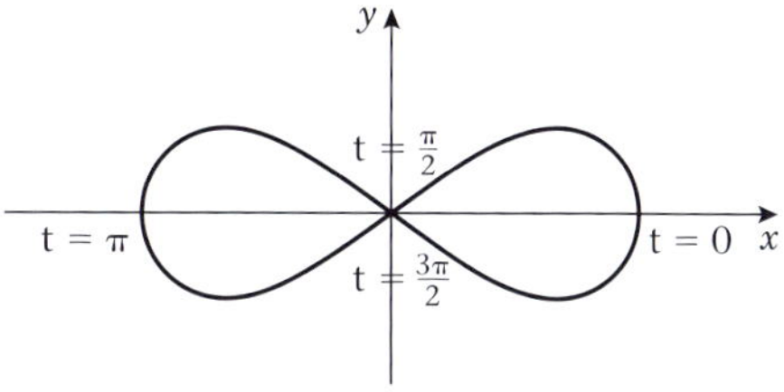


**3** **a** $y = 1 - 2x^2$
**b** $\frac{\sqrt{2}}{2}, -\frac{\sqrt{2}}{2}$
**4** $t = \frac{1}{x} - 1$
**5** **a** $(x + 3)^2 + (y - 5)^2 = 16$
**b**

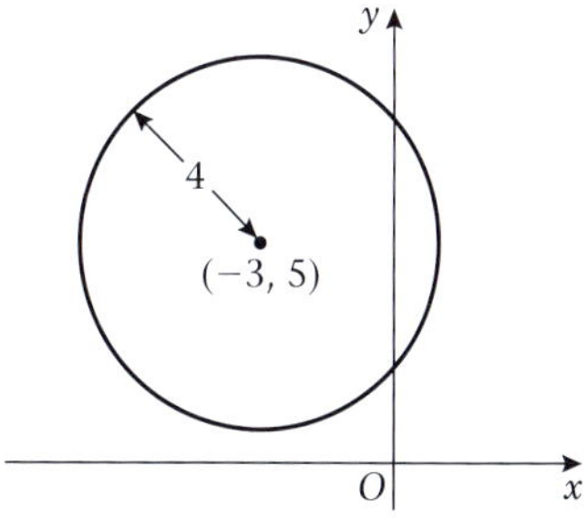


**c** $(0, 5 + \sqrt{7}), (0, 5 - \sqrt{7})$
**6** $y = \frac{1}{5}x + \frac{13}{5}$

**7 a**

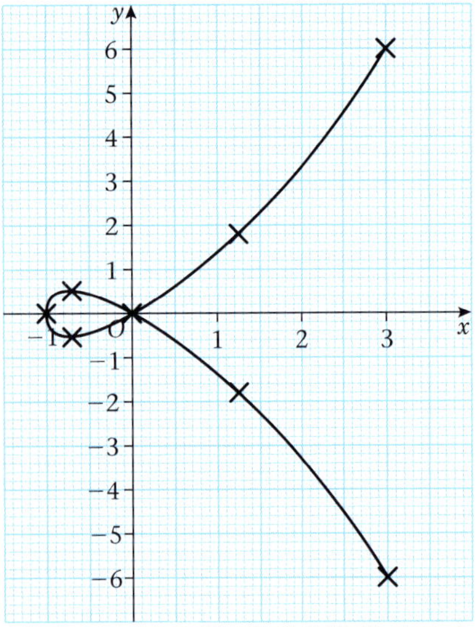


**b** $\frac{8}{15}$

**8 a**

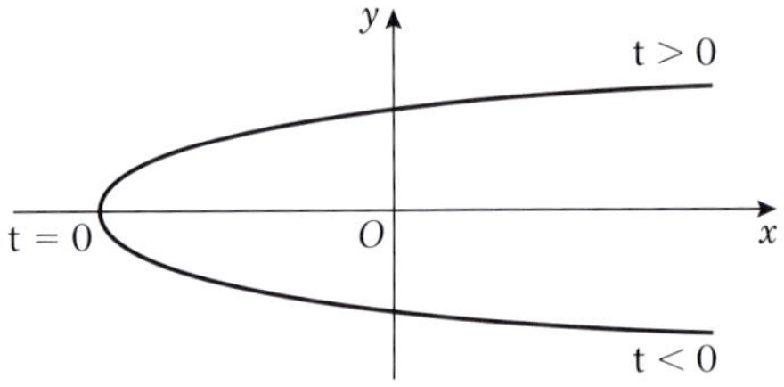


**c** $\dfrac{16\sqrt{2}}{3}$

**9** 18

**10 b** $12\frac{4}{5}$

## Ymarfer 3A

**1 a** $1 + 6x + 12x^2 + 8x^3$, dilys yn achos pob $x$

**b** $1 + x + x^2 + x^3$, $|x| < 1$

**c** $1 + \frac{1}{2}x - \frac{1}{8}x^2 + \frac{1}{16}x^3$, $|x| < 1$

**ch** $1 - 6x + 24x^2 - 80x^3$, $|x| < \frac{1}{2}$

**d** $1 - x - x^2 - \frac{5}{3}x^3$, $|x| < \frac{1}{3}$

**dd** $1 - 15x + \frac{75}{2}x^2 + \frac{125}{2}x^3$, $|x| < \frac{1}{10}$

**e** $1 - x + \frac{5}{8}x^2 - \frac{5}{16}x^3$, $|x| < 4$

**f** $1 - 2x^2 + \ldots$, $|x| < \dfrac{\sqrt{2}}{2}$

**2** $|x| < \frac{1}{2}$

**3** $1 + \dfrac{3x}{2} - \dfrac{9}{8}x^2 + \dfrac{27}{16}x^3$, 10.148 891 88, yn gywir i 6 lle degol

**4** $a = \pm 8$, $\mp 160x^3$

**6** $1 - \dfrac{9x}{2} + \dfrac{27x^2}{8} + \dfrac{27x^3}{16}$, $x = 0.01$, 955.339(1875)

## Ymarfer 3B

**1 a** $2 + \dfrac{x}{2} - \dfrac{x^2}{16} + \dfrac{x^3}{64}$, $|x| < 2$

**b** $\dfrac{1}{2} - \dfrac{x}{4} + \dfrac{x^2}{8} - \dfrac{x^3}{16}$, $|x| < 2$

**c** $\dfrac{1}{16} + \dfrac{x}{32} + \dfrac{3x^2}{256} + \dfrac{x^3}{256}$, $|x| < 4$

**ch** $3 + \dfrac{x}{6} - \dfrac{x^2}{216} + \dfrac{x^3}{3888}$, $|x| < 9$

**d** $\dfrac{\sqrt{2}}{2} - \dfrac{\sqrt{2}}{8}x + \dfrac{3\sqrt{2}}{64}x^2 - \dfrac{5\sqrt{2}}{256}x^3$, $|x| < 2$

**dd** $\dfrac{5}{3} - \dfrac{10}{9}x + \dfrac{20}{27}x^2 - \dfrac{40}{81}x^3$, $|x| < \dfrac{3}{2}$

**e** $\dfrac{1}{2} + \dfrac{1}{4}x - \dfrac{1}{8}x^2 + \dfrac{1}{16}x^3$, $|x| < 2$

**f** $\sqrt{2} + \dfrac{3\sqrt{2}}{4}x + \dfrac{15\sqrt{2}}{32}x^2 + \dfrac{51\sqrt{2}}{128}x^3$, $|x| < 1$

**2** $|x| < 4$

**3** $2 - \dfrac{x}{4} - \dfrac{x^2}{64} - \dfrac{x^3}{512}$, $\dfrac{736\,055}{124\,416}$ yn gywir i 6 lle degol

**4** $a = \pm 2$, $b = \mp 1$, $c = \frac{3}{16}$

## Ymarfer 3C

**1 a** $\dfrac{4}{(1-x)} - \dfrac{4}{(2+x)}$

**b** $2 + 5x + \dfrac{7}{2}x^2$

**c** dilys $|x| < 1$

**2 a** $-\dfrac{2}{(2+x)} + \dfrac{4}{(2+x)^2}$

**b** $B = \frac{1}{2}$, $C = -\frac{3}{8}$

**c** $|x| < 2$

**3 a** $\dfrac{2}{(1+x)} + \dfrac{3}{(1-x)} - \dfrac{4}{(2+x)}$

**b** $3 + 2x + \dfrac{9}{2}x^2 + \dfrac{5}{4}x^3$

**c** dilys $|x| < 1$

## Ymarfer cymysg 3Ch

**1 a** $1 - 12x + 48x^2 - 64x^3$, pob $x$

**b** $4 + \dfrac{x}{8} - \dfrac{x^2}{512} + \dfrac{x^3}{16\,384}$, $|x| < 16$

**c** $1 + 2x + 4x^2 + 8x^3$, $|x| < \frac{1}{2}$

**ch** $2 - 3x + \dfrac{9}{2}x^2 - \dfrac{27}{4}x^3$, $|x| < \frac{2}{3}$

**d** $2 + \dfrac{x}{4} + \dfrac{3}{64}x^2 + \dfrac{5}{512}x^3$, $|x| < 4$

**dd** $1 - 2x + 6x^2 - 18x^3$, $|x| < \frac{1}{3}$

**e** $1 + 4x + 8x^2 + 12x^3$, $|x| < 1$

**f** $-3 - 8x - 18x^2 - 38x^3$, $|x| < \frac{1}{2}$

**2** $1 - \dfrac{x}{4} - \dfrac{x^2}{32} - \dfrac{x^3}{128}$

**4 a** $2 - \dfrac{x}{4} - \dfrac{x^2}{64} - \dfrac{x^3}{512}$ **b** $2 + \dfrac{15}{4}x - \dfrac{33}{64}x^2 - \dfrac{17}{512}x^3$

**5 a** $\dfrac{1}{2} - \dfrac{3}{4}x + \dfrac{9}{8}x^2 - \dfrac{27}{16}x^3$ **b** $\dfrac{1}{2} - \dfrac{x}{4} + \dfrac{3}{8}x^2 - \dfrac{9}{16}x^3$

**6** $\dfrac{1}{2} - \dfrac{x}{16} + \dfrac{3}{256}x^2 - \dfrac{5}{2048}x^3$

**7 a** $1 - 3x + 9x^2 - 27x^3$

**b** $1 - 2x + 6x^2 - 18x^3$

**c** $x = 0.01$, 0.980 58

**8** $1 - \dfrac{3}{2}x^2 + \dfrac{27}{8}x^4 - \dfrac{135}{16}x^6$

**9** $1 + \dfrac{x}{2} - \dfrac{x^2}{8} + \dfrac{x^3}{16}$, $\dfrac{1145}{512}$

**10** **a** $n = -2, a = 3$
**b** $-108$
**c** $|x| < \frac{1}{3}$

**11** **a** $\dfrac{3}{(1+x)} + \dfrac{6}{(2+x)} - \dfrac{4}{(2+x)^2}$
**b** $B = 3, C = \dfrac{-23}{8}$
**c** $|x| < 1$

## Ymarfer 4A

**1** **a** $\dfrac{2t-3}{2}$ **b** $\dfrac{6t^2}{6t} = t$ **c** $\dfrac{4}{1+6t}$
**ch** $\dfrac{15t^3}{2}$ **d** $-3t^3$ **dd** $t(1-t)$
**e** $\dfrac{2t}{t^2-1}$ **f** $\dfrac{2}{(t^2+2t)e^t}$ **ff** $-\frac{3}{4}\tan 3t$
**g** $4\tan t$ **ng** $\operatorname{cosec} t$ **h** $\cot t$

**2** **a** $y = \dfrac{\pi}{6}x + \dfrac{\pi}{3}$ **b** $2y + 5x = 57$

**3** **a** $x = 1$ **b** $y + \sqrt{3}x = \sqrt{3}$

**4** (0, 0) a (−2, −4)

## Ymarfer 4B

**1** **a** $-\dfrac{2x}{3y^2}$ **b** $-\dfrac{x}{5y}$ **c** $\dfrac{x+3}{4-5y}$
**ch** $\dfrac{4-6xy}{3x^2+3y^2}$ **d** $\dfrac{3x^2-2y}{6y+2x-2}$ **dd** $\dfrac{3x^2-y}{2+x}$
**e** $\dfrac{4(x-y)^3-1}{1+4(x-y)^3}$ **f** $\dfrac{e^y - ye^x}{e^x - xe^y}$ **ff** $-\dfrac{(2\sqrt{xy}+y)}{(4y\sqrt{xy}+x)}$

**2** $9y + 7x = 23$

**3** $y = 2x - 2$

**4** (3, 1) a (3, 3)

## Ymarfer 4C

**1** **a** $3^x \ln 3$ **b** $(\frac{1}{2})^x \ln(\frac{1}{2})$
**c** $a^x(1 + x\ln a)$ **ch** $\dfrac{2^x(x\ln 2 - 1)}{x^2}$

**2** $4y = 15\ln 2(x-2) + 17$

**3** −9.07 milicurie/dydd

**4** $P = 37\,000\,k^t$ lle mae $k = \sqrt[100]{\dfrac{109}{37}}$
1178 o bobl y flwyddyn
Cyfradd cynnydd y boblogaeth yn ystod y flwyddyn 2000.

## Ymarfer 4Ch

**1** $\dfrac{8}{9\pi}$ **2** $6\pi$ **3** $15e^2$ **4** $-\frac{9}{2}$

## Ymarfer 4D

**1** $\dfrac{dM}{dt} = -kM$

**4** $\dfrac{dQ}{dt} = -kQ$

**5** $\dfrac{dx}{dt} = \dfrac{k}{x^2}$

**6** $\dfrac{dD}{dt} = kD - Q$

**7** $\dfrac{dr}{dt} = \dfrac{k}{r}$

**8** $\dfrac{d\theta}{dt} = -k(\theta - \theta_0)$

**11** $\dfrac{dh}{dt} = -\dfrac{18}{\pi h^2}$

## Ymarfer cymysg 4Dd

**1** **a** $\dfrac{dy}{dx} = -\dfrac{4}{t^3}$ **b** $y = 2x - 8$

**2** $3y + x =$

**3** $y = \frac{2}{3}x + \frac{1}{3}$

**4** **a** $\dfrac{dx}{dt} = -2\sin t + 2\cos 2t$; $\dfrac{dy}{dt} = -\sin t - 4\cos 2t$
**b** $\frac{1}{2}$
**c** $y + 2x = \dfrac{5\sqrt{2}}{2}$

**5** **b** 2

**6** $\dfrac{dV}{dt} = -kV$

**7** **a** $-\frac{4}{5}$ **b** $5y + 4x = 20\sqrt{2}$ **c** $(5\sqrt{2}, 0)$

**8** **a** $\dfrac{\pi}{6}$ **b** $-\frac{3}{16}\operatorname{cosec} t$ **ch** $-\frac{123}{64}$

**9** **a** $-\frac{1}{2}\sec t$ **b** $4y + 4x = 5a$

**10** $y + x = 16$

**11** **a** $\dfrac{\pi^2}{4}$ **b** $\dfrac{\cos 2t}{t}$

**12** $\frac{1}{7}$

**13** $\dfrac{y - 2e^{2x}}{2e^{2y} - x}$

**14** (1, 1) a $(-\sqrt[3]{-3}, \sqrt[3]{-3})$.

**15** $-\frac{1}{4}$

**16** **a** $\dfrac{2x - 2 - y}{1 + x - 2y}$
**b** $\frac{4}{3}, -\frac{1}{3}$
**c** $\left(\dfrac{5+2\sqrt{13}}{3}, \dfrac{4+\sqrt{13}}{3}\right)$ a $\left(\dfrac{5-2\sqrt{13}}{3}, \dfrac{4-\sqrt{13}}{3}\right)$

**19** **b** $\dfrac{6t}{2^t \ln 2}$ **c** 1.307

**21** **a** $\dfrac{\ln P - \ln P_0}{\ln 1.09}$ **b** 8.04 blwyddyn **c** $0.172\,P_0$

## Ymarfer 5A

**1**

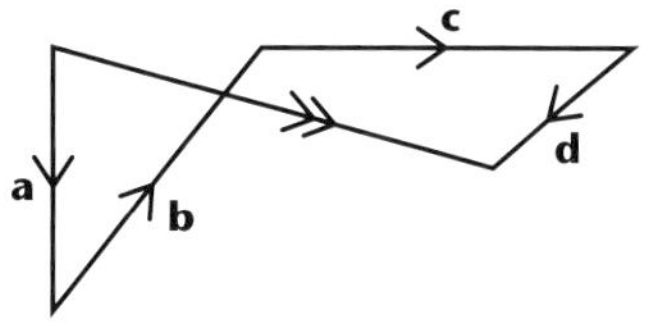


**2** 25

**3** $\sqrt{569} \approx 23.9$

**4** **a** $\mathbf{d} - \mathbf{a}$ **b** $\mathbf{a} + \mathbf{b} + \mathbf{c}$
**c** $\mathbf{a} + \mathbf{b} - \mathbf{d}$ **d** $\mathbf{a} + \mathbf{b} + \mathbf{c} - \mathbf{d}$

## Ymarfer 5B

**1** **a** $2\mathbf{a} + 2\mathbf{b}$ **b** $\mathbf{a} + \mathbf{b}$ **c** $\mathbf{b} - \mathbf{a}$

**2** **a** $\mathbf{b} - \frac{1}{2}\mathbf{a}$ **b** $\mathbf{b} - 3\mathbf{a}$
**c** $\frac{3}{2}\mathbf{a} - \mathbf{b}$ **ch** $2\mathbf{a} - \mathbf{b}$

**3** **a** Ydy ($\lambda = 2$) **b** Ydy ($\lambda = 4$)
**c** Nac ydy **ch** Ydy ($\lambda = -1$)
**d** Ydy ($\lambda = -3$) **dd** Nac ydy

**4** **a** $\lambda = \frac{1}{2}, \mu = -3$ **b** $\lambda = -2, \mu = 1$
**c** $\lambda = \frac{1}{4}, \mu = 5$ **ch** $\lambda = -2, \mu = -1$
**d** $\lambda = 4, \mu = 8\frac{1}{2}$

**5** **a** $\mathbf{b} - \mathbf{a}$, $\frac{5}{6}(\mathbf{b} - \mathbf{a})$, $\frac{1}{6}\mathbf{a} + \frac{5}{6}\mathbf{b}$ **b** $-\frac{1}{6}\mathbf{a} + (\lambda - \frac{5}{6})\mathbf{b}$
**c** $-\mu\mathbf{a} + (\mu - \lambda)\mathbf{b}$ **ch** $\lambda = \frac{1}{2}, \mu = \frac{1}{6}$

**6** **a** **i** $-\mathbf{a} + \mathbf{b}$ **ii** $\frac{2}{3}\mathbf{a} - \frac{7}{4}\mathbf{b}$
**b** $(\frac{2}{3}\lambda - \mu)\mathbf{a} + (\frac{3}{4} - \frac{7}{4}\lambda + \mu)\mathbf{b} = \mathbf{0}$
**ch** $\frac{6}{13}$
**d** $\frac{6}{13}\mathbf{a} + \frac{7}{13}\mathbf{b}$
**dd** $\frac{13}{10}$

**7** **a** $-\mathbf{a}+\mathbf{b}$ **b** $\frac{1}{2}\mathbf{a}+\frac{1}{2}\mathbf{b}$

**c** $\frac{3}{8}\mathbf{a}+\frac{3}{8}\mathbf{b}$ **ch** $-\frac{5}{8}\mathbf{a}+\frac{3}{8}\mathbf{b}$

**d** $-\mathbf{a}+k\mathbf{b}$ **dd** $5:3,\ k=\frac{3}{5}$

**8** **a** $\frac{1}{3}\mathbf{a}$

**b** $\frac{1}{4}\mathbf{a}+\frac{3}{4}\mathbf{b}$

**c** $-\frac{1}{12}\mathbf{a}+\frac{3}{4}\mathbf{b}$

**ch** $2\mathbf{b}$

**d** $-\frac{1}{4}\mathbf{a}+\frac{1}{4}\mathbf{b}$

**dd** $-\frac{1}{4}\mathbf{a}+\frac{9}{4}\mathbf{b}$

**e** $1:3$

**f** $-\frac{1}{3}\mathbf{a}+\mathbf{b},\ -\mathbf{a}+3\mathbf{b},\ \overrightarrow{AG}=3\overrightarrow{EB}$ $\therefore$ paralel

## Ymarfer 5C

**1** $\frac{5}{6}\mathbf{a}+\frac{1}{6}\mathbf{b}$

**2** $-\frac{1}{2}\mathbf{a}-\frac{1}{2}\mathbf{b}+\mathbf{c}$

**3** $\overrightarrow{OC}=-2\mathbf{a}+2\mathbf{b},\ \overrightarrow{OD}=-3\mathbf{a}+2\mathbf{b},\ \overrightarrow{OE}=-2\mathbf{a}+\mathbf{b}$

## Ymarfer 5Ch

**1** **a** $\begin{pmatrix}12\\3\end{pmatrix}$ **b** $\begin{pmatrix}-1\\16\end{pmatrix}$ **c** $\begin{pmatrix}-21\\-29\end{pmatrix}$

**2** **a** $3\mathbf{i}-\mathbf{j},\ 4\mathbf{i}+5\mathbf{j},\ -2\mathbf{i}+6\mathbf{j}$

**b** $\mathbf{i}+6\mathbf{j}$

**c** $-5\mathbf{i}+7\mathbf{j}$

**ch** $\sqrt{40}=2\sqrt{10}$

**d** $\sqrt{37}$

**dd** $\sqrt{74}$

**3** **a** $\frac{1}{5}\begin{pmatrix}4\\3\end{pmatrix}$ **b** $\frac{1}{13}\begin{pmatrix}5\\-12\end{pmatrix}$

**c** $\frac{1}{25}\begin{pmatrix}-7\\24\end{pmatrix}$ **ch** $\frac{1}{\sqrt{10}}\begin{pmatrix}1\\-3\end{pmatrix}$

**4** $-7$ neu $-23$

## Ymarfer 5D

**1** $\sqrt{84}\approx 9.17$

**2** $\sqrt{147}\approx 12.1$

**3** **a** $\sqrt{14}\approx 3.74$ **b** 15

**c** $\sqrt{50}\approx 7.07$ **ch** $\sqrt{30}\approx 5.48$

**4** 5 neu 9

**5** $-4$ neu 10

## Ymarfer 5Dd

**1** **a** $\sqrt{35}$ **b** $\sqrt{20}=2\sqrt{5}$ **c** $\sqrt{3}$

**ch** $\sqrt{170}$ **d** $\sqrt{75}=5\sqrt{3}$

**2** **a** $\begin{pmatrix}7\\1\\-1\end{pmatrix}$ **b** $\begin{pmatrix}-5\\5\\-5\end{pmatrix}$ **c** $\begin{pmatrix}14\\-3\\1\end{pmatrix}$

**ch** $\begin{pmatrix}8\\4\\4\end{pmatrix}$ **d** $\begin{pmatrix}8\\-6\\10\end{pmatrix}$ **dd** $10\sqrt{2}$

**3** $7\mathbf{i}-3\mathbf{j}+2\mathbf{k}$

**4** 6 neu $-6$

**5** $\sqrt{3}$ neu $-\sqrt{3}$

**6** **a** $\begin{pmatrix}2t-2\\-4\\2t\end{pmatrix}$ **b** $\sqrt{8t^2-8t+20}$

**c** $t=\frac{1}{2}$ **ch** $3\sqrt{2}$

**7** **a** $\begin{pmatrix}-t\\4-t\\-1\end{pmatrix}$ **b** $\sqrt{2t^2-8t+17}$

**c** $t=2$ **ch** 3

## Ymarfer 5E

**1** $\frac{9}{2}$

**2** **a** 2 **b** 17 **c** $-6$

**ch** 20 **d** 0

**3** **a** 55.5° **b** 94.8° **c** 87.4° **ch** 79.0°

**d** 100.9° **dd** 53.7° **e** 132.2° **f** 70.5°

**4** **a** $-10$ **b** 5 **c** $2\frac{3}{5}$

**ch** $-2\frac{1}{2}$ **d** $-5$ neu 2

**5** **a** 32.9° **b** 117.8°

**6** **a** 20.5° **b** 109.9°

**7** $\dfrac{2\sqrt{2}}{3}$

**9** **a** $2\mathbf{a}.\mathbf{b}+\mathbf{a}.\mathbf{c}$ **b** $13+2\mathbf{a}.\mathbf{b}$ **c** $2|\mathbf{a}|^2-|\mathbf{b}|^2$

**10** **a** $\mathbf{i}+2\mathbf{j}+\mathbf{k}$ **b** $3\mathbf{i}+2\mathbf{j}+3\mathbf{k}$ **c** $3\mathbf{i}+2\mathbf{j}+4\mathbf{k}$

**11** 64.7°, 64.7°, 50.6°

**12** **a** $\sqrt{33},\ \sqrt{173}$ **b** 29.1°

**13** $\frac{2}{27}$

## Ymarfer 5F

**1** **a** $\mathbf{r}=\begin{pmatrix}6\\5\\-1\end{pmatrix}+t\begin{pmatrix}2\\-3\\-1\end{pmatrix}$ **b** $\mathbf{r}=\begin{pmatrix}2\\5\\0\end{pmatrix}+t\begin{pmatrix}1\\1\\1\end{pmatrix}$

**c** $\mathbf{r}=\begin{pmatrix}-7\\6\\2\end{pmatrix}+t\begin{pmatrix}3\\1\\2\end{pmatrix}$ **ch** $\mathbf{r}=\begin{pmatrix}2\\0\\4\end{pmatrix}+t\begin{pmatrix}-3\\2\\1\end{pmatrix}$

**d** $\mathbf{r}=\begin{pmatrix}6\\-11\\2\end{pmatrix}+t\begin{pmatrix}0\\5\\-2\end{pmatrix}$

**2** **a** 34.4 **b** 28 **c** 20.4

**3** $\mathbf{r}=\begin{pmatrix}4\\-3\\8\end{pmatrix}+t\begin{pmatrix}0\\0\\1\end{pmatrix}$

**4** **a** $\mathbf{r}=\begin{pmatrix}2\\1\\9\end{pmatrix}+t\begin{pmatrix}2\\-2\\-1\end{pmatrix}$ **b** $\mathbf{r}=\begin{pmatrix}-3\\5\\0\end{pmatrix}+t\begin{pmatrix}10\\-3\\2\end{pmatrix}$

**c** $\mathbf{r}=\begin{pmatrix}1\\11\\-4\end{pmatrix}+t\begin{pmatrix}4\\-2\\6\end{pmatrix}$ **ch** $\mathbf{r}=\begin{pmatrix}-2\\-3\\-7\end{pmatrix}+t\begin{pmatrix}14\\7\\4\end{pmatrix}$

**5** **a** $p=1,\ q=10$

**b** $p=-6\frac{1}{2},\ q=-21$

**c** $p=-19,\ q=-15$

## Ymarfer 5Ff

**1** Ydynt, (8, 7, 2)

**2** Nac ydynt

**3** Ydynt, (16, 2, −14)

**4** Ydynt, (3, 1, 7)

**5** Nac ydynt

## Ymarfer 5G

**1** 79.5°

**2** 40.7°

**3** 81.6°

**4** 72.7°

**5** 76.9°

**6** **b** $\frac{29}{30}$

**c** (10, 7, 2) neu (−8, 1, 2)

## Ymarfer cymysg 5Ng

**1** **a** $3\mathbf{i}+4\mathbf{j}+5\mathbf{k},\ \mathbf{i}+\mathbf{j}+4\mathbf{k}$

**2** $-7\mathbf{i}-2\mathbf{j}-5\mathbf{k}$

**3** AD: $\mathbf{r} = (6\mathbf{i} + 8\mathbf{j}) + t(4\mathbf{i} - 3\mathbf{j})$
BC: $\mathbf{r} = (9\mathbf{i} + 12\mathbf{j}) + s(\mathbf{i} + 3\mathbf{j})$
$\frac{22}{3}\mathbf{i} + 7\mathbf{j}$

**4** $(1, 1, 2)$, $70.5°$

**5** $4\mathbf{i} + 7\mathbf{j} - 5\mathbf{k}$

**6** $-\mathbf{i} + 3\mathbf{j} + \mathbf{k}$

**7** $\mathbf{r} = \begin{pmatrix} 1 \\ -1 \\ 3 \end{pmatrix} + t\begin{pmatrix} 0 \\ 3 \\ -1 \end{pmatrix}$, $\mathbf{i} + \mathbf{j} + \frac{7}{3}\mathbf{k}$

**8** **a** $\frac{1}{5}$ neu 1
**b** $-3\mathbf{i} + 3\mathbf{j} + 8\mathbf{k}$
**c** $82°$

**9** **a** 5
**b** $3\mathbf{i} + 4\mathbf{j} + 2\mathbf{k}$
**c** $\mathbf{r} = \begin{pmatrix} 5 \\ 1 \\ 5 \end{pmatrix} + t\begin{pmatrix} 2 \\ -3 \\ 3 \end{pmatrix}$

**10** **b** $\sqrt{11}$ **c** $35°$ **ch** 1.9

**11** **a** $\mathbf{r} = \begin{pmatrix} 5 \\ -1 \\ -1 \end{pmatrix} + t\begin{pmatrix} -1 \\ -1 \\ 2 \end{pmatrix}$ **ch** $3\mathbf{i} - 3\mathbf{j} + 3\mathbf{k}$

**12** **a** $\mathbf{r} = \begin{pmatrix} 9 \\ -2 \\ 1 \end{pmatrix} + t\begin{pmatrix} -3 \\ 4 \\ 5 \end{pmatrix}$ **b** $p = 6$, $q = 11$
**c** $39.8°$ **ch** $\frac{36}{5}\mathbf{i} + \frac{2}{5}\mathbf{j} + 4\mathbf{k}$

**13** **a** $\mathbf{r} = \begin{pmatrix} 1 \\ 2 \\ -3 \end{pmatrix} + t\begin{pmatrix} 4 \\ -5 \\ 3 \end{pmatrix}$
**c** $19.5°$
**ch** 1

**14** **b** $5\mathbf{i} - \mathbf{k}$ **ch** 1.5 km

## Ymarfer 6A

**1** **a** $3\tan x + 5\ln|x| - \dfrac{2}{x} + C$
**b** $5e^x + 4\cos x + \dfrac{x^4}{2} + C$
**c** $-2\cos x - 2\sin x + x^2 + C$
**ch** $3\sec x - 2\ln|x| + C$
**d** $5e^x + 4\sin x + \dfrac{2}{x} + C$
**dd** $\frac{1}{2}\ln|x| - 2\cot x + C$
**e** $\ln|x| - \dfrac{1}{x} - \dfrac{1}{2x^2} + C$
**f** $e^x - \cos x + \sin x + C$
**ff** $-2\operatorname{cosec} x - \tan x + C$
**g** $e^x + \ln|x| + \cot x + C$

**2** **a** $\tan x - \dfrac{1}{x} + C$
**b** $\sec x + 2e^x + C$
**c** $-\cot x - \operatorname{cosec} x - \dfrac{1}{x} + \ln|x| + C$
**ch** $-\cot x + \ln|x| + C$
**d** $-\cos x + \sec x + C$
**dd** $\sin x - \operatorname{cosec} x + C$ **e** $-\cot x + \tan x + C$
**f** $\tan x + \cot x + C$ **ff** $\tan x + e^x + C$
**g** $\tan x + \sec x + \sin x + C$

## Ymarfer 6B

**1** **a** $-\frac{1}{2}\cos(2x + 1) + C$ **b** $\frac{3}{2}e^{2x} + C$
**c** $4e^{x+5} + C$ **ch** $-\frac{1}{2}\sin(1 - 2x) + C$
**d** $-\frac{1}{3}\cot 3x + C$ **dd** $\frac{1}{4}\sec 4x + C$
**e** $-6\cos(\frac{1}{2}x + 1) + C$ **f** $-\tan(2 - x) + C$
**ff** $-\frac{1}{2}\operatorname{cosec} 2x + C$ **g** $\frac{1}{3}(\sin 3x + \cos 3x) + C$

**2** **a** $\frac{1}{2}e^{2x} + \frac{1}{4}\cos(2x - 1) + C$
**b** $\frac{1}{2}e^{2x} + 2e^x + x + C$
**c** $\frac{1}{2}\tan 2x + \frac{1}{2}\sec 2x + C$
**ch** $-6\cot(\frac{1}{2}x) + 4\operatorname{cosec}(\frac{1}{2}x) + C$
**d** $-e^{3-x} + \cos(3 - x) - \sin(3 - x) + C$

**3** **a** $\frac{1}{2}\ln|2x + 1| + C$ **b** $-\dfrac{1}{2(2x + 1)} + C$
**c** $\dfrac{(2x + 1)^3}{6} + C$ **ch** $\frac{3}{4}\ln|4x - 1| + C$
**d** $-\frac{3}{4}\ln|1 - 4x| + C$ **dd** $\dfrac{3}{4(1 - 4x)} + C$
**e** $\dfrac{(3x + 2)^6}{18} + C$ **f** $\dfrac{3}{4(1 - 2x)^2} + C$
**ff** $\dfrac{1}{(3 - 2x)^3} + C$ **g** $-\frac{5}{2}\ln|3 - 2x| + C$

**4** **a** $-\frac{3}{2}\cos(2x + 1) + 2\ln|2x + 1| + C$
**b** $\frac{1}{5}e^{5x} - \dfrac{(1 - x)^6}{6} + C$
**c** $-\frac{1}{2}\cot 2x + \frac{1}{2}\ln|1 + 2x| - \dfrac{1}{2(1 + 2x)} + C$
**ch** $\dfrac{(3x + 2)^3}{9} - \dfrac{1}{3(3x + 2)} + C$

## Ymarfer 6C

**1** **a** $-\cot x - x + C$
**b** $\frac{1}{2}x + \frac{1}{4}\sin 2x + C$
**c** $-\frac{1}{8}\cos 4x + C$
**ch** $\frac{3}{2}x - 2\cos x - \frac{1}{4}\sin 2x + C$
**d** $\frac{1}{3}\tan 3x - x + C$
**dd** $-2\cot x - x + 2\operatorname{cosec} x + C$
**e** $x - \frac{1}{2}\cos 2x + C$
**f** $\frac{1}{8}x - \frac{1}{32}\sin 4x + C$
**ff** $-2\cot 2x + C$
**g** $\frac{3}{2}x + \frac{1}{8}\sin 4x - \sin 2x + C$

**2** **a** $\tan x - \sec x + C$
**b** $-\cot x - \operatorname{cosec} x + C$
**c** $2x - \tan x + C$
**ch** $-\cot x - x + C$
**d** $-2\cot x - x - 2\operatorname{cosec} x + C$
**dd** $2\tan x - x + 2\sec x + C$
**e** $-\cot x - 4x + \tan x + C$
**f** $x + \frac{1}{2}\cos 2x + C$
**ff** $-\frac{3}{2}x + \frac{1}{4}\sin 2x + \tan x + C$
**g** $-\frac{1}{2}\operatorname{cosec} 2x + C$

**3** **a** $\frac{1}{6}\sin 3x + \frac{1}{2}\sin x + C$
**b** $-\frac{1}{8}\cos 8x - \frac{1}{2}\cos 2x + C$
**c** $-\frac{1}{8}\cos 8x + \frac{1}{2}\cos 2x + C$
**ch** $-\frac{1}{7}\sin 7x + \frac{1}{3}\sin 3x + C$
**d** $\frac{1}{5}\sin 10x + \frac{1}{2}\sin 4x + C$
**dd** $x + \frac{1}{8}\sin 8x + C$
**e** $-\frac{1}{8}\cos 8x + C$
**f** $x - \frac{1}{8}\sin 8x + C$

## Ymarfer 6Ch

**1** **a** $\ln|(x + 1)^2(x + 2)| + C$
**b** $\ln|(x - 2)\sqrt{2x + 1}| + C$
**c** $\ln\left|\dfrac{(x + 3)^3}{x - 1}\right| + C$

**ch** $\ln\left|\dfrac{2+x}{1-x}\right| + C$

**d** $\ln\left|\dfrac{2x+1}{1-2x}\right| + C$

**dd** $\frac{1}{3}\ln\left|\dfrac{(3x-1)^2}{3x+1}\right| + C$

**e** $\ln\left|\dfrac{(2-3x)^{\frac{1}{3}}}{(1-x)^2}\right| + C$

**f** $\ln|2+x| + \dfrac{2}{x+1} + C$

**ff** $\ln\left|\dfrac{x+1}{x+2}\right| - \dfrac{2}{x+1} + C$

**g** $\ln\left|\dfrac{3+2x}{2-x}\right| + \dfrac{1}{2-x} + C$

**2 a** $x + \ln|(x+1)^2\sqrt{2x-1}| + C$

**b** $\dfrac{x^2}{2} + x + \ln\left|\dfrac{x^2}{(x+1)^3}\right| + C$

**c** $x + \ln\left|\dfrac{x-2}{x+2}\right| + C$

**ch** $-x + \ln\left|\dfrac{(3+x)^2}{1-x}\right| + C$

**d** $-\dfrac{3}{x} - \ln|x+2| + C$

## Ymarfer 6D

**1 a** $\frac{1}{2}\ln|x^2+4| + C$  **b** $\frac{1}{2}\ln|e^{2x}+1| + C$

**c** $-\frac{1}{4}(x^2+4)^{-2} + C$  **ch** $-\frac{1}{4}(e^{2x}+1)^{-2} + C$

**d** $\frac{1}{2}\ln|3+\sin 2x| + C$  **dd** $\frac{1}{4}(3+\cos 2x)^{-2} + C$

**e** $\frac{1}{2}e^{x^2} + C$  **f** $\frac{1}{10}(1+\sin 2x)^5 + C$

**ff** $\frac{1}{3}\tan^3 x + C$  **g** $\tan x + \frac{1}{3}\tan^3 x + C$

**2 a** $\frac{1}{10}(x^2+2x+3)^5 + C$  **b** $-\frac{1}{4}\cot^2 2x + C$

**c** $\frac{1}{18}\sin^6 3x + C$  **ch** $e^{\sin x} + C$

**d** $\frac{1}{2}\ln|e^{2x}+3| + C$  **dd** $\frac{1}{5}(x^2+1)^{\frac{5}{2}} + C$

**e** $\frac{2}{3}(x^2+x+5)^{\frac{3}{2}} + C$  **f** $2(x^2+x+5)^{\frac{1}{2}} + C$

**ff** $-\frac{1}{2}(\cos 2x+3)^{\frac{1}{2}} + C$  **g** $-\frac{1}{4}\ln|\cos 2x+3| + C$

## Ymarfer 6Dd

**1 a** $\frac{2}{5}(1+x)^{\frac{5}{2}} - \frac{2}{3}(1+x)^{\frac{3}{2}} + C$

**b** $\frac{2}{3}(1+x)^{\frac{3}{2}} - 2\sqrt{1+x} + C$

**c** $-\ln|1-\sin x| + C$

**ch** $\dfrac{(3+2x)^7}{28} - \dfrac{(3+2x)^6}{8} + C$

**d** $\dfrac{\cos^3 x}{3} - \cos x + C$

**2 a** $\frac{2}{5}(2+x)^{\frac{5}{2}} - \frac{4}{3}(2+x)^{\frac{3}{2}} + C$

**b** $\ln\left|\dfrac{\sqrt{x}-2}{\sqrt{x}+2}\right| + C$

**c** $\frac{2}{5}(1+\tan x)^{\frac{5}{2}} - \frac{2}{3}(1+\tan x)^{\frac{3}{2}} + C$

**ch** $\sqrt{x^2+4} + \ln\left|\dfrac{\sqrt{x^2+4}-2}{\sqrt{x^2+4}+2}\right| + C$

**d** $\tan x + \frac{1}{3}\tan^3 x + C$

**3 a** $\frac{506}{15}$ neu 33.73  **b** $\frac{16}{3} - 2\sqrt{3}$ neu 1.87

**c** $2 + 2\ln\frac{2}{3}$ neu 1.19  **ch** $2 - 2\ln 2$ neu 0.614

**d** 9.7  **dd** $\frac{1}{2}\ln\frac{9}{5}$ neu 0.294

## Ymarfer 6E

**1 a** $-x\cos x + \sin x + C$

**b** $x e^x - e^x + C$

**c** $x\tan x - \ln|\sec x| + C$

**ch** $x\sec x - \ln|\sec x + \tan x| + C$

**d** $-x\cot x + \ln|\sin x| + C$

**2 a** $\dfrac{x^3}{3}\ln x - \dfrac{x^3}{9} + C$

**b** $3x\ln x - 3x + C$

**c** $-\dfrac{\ln x}{2x^2} - \dfrac{1}{4x^2} + C$

**ch** $x(\ln x)^2 - 2x\ln x + 2x + C$

**d** $\dfrac{x^3}{3}\ln x - \dfrac{x^3}{9} + x\ln x - x + C$

**3 a** $-e^{-x}x^2 - 2x e^{-x} - 2e^{-x} + C$

**b** $x^2\sin x + 2x\cos x - 2\sin x + C$

**c** $x^2(3+2x)^6 - \dfrac{x(3+2x)^7}{7} + \dfrac{(3+2x)^8}{112} + C$

**ch** $-x^2\cos 2x + x\sin 2x + \frac{1}{2}\cos 2x + C$

**d** $x^2\sec^2 x - 2x\tan x + 2\ln|\sec x| + C$

**4 a** $2\ln 2 - \frac{3}{4}$  **b** 1

**c** $\dfrac{\pi}{2} - 1$  **ch** $\frac{1}{2}(1 - \ln 2)$

**d** 9.8  **dd** $2\sqrt{2}\pi + 8\sqrt{2} - 16$

**e** $\frac{1}{2}(1 - \ln 2)$

## Ymarfer 6F

**1 a** 3.42  **b** 1.34  **c** 1.04

**ch** 2.42  **d** 1.41

**2 a** $8\ln 4 - \frac{15}{4}$

**b i** 7.45  **ii** 7.37

**c i** 1.6%  **ii** 0.4%

**3 a i** 1.509  **ii** 1.329  **iii** 1.282

**b** Haneru $h$ yn gostwng y gwahaniaethau yn ôl $(\frac{1}{3})$
0.18 → 0.05 → efallai 0.02 yn awgrymu 1.25–1.27

**4 a** $\frac{16}{15}\sqrt{2}$

**b i** 1.34  **ii** 1.42

**c i** 11.4%  **ii** 6.1%

Cynyddu nifer y stribedi yn gwella manwl gywirdeb.

## Ymarfer 6Ff

**1 a i** $2\ln 2$  **ii** $2\pi$

**b i** $\ln(2+\sqrt{3})$  **ii** $\sqrt{3}\pi$

**c i** $2\ln 2 - 1$  **ii** $[2(\ln 2)^2 - 4\ln 2 + 2]\pi$

**ch i** $\sqrt{2} - 1$  **ii** $\frac{1}{3}\pi$

**d i** $\frac{8}{3}$  **ii** $\frac{64}{15}\pi$

**2 a** $\ln 4$  **b** $\ln 3 - \frac{2}{3}$  **c** 1

**ch** $\dfrac{(2\sqrt{2}-1)}{3}$  **d** $\frac{1}{2}(1 - \ln 2)$

**3 a** $\frac{192}{5}$  **b** $\frac{768}{7}\pi$

**4 a** $\frac{2}{3}$  **b** $\frac{8}{15}\pi$

## Ymarfer 6G

**1 a** $y = A\,e^{x - x^2} - 1$  **b** $y = k\sec x$

**c** $y = \dfrac{-1}{\tan x - x + C}$  **ch** $y = \ln(2e^x + C)$

**d** $y = Ax\,e^{-\frac{1}{x}}$

**2 a** $\sin y = k\sec x$

**b** $\ln|\sec y| = x\tan x - \ln|\sec x| + C$

**c** $\dfrac{1+y}{1-y} = k(1+x^2)$

**ch** $\cos 2y = 2\cot x + C$

**d** $\ln|2 + e^y| = -x\,e^{-x} - e^{-x} + C$

**3 a** $\ln|y| = e^x + C$

**b** $-e^{-y} = \dfrac{x^2}{2} + C$

**c** $\ln y = \sin x + C$ neu $y = A\,e^{\sin x}$

**ch** $\ln|\sec y + \tan y| = \dfrac{x^2}{2} + C$

**d** $\ln|\sec y + \tan y| = x + \frac{1}{2}\sin 2x + C$

**dd** $\frac{1}{2}\tan y = \sin x + C$

**4 a** $\frac{1}{24} - \dfrac{\cos^3 x}{3}$

**b** $\sin 2y + 2y = 4\tan x - 4$

**c** $\tan y = \frac{1}{2}\sin 2x + x + 1$

**ch** $y = \dfrac{3}{1-x}$

**d** $\dfrac{1+y}{1-y} = \dfrac{1+x}{2}$

## Ymarfer 6Ng

**1** $3e^4$

**2** $3\ln 2$

**3 a** $M = \dfrac{e^t}{1+e^t}$

**b** $\frac{2}{3}$

**c** $M$ yn agosáu at 1

**4** 235

**5** $46\frac{2}{3}$

**6** $\dfrac{2}{k}$

**7** 4

## Ymarfer cymysg 6H

**1 a** $x = 4, y = 20$ **c** $\frac{62}{5} + 48\ln 4$

**2 a** $y = 2x - 8$ **c** 16.2

**3 b** $\pi(\frac{3}{4}\pi + 2)$

**4 a** $\frac{1}{2}e^{\frac{1}{2}x} - \dfrac{1}{x^2}$

**b** $f'(1.05) = -0.06$, $f'(1.10) = +0.04$; newid arwydd, $\therefore$ gwreiddyn

**c** $2e^{\frac{1}{2}x} + \ln|x| + c$

**ch** 10.03

**5 a** $-x\,e^{-x} - e^{-x}$ **b** $\cos 2y = 2(x\,e^{-x} + e^{-x} - 1)$

**6** $\dfrac{56\pi}{5}$

**7 a** $\ln|x| - \ln|x+1| + k_1$

**b** $\ln e^x - \ln(e^x + 1) + k_2$, lle mae $k_1$ a $k_2$ yn gysonion mympwyol.

**c** $-x^2\cos x + 2x\sin x + 2\cos x + C$

**8 a** $-\frac{1}{2}x\cos 2x + \frac{1}{4}\sin 2x$

**b** $\tan y = -\frac{1}{2}x\cos 2x + \frac{1}{4}\sin 2x - \frac{1}{4}$

**9 i** $\frac{1}{2}x\sin 2x + \frac{1}{4}\cos 2x + c$ **ii** $\pi\left(\dfrac{\pi^2}{4} + 1\right)$

**10 a** $f(x) = \frac{1}{4}e^{2x} - 3x^2 - \frac{5}{4}$

**11 a** $\frac{1}{4}$

**b** $\frac{32}{3}x^{\frac{3}{2}} - 2\ln|x| + C$

**c** $\frac{224}{3} - 2\ln 4$

**12** $118.4\pi$

**13 a** $\frac{1}{12}(x^2+3)^6 + C$

**14 a** $A = \frac{1}{2}, B = 2, C = -1$

**b** $\frac{1}{2}\ln|x| + 2\ln|x-1| + \dfrac{1}{x-1} + C$

**15 a** $-\frac{4}{5}$ **b** $y - 2\sqrt{2} = -\frac{4}{5}\left(x - \dfrac{5}{\sqrt{2}}\right)$

**c** $(5\sqrt{2}, 0)$ **ch** $10 - 2.5\pi$

**16 a** $-\dfrac{1}{y} = \dfrac{x^2}{2} + C$ **c** 1

**d** $(-2, -2)$

**17 a** $\dfrac{dy}{dx} = \dfrac{-a\sin t}{2a\sin t\cos t} = \dfrac{-1}{2\cos t}$

**b** $y + x = \frac{5}{4}a$

**ch** $\frac{1}{96}\pi a^3$

**18 a** $\ln|1+2x| + \dfrac{1}{1+2x} + C$

**b** $2y - \sin 2y = \ln|1+2x| + \dfrac{1}{1+2x} + \dfrac{\pi}{2} - 2$

**19** $A_1 = \frac{1}{4} - \dfrac{1}{2e}$, $A_2 = \frac{1}{4}$

**20** $e^{-x}(-x^2 - 2x - 2) + C$

$\frac{1}{3}e^{-3y} = e^{-x}(x^2 + 2x + 2) - \frac{5}{3}$

**21 a** $\frac{1}{3}\ln 7$

**22 a** $A = 1, B = \frac{1}{2}, C = -\frac{1}{2}$

**b** $x + \frac{1}{2}\ln|x-1| - \frac{1}{2}\ln|x+1| = 2t - \frac{1}{2}\ln 3$

**23 a** $y = -\frac{1}{3}x + 11$

**b**

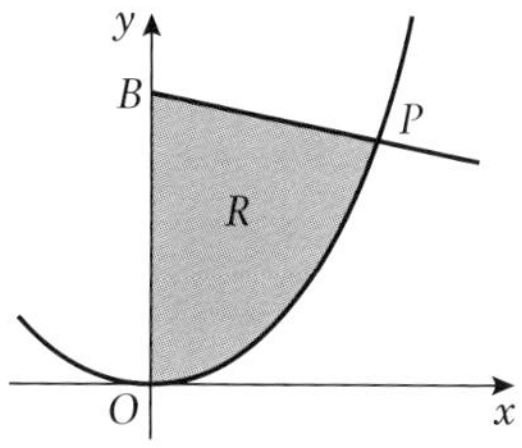


**c** $186\pi$

**24** $\frac{1}{2}e^2 + e^{-1} - 1\frac{1}{2}$

**25 b** $\frac{1}{2}(x - \sin x\cos x) + C_1$

**c** $\frac{1}{8}(2x^2 - 4x\sin x\cos x - \cos 2x) + C_2$, lle mae $C_1$ ac $C_2$ yn gysonion integru mympwyol

**26 b**

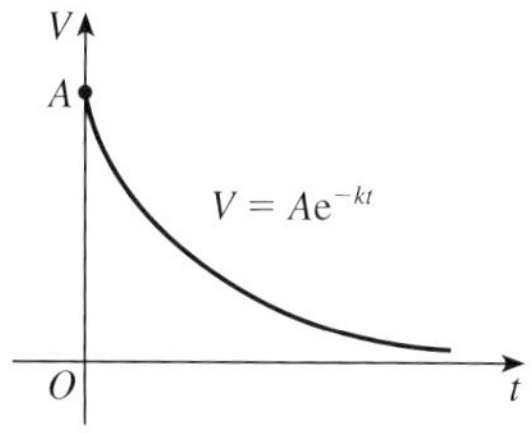


**27 a** $x + y = 16$ **b** 58.9

**28 a** $\dfrac{\pi^2}{4}$ **b** $\dfrac{\cos 2t}{t}$ **ch** $\dfrac{\pi}{2}$

**29 a** $\frac{1}{3}\sin^3 x + C$ **b** $\dfrac{x^2}{2}\ln x - \frac{1}{4}x^2 + C$

**c** $\frac{2}{3}(x-2)\sqrt{x+1} + C$ **ch** $\frac{8}{3}$

**30 a** $\dfrac{(1+2x^2)^6}{24} + C$ **b** $\tan 2y = \frac{1}{12}(1+2x^2)^6 + \frac{11}{12}$

**31** $\dfrac{x^3}{3}\ln 2x - \dfrac{x^3}{9} + C$

**32** $y^2 = \dfrac{8x}{x+2}$

**33 b** 1.38 **c** 2.05

**34 a** $y^2 = 4x^2(9 - x^2)$ **b** $A = 27$

**c** 18 **ch** $36\,\text{cm}^2$

## Papur arholiad enghreifftiol

**1** $\frac{1}{4} - \frac{x}{4} + \frac{3x^2}{16} - \frac{x^3}{8}$

**2** $\frac{10}{3}$

**3** $\frac{5}{108}$

**4** **a** $A = -\frac{2}{5}, B = \frac{1}{5}$

**b** $\ln k\left(\frac{x-2}{2x+1}\right)^{\frac{1}{5}}$

**c** $y = 49\left(\frac{x-2}{2x+1}\right)^2$

**5** **a** $\frac{\mathrm{d}P}{\mathrm{d}t} = kP, k > 0$

**c** 10.8 miliwn (3 ffig. yst.)

**6** **a** $\mathbf{r} = \mathbf{i} - 5\mathbf{j} - 7\mathbf{k} + t(9\mathbf{i} + 15\mathbf{j} + 12\mathbf{k})$

**b** $4\mathbf{i} - 3\mathbf{k}$

**c** $\frac{75\sqrt{2}}{2}$

**ch** 1 : 2

**7** **a** $\frac{2}{3}$

**c** $5 - 3\sqrt{3} + \frac{3\pi}{2}$

# Mynegai